ASSURANCES SUR LA VIE

DE LA TRANSMISSION

du

BÉNÉFICE DU CONTRAT

Par Paul BAILLY

AVOCAT

CHEF DU CONTENTIEUX DE LA COMPAGNIE D'ASSURANCES « LE MONDE »

EN VENTE

DANS LES BUREAUX DU

RECUEIL PÉRIODIQUE DES ASSURANCES

A PARIS, PLACE DE LA BOURSE, N° 8.

1894

RECUEIL PÉRIODIQUE

DES

ASSURANCES

REVUE MENSUELLE

PUBLIÉ PAR

G. SAINCTELETTE ET Georges BLANCHARD

Avocat   Docteur en droit, ancien Magistrat

Le Recueil périodique des Assurances, fondé en 1883, forme aujourd'hui un ouvrage de dix volumes, contenant environ 1.800 jugements ou arrêts et complété par une table décennale. Toutes les décisions publiées sont accompagnées d'observations qui en font ressortir l'intérêt juridique et les conséquences relativement à la pratique des assurances. La personnalité de ses collaborateurs, et leur compétence spéciale, a permis à ce Recueil de se placer au rang des publications similaires les plus appréciées.

CONDITIONS DE L'ABONNEMENT

France. . . Algérie. . . Belgique . . }	15 fr.
Union postale	18 fr.
Autres pays.	20 fr.

ON S'ABONNE A PARIS

Aux bureaux du Recueil

8, place de la Bourse.

ASSURANCES SUR LA VIE

DE LA TRANSMISSION

DU

BÉNÉFICE DU CONTRAT

ANGERS, IMP. BURDIN ET Cⁱᵉ, RUE GARNIER, 4

ASSURANCES SUR LA VIE

DE LA TRANSMISSION

DU

BÉNÉFICE DU CONTRAT

Par Paul BAILLY

AVOCAT

CHEF DU CONTENTIEUX DE LA COMPAGNIE D'ASSURANCES « LE MONDE »

EN VENTE

DANS LES BUREAUX DU

RECUEIL PÉRIODIQUE DES ASSURANCES

A PARIS, PLACE DE LA BOURSE, N° 8.

1895

PRÉFACE

La transmission du bénéfice de l'assurance sur la vie soulève des questions délicates. D'abord, c'est souvent chose malaisée que de discerner s'il y a *transmission*, c'est-à-dire si l'acquisition du bénéficiaire est la contre-partie d'une aliénation corrélative de l'assuré. D'autre part, suivant que, dans certains cas, on emploie telle ou telle formule soit pour désigner le bénéficiaire soit pour le changer, ou qu'on se sert de tel ou tel mode de transfert, l'opération peut avoir des conséquences juridiques bien différentes au regard du stipulant, du tiers bénéficiaire, du cessionnaire, ou des personnes qui ont des droits à exercer contre eux. En bref, le sort et les effets de l'opération dépendent quelquefois de distinctions délicates. Or, comment les parties (assurés, bénéficiaires, cessionnaires) pourront-elles choisir la formule qui convient, employer quand et comme il faut les divers modes de transfert, en un mot faire exactement ce qui est nécessaire pour que leurs intentions soient ponctuellement exécutées, si elles ne possèdent pas des notions précises ta nt sur le mécanisme juridique du contrat d'assurance sur la vie que sur le fonctionnement, les conditions de validité et les effets des modes spéciaux de transfert prévus dans les statuts des compagnies ou passés dans les usages de la pratique. Ces notions ne sont pas moins nécessaires aux compagnies d'assurances, qu'il s'agisse pour elles de rédiger une police, un avenant d'attribution, ou de décider à qui elles doivent payer et quelles précautions elles doivent prendre, pour que le paiement soit libératoire.

Appelé à examiner journellement sous leurs divers aspects toutes ces questions, nous étions dans des conditions particulièrement favorables pour les bien étudier. C'est le résultat de cette étude, à la fois théorique et pratique, que nous offrons au lecteur.

Cet ouvrage comprend trois parties.

Dans la première partie, nous recherchons dans quels cas le droit du bénéficiaire prend directement naissance dans sa personne sans passer dans le patrimoine du souscripteur, et dans quels cas, au contraire, l'acquisition du bénéficiaire est corrélative à une aliénation du souscripteur. L'intérêt de cette distinction se présente à plusieurs points de vue : exercice des droits des créanciers sur le montant de l'assurance, application des règles du droit fiscal, des règles du rapport à succession, des règles de la réserve, etc... Chemin faisant, nous examinons les diverses théories juridiques du contrat d'assurance sur la vie, notamment celle de la gestion d'affa   .qui est aujourd'hui à peu près abandonnée, et celle de la stipulation pour autrui qui a été définitivement adoptée par la jurisprudence.

La seconde partie de cet ouvrage, qui est la plus importante, est consacrée à l'étude de l'endossement des polices. Nous posons en thèse que la clause à ordre, dont tous les effets tendent à faciliter la rapide négociation des titres destinés à servir de monnaie commerciale, ne s'adapte pas aux polices d'assurance sur la vie qui, elles, sauf de très rares exceptions, n'ont aucun caractère commercial, qui, de plus, ne sont pas et ne peuvent pas être des effets de circulation, qui enfin ne sont pas, comme les chèques, des valeurs de paiement. En effet, après avoir rappelé les conséquences logiques et inévitables de la clause à ordre et de l'endossement, nous constatons que la plupart de ces conséquences sont contraires à l'intention des parties ou répugnent à la nature de l'assurance sur la vie. Cet antagonisme est la cause de très graves difficultés. Aussi demandons-nous — c'est notre conclusion — qu'on renonce à créer des polices d'assurance sur la vie à ordre. Nous le demandons avec une insistance d'autant plus grande que la question primordiale de savoir s'il est permis aux parties d'insérer dans une police d'assurance sur la vie la clause à ordre, pour faire de cette police un titre transmissible par endossement, nous paraît devoir être résolue dans le sens de la négative, contrairement à l'opinion qui prévaut en doctrine et en jurisprudence.

Cet examen critique de l'application de l'endossement aux polices d'assurance sur la vie nous met en présence d'un grand nombre de questions intéressantes, dont les auteurs en général s'occupent très peu, et sur lesquelles la jurisprudence n'offre le plus souvent que des solutions contradictoires, partagée qu'elle est entre le désir de respecter l'intention des parties qui repoussent la plupart des effets de l'endossement, et le souci de donner satisfaction à la logique qui, elle, impose rigoureusement ces mêmes effets. Parmi ces questions, nous citerons notamment : celles de savoir si la compagnie peut opposer au porteur de la police endossée les exceptions nées du chef de l'assuré, si l'assurance sur la vie est un contrat unique ou si au contraire elle se décompose en une série de contrats annuels, les questions relatives aux formalités à remplir par le porteur en cas de non paiement à l'échéance, celles relatives à la prétendue obligation pour la compagnie de mettre le cessionnaire en demeure de payer les primes, à la faculté pour le cessionnaire de payer les primes, à l'insaisissabilité de la police endossable, à la garantie due par l'endosseur, à l'endossement à titre gratuit et à l'endossement pignoratif. Nous examinons longuement aussi les questions que fait naître la perte de la police.

Parallèlement à l'endossement, nous étudions un autre mode de négociation de la police, savoir le *transfert sur le titre*, que l'on rencontre dans un très grand nombre de polices de date un peu ancienne, mais qui tend à disparaître. Qu'est-ce que ce mode de transfert? Quels en sont les effets? Quelles sont ses conditions de validité? Quand on lit les clauses ambiguës et très mal établies dans lesquelles est organisé le *transfert sur le titre*, on est tout d'abord tenté de croire que ce mode de négociation est la même chose que l'endossement. Mais ce n'est là qu'une apparence. En réalité, le transfert sur le titre, qu'on ne saurait d'ailleurs confondre avec le mode institué par le Code de commerce pour le transfert des actions des sociétés, n'est pas autre chose, selon nous, que la cession du droit civil. Sur ce point encore nous nous séparons de la doctrine et de la jurisprudence qui assimilent le transfert sur le titre à l'endossement.

Dans la troisième et dernière partie, nous nous occupons de l'*avenant d'attribution*. L'avenant peut servir à réaliser toutes les opérations très diverses auxquelles se prête l'assurance sur la vie. Malheureusement on n'est pas d'accord sur sa nature juridique. Nous passons en revue les théories qui ont été émises et nous signalons les conséquences différentes auxquelles aboutit chacune d'elles.

OBSERVATIONS

SUR LA

TRANSMISSION DU BÉNÉFICE

DE L'ASSURANCE SUR LA VIE

et sur les clauses relatives à cette transmission

EXPOSÉ PRÉLIMINAIRE

---

1. — Dans une note du Recueil de Sirey, qui sera souvent citée dans la première partie de ce travail, parce qu'elle émane d'un magistrat éminent qui a entrepris de dégager le sens et la portée de plusieurs arrêts très importants de la Cour de cassation relatifs au contrat d'assurance sur la vie, on lit ceci :

« La principale difficulté (à laquelle a donné lieu le contrat
« d'assurance sur la vie) consiste à déterminer les conséquences
« juridiques du contrat soit au regard du stipulant, soit au
« regard du tiers désigné pour bénéficier de la police, soit au
« regard de ceux qui ont des droits à exercer contre le stipulant
« ou contre le tiers bénéficiaire. Le contrat souscrit (ou trans-
« féré), dans quel patrimoine se trouve le bénéfice de l'assu-
« rance, la créance qui, au décès de l'assuré, si l'échéance a
« été fixée à cet instant, existera contre la Compagnie débitrice

« du capital formant le montant de l'assurance ? Cette créance
« est-elle dans le patrimoine du stipulant ou dans le patrimoine
« du tiers bénéficiaire ? Quels sont, au moment où le capital
« devient exigible par l'événement de la condition prévue, les
« droits des créanciers de celui qui a souscrit le contrat et
« de celui au profit duquel il a été souscrit (ou transféré) ?
« Question vitale pour le contrat d'assurance sur la vie, car si le
« stipulant n'est pas certain de pouvoir assurer à la personne
« désignée le bénéfice de la police qu'il souscrit (ou qu'il
« transfère), des sacrifices qu'il s'impose, le contrat est, on
« peut le dire, atteint dans son essence, privé qu'il va être des
« effets, des avantages en vue desquels il a été contracté
« (Sirey 1888, 1, 122 et note). »

Cette difficulté préoccupe tous ceux qui s'intéressent au
développement de l'assurance sur la vie.

L'auteur de la note, dont nous venons de reproduire un
extrait, donne pour cause à cette difficulté l'absence de dispositions législatives spéciales au contrat d'assurance sur la vie.
Mais à cette première cause il faut en ajouter une seconde,
savoir: l'imperfection tant des formules usitées pour désigner le
bénéficiaire, que des clauses qui réglementent les modes de
transmission de l'assurance.

Seul le législateur peut faire disparaître la première de ces
causes en comblant une lacune de nos lois. Mais cette intervention du législateur, que tout le monde réclame (1), sera sans
doute attendue longtemps encore. D'ailleurs, tant que l'œuvre
législative sera ce qu'elle est depuis dix ans, devra-t-on vraiment désirer que le Parlement entreprenne de fixer les règles
applicables au contrat d'assurance sur la vie ? Pour notre part,

---

(1) Labbé, note *in fine* sous Cass. rej. 2 juillet 81, S. 83. 1. 5; — Thaller.
Annales de droit commercial. 1888. p. 100 et 105; — Naquet. note *in fine*
sous Aix. 20 mars 1888. S. 88. 2. 17.

nous sommes tenté d'en douter quand nous voyons un interprète très autorisé de l'opinion d'un des grands corps de l'Etat
apprécier comme suit les résultats de la méthode suivie pour la
confection de nos lois : « ..... Nous voudrions pouvoir ajouter
« que les lois sont sorties des mains de la Chambre achevées
« et mises au point. Malheureusement une telle assertion aurait
« contre elle non seulement le témoignage des fonctionnaires,
« des magistrats, des légistes de tout ordre chargés d'inter-
« préter et d'appliquer les lois nouvelles, mais encore l'aveu
« d'un grand nombre de députés qui ont reconnu l'imperfection
« de leur œuvre, etc... », et plus loin : « ..... de là des incor-
« rections juridiques qui déparent trop souvent les projets de
« lois, et qui, restant dans les lois, faute d'un contrôle assez
« sévère, engendrent des difficultés d'interprétation que nous
« voyons se multiplier à l'infini. » (*Du rôle du Conseil d'Etat
dans la préparation des lois. Le Temps des 12 et 14 novembre
1889).* Comme exemples de lois mal faites, nous citerons, en
matière d'assurances, la loi du 5 janvier 1883, modificative de
l'article 1734 C. civ., et la loi du 19 février 1889 sur l'attribution des indemnités d'assurance. La première peut bien plaire
aux amateurs de casse-tête chinois et de logogriphes juridiques,
mais non aux parties dont les droits sont soumis à toutes les
incertitudes que comporte l'interprétation du nouvel article
1734. Quant à la seconde, elle ne peut manquer de donner lieu
à de nombreux procès.

Dans ces conditions, le silence du législateur nous paraît préférable à une intervention qui ne pourrait qu'ajouter aux difficultés que soulève actuellement le contrat d'assurance sur
la vie.

Mais ces difficultés, avons-nous dit, ne doivent pas être
attribuées exclusivement à l'absence de lois spéciales. Elles sont
dues souvent à la défectuosité : 1° des formules dont on se sert
pour désigner le bénéficiaire de l'assurance ; 2° des clauses qui
réglementent les modes de transmission de l'assurance.

Que les formules employées pour désigner le bénéficiaire soient souvent mal choisies et engendrent des procès, c'est ce qu'ont constaté tous ceux qui se livrent à l'étude des décisions jurisprudentielles rendues en matière d'assurances sur la vie. « Les Compagnies, dit M. le professeur Labbé, n'ont pas des « modèles assez variés de rédaction de leurs polices ; elles de- « vraient présenter aux parties les différents types de combi- « naisons possibles : elles devraient leur expliquer à quelles « préoccupations particulières répond chaque combinaison..... « La diversité des polices rédigées *a priori* éclairerait les par- « ties ; elle provoquerait leur réflexion ; elle faciliterait la tâche « de la justice ; elle diminuerait le nombre des procès où les « intentions des parties sont faussées. Il serait dans l'intérêt « même des Compagnies de mieux assouplir le contrat d'assu- « rance aux divers buts qu'il peut atteindre. » (Notes sous Douai 15 février 1887. S., 88. 2. 89.)

En ce qui concerne les clauses qui réglementent la trans- mission des polices, leur défectuosité n'a pas échappé non plus à l'observation des auteurs. A propos d'une décision concernant une de ces clauses. M. Couteau s'exprime ainsi : « .... Cette « décision montre bien la nécessité de reviser, au point de vue « juridique, certaines clauses des polices qui donnent lieu à « des procès et amènent des controverses dangereuses pour la « sécurité des assurés. » (*Traité des ass. sur la vie*, t. II, nº 467, p. 348.) M. de Courcy apprécie comme suit une autre de ces clauses. « L'article 17 (dans lequel est insérée la clause dont il « s'agit), très innocemment d'intention dans la pensée des ré- « dacteurs, a tendu un piège à l'assuré qui a été trompé. » (*Précis de l'ass. sur la vie*, p. 180.)

Ainsi il n'est pas douteux que d'une part, l'insuffisance des formules employées pour désigner les bénéficiaires, et, d'autre part, les clauses de transfert en usage ne soient une cause de malentendus, d'erreurs et de difficultés.

Or, cette cause, il appartient aux assurés et aux Compagnies — aux Compagnies surtout — de la faire cesser.

Nous ne nous occuperons pas ici des formules de désignation des bénéficiaires. Aussi bien, quelque temps déjà avant que M. Labbé formulât le vœu que nous venons de reproduire, des assureurs, qui sont en même temps des juristes, avaient composé, à un point de vue exclusivement pratique, des manuels qui présentent une variété de formules s'adaptant à chacun des buts qu'on peut chercher à atteindre en souscrivant une assurance. Les assurés y trouvent des termes de rédaction soigneusement étudiés, des expressions parfaitement adéquates à leur pensée, dont ils peuvent se servir, certains que leur volonté, manifestée clairement, recevra son exacte et entière exécution. (V. *Journ. des Ass.*, 1886, *passim*. Instructions pratiques : — De la *désignation des bénéficiaires dans le contrat d'assurance sur la vie*, notice anonyme chez Warnier.)

Les clauses de transmission de la police d'assurance ont bien, elles aussi, attiré déjà l'attention des auteurs. Mais, ici, les progrès qu'a faits, en ces derniers temps, l'étude du contrat d'assurance sur la vie, ont élargi le champ d'observation. Nous nous proposons de signaler aux réflexions des assureurs et des assurés plusieurs décisions récentes, à l'occasion desquelles nous nous occuperons de la transmission en général du contrat d'assurance sur la vie et, plus spécialement, des clauses qui réglementent le mode de transmission de ce contrat. Nous ferons la critique de ces clauses ; nous indiquerons les avantages et les inconvénients de chacune d'elles. Enfin nous examinerons, sous leurs divers aspects, les conséquences qui se produisent en cas de perte de la police établie à ordre.

CLAUSES DE TRANSMISSION DE L'ASSURANCE

usitées dans les polices des Compagnies françaises

2. — Les Compagnies d'assurances ont, pour la plupart, prévu, dans leurs statuts mêmes, l'insertion dans les polices d'une clause qui affranchit la transmission de l'assurance des règles du droit commun, et qui la soumet à un régime plus simple. Quelques Compagnies, qui n'avaient d'abord pas cru devoir établir, pour leurs polices, un mode spécial de transmission, ont fini par introduire dans les conditions générales de leurs contrats la clause dont il s'agit (I). Il se trouve ainsi qu'aujourd'hui la transmission du bénéfice de l'assurance est réglementée dans les polices de toutes les Compagnies d'assurances françaises. Mais la clause, qui a pour objet cette réglementation, n'a pas toujours été rédigée telle que nous la voyons dans les polices de création récente. Chaque Compagnie s'est appliquée à faire disparaître les vices de la rédaction primitive, au fur et à mesure qu'ils lui étaient révélés par l'expérience. C'est en effet toujours chose malaisée, même pour un légiste de profession, que de rédiger une clause irréprochable, disant tout ce qu'il faut dire et rien de ce qu'il faut taire ; c'est également une tâche difficile que de bien faire concorder toutes les dispositions d'une clause de la nature de celle que nous examinons, non-seulement entre elles, mais encore avec la législation ambiante. Aussi les polices d'une même Compagnie présentent-elles

---

(I) Il nous semble que rigoureusement une modification aussi importante des conditions générales des polices n'aurait dû être faite qu'à la suite d'une modification conforme des statuts, décidée par l'Assemblée générale extraordinaire des actionnaires et approuvée par le Conseil d'État. Une Société étant, en effet, un être moral qui n'a d'autre existence que celle qui lui est donnée par ses statuts, toutes les conventions qu'elle passe doivent, à peine de nullité, rentrer dans les conditions prévues par les statuts.

souvent, au point de vue qui nous occupe. de notables différences, lorsque leurs dates sont séparées par un espace de temps un peu long. D'ailleurs, aujourd'hui, les Compagnies n'ont pas toutes adopté la même clause ; ce qui fait que même les polices délivrées actuellement par les diverses Compagnies, bien que beaucoup soient semblables, présentent cependant encore une certaine variété.

3. — Avant d'aborder l'examen de ces clauses de transmission de l'assurance, nous croyons devoir en donner le texte exact dans un tableau où nous faisons figurer tout à la fois et les clauses qu'on rencontre dans les polices de date récente, c'est-à-dire les clauses actuellement en faveur, et aussi les clauses anciennes qui sont aujourd'hui abandonnées, mais qui règlent le mode de transmission d'un grand nombre de polices encore en cours.

TEXTE DES CLAUSES DE TRANSMISSION

Ire Police. — *Le contractant peut, s'il a été expressément stipulé dans les conditions particulières que la police est faite à son ordre, en transférer la propriété par un endossement régulier, conformément aux articles 137 et 138 du Code de commerce.*

Le bénéficiaire par endossement a la même faculté : mais tous endossements autres que le premier sont nuls s'ils ne sont pas approuvés par la personne sur la vie de laquelle l'assurance repose.

Cette clause est aujourd'hui adoptée par un grand nombre de Compagnies, soit telle que nous venons de la donner, soit avec des variantes de style insignifiantes.

Quelques Compagnies y ajoutent l'alinéa suivant :

S'il s'agit d'une assurance souscrite sur la vie d'un tiers, l, contractant est tenu de produire le consentement écrit de la personne sur la tête de laquelle l'assurance repose.

2ᵉ Police. — La propriété des contrats est transmissible par un endossement régulier : il doit en être donné avis à la Compagnie.

Le consentement de celui sur la vie duquel repose l'assurance doit, à chaque transfert, être renouvelé par écrit et déposé à la Compagnie.

3ᵉ Police. — La propriété des contrats et des engagements émis par la Société est transmissible par voie de transfert constaté sur le titre même.

Le transfert doit énoncer le nom de celui à qui la propriété est transmise : il doit être daté et signé par le titulaire.

Si le titulaire n'est pas en même temps celui sur la tête duquel repose l'assurance, le consentement de ce dernier doit être exigé à chaque transfert et notifié à la Compagnie. Toutefois, en donnant son consentement à un premier transfert, l'assuré peut, en même temps, d'une manière expresse, consentir à tous transferts à venir.

Chaque transfert, dans ce cas, doit être notifié par le nouveau propriétaire du contrat à la Compagnie qui donnera connaissance de la notification à l'assuré, lorsque celui-ci en fera la demande. Dans le cas où la notification ci-dessus prescrite n'aurait pas été faite, la Compagnie pourra, lors du décès de l'assuré, déposer à la Caisse des dépôts et consignations, pour le compte de qui de droit, le montant de la somme dont elle sera débitrice.

Cette clause est abandonnée.

4° **Police.** — *La propriété des contrats est transmissible en tout ou en partie, soit par voie d'endos formulé sur le titre même, si le titulaire ne s'en est pas interdit la faculté, soit par avenant entre la Société et le titulaire.*

Le transfert doit énoncer le nom de celui à qui la propriété est transmise ; il doit être daté et signé par le cédant. Si le titulaire n'est pas en même temps celui sur la tête duquel repose l'assurance, le consentement de ce dernier doit être exigé à chaque transfert et notifié à la Compagnie. Néanmoins, en donnant son consentement à un premier transfert, l'assuré peut, en même temps et d'une manière expresse, consentir à tous les transferts à venir. Dans ce dernier cas, la Compagnie, sur la demande de l'assuré, lui donnera connaissance de chaque notification qu'elle aura reçue d'un nouveau transfert.

Aucun transfert n'est valable vis-à-vis de la Compagnie et ne peut lui être opposé que s'il lui a été notifié.

Dans le cas où la notification ci-dessus prescrite n'aurait pas été faite avant l'échéance du contrat, la Compagnie pourra, lors de cette échéance, déposer à la Caisse des dépôts et consignations, pour le compte de qui de droit, le montant de la somme dont elle sera débitrice.

On trouve cette clause dans des polices de date récente.

5° **Police.** — *Tout propriétaire d'un contrat peut en transmettre la propriété par un endossement régulier, exprimant la valeur fournie, conformément aux articles 137 et 138 du Code de Commerce.*

Toutefois, si l'assurance repose sur la tête d'un tiers, le cédant devra fournir à la Compagnie le consentement écrit de ce tiers et la preuve que le cessionnaire a intérêt à la vie de l'assuré.

6° **Police.** — *La propriété de la présente police, et ce sans garantie de la part de la Compagnie contre l'exercice des droits des tiers, est transmissible par voie de transfert sur le titre même. Le transfert doit énoncer le nom de celui à qui la propriété est transmise; il doit être écrit, motivé, daté, signé par le titulaire. Le consentement de la personne sur la vie de laquelle repose l'assurance doit, à chaque transfert, être renouvelé par écrit et déposé à la Compagnie. Faute de la justification de ce consentement, l'assurance sera nulle de plein droit, sans qu'il soit besoin de le faire ordonner par justice.*

On trouve cette clause dans les polices de date récente.

7° **Police.** — *La personne qui a fait une assurance sur la vie peut transmettre la propriété de la police par un endossement régulier. S'il s'agit d'une assurance faite sur la vie d'un tiers, le cédant est tenu de le déclarer à la Compagnie et de produire le consentement écrit de la personne sur la tête de laquelle l'assurance repose.*

Cette formule est abandonnée.

8° **Police.** — *La propriété des contrats est transmissible par voie de transfert constaté sur le titre même.*

Le transfert doit énoncer le nom de celui à qui la propriété est transmise; il doit être causé, écrit, daté et signé par le titulaire sur le titre resté entre ses mains et sur le double conservé par la Compagnie.

Le consentement de celui sur la vie duquel repose l'assurance doit, à chaque transfert, être renouvelé par écrit et déposé à la Compagnie.

Toutefois en donnant son consentement à un premier transfert, l'assuré peut, en même temps et d'une manière expresse, consentir à tous transferts à venir.

Chaque transfert, dans ce cas, doit être notifié par le nouveau propriétaire à la Compagnie qui donnera connaissance de la notification à l'assuré lorsque celui-ci en fera la demande.

Le transfert sur le titre suffit à l'égard de la Compagnie. A l'égard des tiers la loi indique d'autres formalités (Voir notamment l'article 1690 du Code civil).

On trouve cette formule dans les polices anciennes et dans des polices récentes ; mais dans ces dernières, l'alinéa qui la termine : « Le transfert sur le titre suffit, etc... » a disparu.

9° Police. — *La propriété du contrat est transmissible par un endossement régulier exprimant la valeur fournie, conformément aux articles 137 et 138 du Code de Commerce.*

Le consentement écrit de celui sur la vie duquel repose l'assurance doit à chaque transfert être déposé à la Compagnie : le transfert sur le titre suffit à l'égard de la Compagnie ; à l'égard des tiers la loi indique d'autres formalités (Voir notamment l'article 1690 du Code civil).

Cette clause est abandonnée.

10° Police. — *Le contractant peut, si la Police est faite à son ordre, en transférer le bénéfice par un endossement régulier, libellé conformément aux articles 137 et 138 du Code de Commerce.*

Le bénéficiaire par endossement a la même faculté.
Tout endossement, pour être valable, doit être approuvé par la personne sur la vie de laquelle l'assurance repose et être notifié à la Compagnie.

Cette clause figure dans les polices de date récente.

11e Police. — Outre l'attribution bénéficiaire qui peut en être faite dans les conditions manuscrites du contrat, par avenant ou par tous autres moyens légaux ordinaires, le bénéfice du contrat est transmissible par un endossement régulier exprimant la valeur fournie conformément aux articles 137 et 138 du Code de Commerce.

Le cessionnaire par endossement peut, à son tour, se servir du même moyen de transfert avec le consentement de l'assuré.

Cette formule figure dans les polices de date récente.

12e Police. — La présente police n'est pas transmissible par voie d'endos, sauf le cas ci-après :

Le contractant ou les contractants pourront, s'il a été expressément stipulé, dans les conditions manuscrites, que la police est faite à leur ordre, en transférer, etc... (le reste comme à la 1re Police ci-dessus).

Cette clause figure dans des polices de date récente.

4. — Les rédacteurs des clauses ci-dessus transcrites, dans lesquelles on trouve invariablement la même expression « la propriété de l'assurance *se transmet* par..... », semblent avoir emprunté au législateur une terminologie, dont celui-ci s'est servi plus ou moins heureusement dans diverses dispositions (notamment dans les articles 711, 938, 1689 C. civ., 91, 3e al., et surtout dans l'article 136 C. Co.), mais qui, transportée dans la matière des assurances sur la vie, soulève plusieurs critiques.

On sait que les manières d'acquérir se divisent en : 1° originaires ou primaires: 2° dérivées ou secondaires.

Les premières attribuent la propriété des biens qui n'appartiennent à personne :

Les autres, de beaucoup les plus nombreuses, s'appliquent à une propriété antérieurement acquise, pour la *transmettre* de l'un à l'autre.

Les modes originaires ne produisent qu'une acquisition sans aliénation, tandis que les modes dérivés produisent tout à la fois l'acquisition par l'un et l'aliénation par l'autre, c'est-à-dire une *transmission*.

Les clauses ci-dessus transcrites ne visant exclusivement que la *transmission* de l'assurance, on pourrait croire que les modes d'acquisition, qu'elles réglementent, sont tous, exclusivement des modes dérivés, c'est-à-dire faisant passer la propriété de l'un à l'autre, ou, pour préciser, faisant acquérir au bénéficiaire les droits qui appartenaient auparavant au contractant.

On se tromperait :

En effet, plusieurs de ces modes, bien que présentés comme n'opérant que des transmissions, sont susceptibles de fonctionner comme modes originaires d'acquérir, en ce sens du moins qu'ils peuvent donner naissance à un droit qui se forme directement sur la tête du bénéficiaire, sans avoir passé auparavant dans le patrimoine du constituant. Telle est la thèse la plus judicieusement accréditée.

5. — Ainsi, suivant que l'assuré aura employé tel ou tel mode de transfert, il se produira une véritable transmission du droit, ou, au contraire, une acquisition directe du droit par le bénéficiaire, sans aliénation corrélative par le contractant. En autres termes, tels de ces modes sont translatifs de droit, tels autres sont, pourrions-nous dire, en quelque sorte simplement déclaratifs. Or, il y a là une distinction utile à faire, car, à plusieurs points de vue, que nous indiquerons brièvement, il importe de savoir si le bénéficiaire acquiert un droit qui lui est

transmis par le constituant, ou au contraire un droit qui prend naissance dans sa personne même, sans avoir séjourné dans le patrimoine du constituant.

Pour faire cette distinction, il faut examiner successivement tous les cas dans lesquels peut se poser la question de savoir s'il y a transmission, succession du droit, si le bénéficiaire est l'ayant-cause de l'assuré, ou si, au contraire, le bénéficiaire a acquis directement le droit au capital de l'assurance.

Nous allons passer en revue tous ces cas.

6. — 1er cas. — *L'assurance est souscrite au profit de personnes certaines et nommément désignées dans la police même, par exemple au profit de M. X..., banquier à...*

Lorsque l'assurance est faite au profit de l'assuré lui-même, de ses héritiers ou ayants-cause, au profit de personnes incertaines et indéterminées, elle ne renferme qu'une *seule* opération qui intervient entre l'assureur et l'assuré et à laquelle on applique l'article 1122 du Code civil. Ce cas est étranger à notre sujet.

Mais le contrat d'assurance sur la vie, fait au profit d'un tiers déterminé, renferme une *double* opération.

Il constitue d'abord entre le stipulant et le promettant, c'est-à-dire entre l'assuré et l'assureur, un contrat par lequel ce dernier s'oblige à payer, lors du décès du premier, la somme convenue, moyennant l'acquit des primes. De cette première convention nous n'avons pas à nous occuper.

En outre il renferme une seconde opération qui intervient entre le stipulant, c'est-à-dire l'assuré, et le tiers bénéficiaire (1). C'est d'elle que nous allons traiter.

____

(1) C. d'Amiens. 25 avril 1888 (Rev. Pér.. 1888, p. 101).

La jurisprudence, aujourd'hui à peu près unanime, voit dans cette seconde opération une stipulation pour autrui régie par la disposition de l'article 1121 C. civ. (V. notamment Cass.. 15 déc. 1873, 15 juillet 1875, 20 déc. 1876, 7 février 1877, 27 janvier 1879, 10 février 1880, 2 juillet 1884, et 16 janvier 1888.) (1).

Il faut rappeler ici la disposition de cet article 1121 qui est le principe fondamental de notre matière :

« On peut (par exception, disent certains auteurs, — Contra
» Laurent, t. XV, n° 552 — à l'article 1119 qui défend de sti-
» puler en son propre nom pour autrui) stipuler (c'est-à-dire
» devenir créancier) au profit d'un tiers, lorsque telle est la
» condition d'une stipulation qu'on fait pour soi-même ou d'une

---

(1) On a contesté que l'art. 1121 pût être appliqué au contrat assurance sur la vie, parce que dans ce contrat l'assuré ne stipule pas pour lui-même. (Notamment : Montluc, *Des ass. sur la vie*, p. 135 et 136; Mornard, *Thèse*. Paris. 1883, p. 190 et 193.) Mais la Cour de cassation a réfuté cette objection dans son arrêt du 16 janvier 1888 dont les motifs parfaitement déduits peuvent être rapprochés des exposés de principes faits par Laurent dans son *Traité de Droit civil*. t. XV, n° 552, p. 628, édit. 1877. et par Demolombe dans son *Traité des Contrats*, t. 1, n°s 232, 246 et 247. Voir *Rev. Pér.*, 1886, p. 385 une dissertation de M. Lefort *sur la nature du Contrat qui attribue le bénéfice d'une assurance sur la vie à un tiers.*

Nous ferons remarquer aussi que des Cours ont admis que l'intention des parties qui ont conclu une assurance contre le décès au profit d'autrui, pouvait avoir été de faire une gestion d'affaires appelée à devenir parfaite par la ratification de la personne pour le compte de laquelle l'assurance a été négociée et conclue. Dans ce système, qui rattache l'assurance non plus précisément à l'art. 1121, mais à la gestion d'affaires, et qui a été soutenu notamment par M. Labbé (Sirey, note 1877. I. 389). on justifie mieux les décisions qui ont admis que l'assurance est un capital créé au profit du tiers et non un capital cédé au tiers par le stipulant (Labbé, en note sous Cass.. 23 janvier 1889; Sirey, 1889, I, 353; Cf. Deslandres. *De l'assurance sur la vie*, n°s 55 et 1). — Enfin. notons un troisième système, présenté par M. Thaller (Dall.. 88. 2. 1), et d'après lequel le contrat d'assurance oblige seulement la Compagnie envers l'assuré à offrir l'indemnité aux bénéficiaires, après le décès de l'assuré (V. Deslandres. *Op. cit..* n°s 67 et suiv.. la critique de ce système).

« donation (entendez toute espèce d'aliénation à titre gratuit ou
« à titre onéreux, toute espèce de promesse) que l'on fait à un
« autre.

« Celui qui a fait cette stipulation ne peut plus la révoquer
« si le tiers a déclaré vouloir en profiter. »

Comment, en vertu de cet article, le bénéficiaire acquiert-il la
créance (1) engendrée par la stipulation ? Cette acquisition ré-
sulte-t-elle du seul fait de la stipulation au profit du tiers bénéficiaire indépendamment de toute acceptation de sa part, conformément à la théorie que soutenaient beaucoup d'auteurs dans
notre ancien droit français ? Non, dans notre droit moderne, la
stipulation faite au profit du bénéficiaire ne constitue qu'une
offre à l'adresse de ce dernier, offre d'une libéralité (2) si le
tiers bénéficiaire n'était pas créancier du stipulant ou offre d'une
dation en paiement, d'une novation, d'un nantissement, etc.,
la stipulation pour autrui pouvant également avoir pour cause
et pour but, soit la volonté de conférer un bienfait, soit une
opération à titre onéreux (Laurent, t. XV, n° 552, p. 628 ;
Amiens, 26 avril 1888).

____

(1) Le mot *créance* est critiqué par différents auteurs (Couteau, t. II,
p. 425 ; *Jour. des Ass.* (Observation sous Amiens, 26 avril 1888), 1888, p. 253].
Nous l'emploierons cependant pour simplifier le langage.

(2) Nous employons ici le mot *libéralité*, sans vouloir trancher ni la
question de savoir si le capital assuré n'a pas le caractère d'une indemnité (V. Montluc, p. 59 ; Deslandres, n° 38 et suiv.) plutôt que celui d'une
libéralité, ni la question de savoir si l'assurance contractée au profit
de certaines personnes ne constitue pas l'acquittement d'une obligation naturelle. Nous réservons ces questions, en nous bornant à constater que si quelques Cours et Tribunaux (V. notamment C. de Lyon,
1er mai 1888 ; Trib. de comm. de Caen, 21 mai 1887 ; C. de Bourges, 7
mai 1883 dans le *Journ. des Ass.* 1888, p. 502, 323, 190) ont résolu ces
questions dans le sens de l'affirmative, la Cour de cassation persiste à
décider que l'attribution du bénéfice de l'assurance à un tiers, lorsqu'elle
ne constitue ni un nantissement ni un paiement d'une obligation civile,
constitue une libéralité (Ch. civ., 8 fév. 1888, *Rev. pér.* 1888, p. 69).

Or, cette offre, conformément à la théorie générale des offres et pollicitations (1), ne lie le stipulant, ne produit un effet de droit qu'au moment où le bénéficiaire déclare vouloir en profiter, nul ne pouvant acquérir un droit sans sa volonté, à son insu, par l'effet d'un contrat auquel il a été étranger. Jusque là le bénéficiaire n'a rien acquis, et le stipulant, non encore obligé, peut, par un changement de volonté, révoquer sa libéralité, ou plus exactement retirer l'offre qu'il avait faite.

Tel est le sens de la disposition de l'article 1121.

Faisons l'application de cette disposition au cas que nous examinons.

Si le bénéficiaire désigné dans la police intervient dans ce contrat pour déclarer qu'il accepte l'offre à lui adressée par l'assuré, il est constitué par la police même créancier direct et personnel du capital assuré. En d'autres termes, dans cette hypothèse, le contractant applique directement et immédiatement au tiers bénéficiaire la créance sur la Compagnie, sans que cette créance prenne d'abord naissance dans sa personne et fasse, même un instant de raison, partie de son patrimoine (2). Le contractant n'ayant pas la faculté de révoquer (3) une offre que

---

(1) En matière d'assurance sur la vie on se départit un peu des rigueurs de cette théorie, suivant laquelle l'acceptation de l'offre ne pouvait être utilement faite que du vivant du stipulant. On décide en effet que la déclaration dont il est question dans le deuxième alinéa de l'art. 1121 peut être faite *après* le décès de l'assuré (Cass., 8 février 1888, précité). V. *infra*, n° 7, note 1.

(2) L'opinion contraire a été soutenue par M. Chavegrin dans le *Droit* du 4 novembre 1883 (V. *infra*, n° 7, *in fine*). Dans le sens de notre opinion v. dissertation déjà citée de M. Lefort, *Rev. Pér.*, 1886, p. 385.

(3) À moins toutefois qu'il ne s'agisse d'une assurance faite pendant le mariage au profit du conjoint et ayant pour but non une des opérations à titre onéreux permises entre époux par l'art. 1595, C. civ., mais une véritable libéralité. Il est en effet de l'essence des donations entre époux d'être toujours révocables (art. 1096, C. civ.).

l'acceptation simultanée du bénéficiaire a rendue immédiatement irrévocable, la possibilité d'une transmission par le contractant lui-même du bénéfice de l'assurance ne saurait pas se concevoir. Cette hypothèse ne nous intéresse donc pas.

Si, au contraire, le bénéficiaire désigné dans la police n'est pas intervenu dans ce contrat pour accepter l'offre à lui adressée par l'assuré, la police n'aura pas fait acquérir immédiatement la créance à ce bénéficiaire et cette créance restera par conséquent susceptible d'être, nous ne disons pas *transmise*, afin de réserver notre opinion sur la nature de cette opération, mais *attribuée* par le contractant à un autre bénéficiaire.

C'est sur cette hypothèse que nous allons disserter.

Il faut distinguer plusieurs sous-hypothèses.

7. — A. — *Le bénéficiaire désigné dans la police accepte* (1)

---

(1) Nous ferons remarquer que la théorie du Code civil sur la stipulation pour autrui ne s'adapte pas de tous points à la stipulation faite dans un contrat d'assurance sur la vie au profit du bénéficiaire. En matière de stipulation pour autrui faite dans les termes de l'art. 1121, on discute la question de savoir si l'acceptation par le tiers doit, à peine de déchéance, être donnée avant le décès du stipulant. M. Colmet de Santerre (*Cours analytique de Code civil*, t. V, n° 33 bis VIII, p. 14) et Laurent (*Principes du Droit civil*, t. 15, n° 551) notamment, ont soutenu l'affirmative : « Les pollicitations non suivies d'acceptation, dit le premier de ces auteurs, « étant des actes imparfaits, ne peuvent être complétées après la mort « d'une des parties, parceque, si c'est celle qui a fait l'offre qui est morte, « sa volonté n'a pas concouru un instant avec celle de l'autre partie, etc... » Toutefois, cette solution n'a pas prévalu. On décide généralement que l'acceptation peut être faite postérieurement au décès du stipulant, parce que l'offre adressée au tiers accessoirement à une convention n'est pas une offre faite en vue d'un contrat à conclure, mais une simple clause, une charge ou un mode de la convention principale déjà formée, à laquelle elle se rattache et qui la rend obligatoire pour le promettant (Aubry et Rau, t. IV, § 343 *ter* texte et note 27 et les autorités citées).

Or, il nous semble qu'en matière d'assurance sur la vie, cette question de savoir si le bénéficiaire peut accepter après la mort de l'assuré n'aurait jamais dû faire doute. En effet, il y a entre la stipulation pour autrui

Suite de la note page 22.

qu'à eue en vue, dans l'art. 1121, le législateur de 1804 (qui ne connaissait pas les assurances sur la vie), et la stipulation accessoire à un contrat d'assurance sur la vie une double différence qui ne permettait pas les hésitations sur la solution à donner à la question dont il s'agit : En effet, d'une part, la stipulation de l'art. 1121 est accessoire à une convention à laquelle le décès du stipulant ne met pas nécessairement fin; et, d'autre part, le décès du stipulant de l'art. 1121 ne forme pas nécessairement le terme opposé à l'exigibilité de la créance stipulée au profit du tiers bénéficiaire.

Au contraire, lorsqu'il s'agit d'assurance sur la vie, le décès du stipulant met fin à la convention principale et rend, en général, exigibles les droits stipulés au profit du bénéficiaire accessoirement à cette convention. Dans ces conditions, on ne comprend pas que le bénéficiaire ne puisse plus accepter, après le décès de l'assuré, l'offre à lui faite par ce dernier. Sans doute, il aurait pu avoir la pensée prudente d'accepter du vivant de l'assuré et de rendre ainsi toute révocation impossible (V. dissertation de M. Bonneville de Marsangy sous ce titre : *Acceptation par le bénéficiaire*, dans le *Jour. des Ass.* 1885, p. 289). Mais enfin, au point de vue pratique, au point de vue du fait, il faut remarquer que c'est surtout au moment où se produit l'événement qui donne ouverture à son droit et place à portée de sa main le bénéfice à recueillir, c'est-à-dire au décès, que le bénéficiaire songera à consolider sur sa tête, par une acceptation, les droits dont le contractant lui a fait offre. Or, c'est précisément à ce moment qu'on lui dirait : Vous acceptez trop tard! Cette solution ne serait pas seulement rigoureuse; elle serait souvent parfaitement inique. Il arrive en effet que non-seulement le bénéficiaire n'est pas mis en possession de la police du vivant de l'assuré, mais que même il ne connaît qu'après le décès de celui-ci l'existence de l'assurance. Par exemple, l'assuré remet à son notaire la police sous pli cacheté portant cette inscription : *A remettre à M...* (le bénéficiaire, qui ignorait l'assurance faite à son profit) *après mon décès*. Dans ce cas (qui s'est présenté), n'eut-il pas été inique de déclarer le bénéficiaire déchu du droit d'accepter après le décès de l'assuré?

On a cependant soutenu que l'acceptation par le tiers en faveur duquel avait été faite l'assurance devait, à peine de déchéance, être donnée avant le décès de l'assuré (V. les auteurs cités par M. Lefort dans son étude sur *Acceptation du bénéfice d'une assurance sur la vie après le décès du stipulant, Rev. pér.* 1890, p. 289, note 1). Hâtons-nous de dire que cette théorie a été repoussée par la jurisprudence (V. notamment Douai, 12 juin 1885, *Rec. pér.* 1885, p. 373; id. 11 février 1887, *Rec. pér.* 1887, p. 110 et Sirey 1888, 2, 19; Cass. 8 février 1888, *Rec. pér.* 1888, p. 90; Sirey 1888, 1, p. 121; *Adde* Cass. 2, juillet 1884, Sirey 1885, 1, 5 : V. le rapport de M. le conseiller Crépon et la note de M. Labbé), qui admet en principe que l'acceptation peut utilement avoir lieu après le décès de l'assuré. Cette solution est aussi celle de la plupart des auteurs (V. dans le *Rev. pér.* l'étude de M. Lefort, précitée).

Suite de la note page 22.

— Sur cette question de l'acceptation d'autres difficultés s'élèvent qui n'ont pas reçu encore une solution définitive.

Et d'abord n'y a-t-il pas lieu de faire une distinction entre le cas où l'attribution est faite au bénéficiaire à titre gratuit, et celui où elle est faite à titre onéreux?

Dans le premier cas, l'acceptation peut être valable après le décès du stipulant parce que la donation est regardée non comme un contrat où le concours des volontés est nécessaire, mais comme la charge, le mode, la condition d'une autre convention (Aubry et Rau, t. IV, § 343 *ter*, texte et note 27 et § 659).

Mais dans le deuxième cas, une acceptation utile ne semble plus possible après le décès. En effet, l'assuré, qui désigne son créancier comme bénéficiaire de la police, lui fait une offre qui doit être acceptée pour que le contrat (car il y a ici contrat) puisse se former. Conformément à la théorie des offres et des pollicitations, qui devient applicable dans ce second cas, l'offre ne lie celui qui l'a faite qu'au moment où celui à qui elle est adressée déclare l'accepter. Si donc le créancier accepte l'offre, il n'est investi du droit cédé qu'à partir de cette époque, sans rétroactivité. Si l'acceptation n'est pas intervenue avant le décès, aucun effet de droit ne pourra résulter de l'offre non acceptée; pas plus qu'une vente ou tout autre contrat, resté imparfait avant le décès d'une des parties, ne peut être achevé après ce décès par l'autre partie seule. Il faudra une nouvelle offre de la part des héritiers de l'assuré suivie d'acceptation, le tout notifié à la Compagnie pour que le créancier puisse toucher lui-même le capital assuré (Aubry et Rau, t. IV, §343, à rapprocher de t. VII, § 653 *in fine*. (Cf. Dumaine : *Du Contrat d'assurance sur la vie*, nos 7 et 21 B.)

Nous nous bornons à signaler cette difficulté.

En voici une autre : Cette acceptation posthume peut-elle avoir lieu au préjudice des créanciers de l'assuré? Les Cours de Douai et de Caen, la première par arrêt du 6 décembre 1886 (*Rev. pér.* 1887, p. 19); la seconde par arrêt du 3 janvier 1888 (*Rev. pér.* 1888, p. 21), ont décidé que le décès de l'assuré mort insolvable (de même d'ailleurs que sa faillite) fait obstacle à ce que l'acceptation puisse être faite utilement au préjudice des créanciers, dans les cas où (remarquons qu'en pratique ces cas constituent une règle à peu près sans exception) l'assuré a conservé le droit de disposer de la police, ou de la valeur qu'elle représente, soit par un transfert, soit par un rachat, soit par une affectation à la garantie d'un prêt (V. sur ces arrêts la note de M. Labbé dans Sirey 1888, 2, 97).

La Cour de cassation, dans son arrêt du 6 février 1888 (*Rev. pér.* 1888, p. 193), s'est dérobée à l'examen de cette question. M. Labbé, dans la note précitée approuve les décisions des Cours de Caen et de Douai : « La libéralité contenue dans une stipulation pour autrui sera, dit le « savant professeur, soit une donation entre vifs, soit un legs ou un « fidéicommis, selon que l'acceptation du tiers sera intervenue avant ou *plus tard, quand il en est temps encore, nous le supposons, c'est-à-dire avant que l'assuré ait révoqué (1) l'offre à lui adressée par ce dernier.*

Fin de la note page 22.

« après la mort du stipulant. On comprend très bien, comme le décident
« beaucoup d'auteurs, que la libéralité non encore acceptée puisse être
« révoquée par le stipulant et ne puisse plus l'être par ses héritiers, car
« un legs quoique ne constituant pas encore un droit acquis pour le léga-
« taire, ne peut pas être révoqué par les héritiers du testateur. Mais il
« est impossible d'admettre qu'une libéralité acceptée après la mort de
« celui qui en fait l'offre, et partant assimilable à un legs, puisse s'exé-
« cuter en cas d'insolvabilité du disposant. » (V. aussi note de M. Labbé
sous Cass., 7 août 1888, Sirey 1889, I, 97 et 98; — Cf. rapport de M. le
conseiller Crépon sous Cass. 2 juillet 1884, Sirey 1885, I, 5).

Nous nous bornons, nous le répétons, à signaler ces difficultés dont
examen n'*entre* pas dans le programme que nous nous sommes tracé.

(1) Sur la question de savoir si la faculté qu'a l'assuré de révoquer le
bénéfice de l'assurance passe à ses créanciers après la faillite, et à ses
héritiers, après son décès, consulter la note de M. le conseiller Crépon,
Sirey, 1888, I, p. 123 et 124.

Cette question fait doute. M. le conseiller Crépon estime que le droit de
révocation serait vraiment en contradiction avec l'esprit du contrat d'assurance sur la vie. C'est bien aussi notre avis. On sait que la stipulation
pour autrui peut valoir comme legs ou *fideicommis* (Pothier, *Traité des
obligations*, n° 73). Pourquoi donc ne pas reconnaître que la stipulation
faite au profit du bénéficiaire dans une police d'assurance participe, dans
une certaine mesure, du legs ou de l'ancienne donation à cause de mort?
On en conclurait tout naturellement que la libéralité, non encore acceptée,
ne peut pas être révoquée par les héritiers de l'assuré. D'ailleurs, quand
on examine les motifs sur lesquels s'appuient les auteurs qui enseignent,
sous l'art. 1121, que les héritiers du stipulant ont, comme leur auteur, le
droit de révoquer, tant que le tiers n'a pas encore accepté, on constate
que ces motifs sont inapplicables au contrat d'assurance sur la vie. Voici
par exemple comment s'exprime M. Larombière (*Théorie et pratique des
Obligations* t. 1, sous l'art. 1121, n° 5, édit. 1885): « Les héritiers du sti-
« pulant peuvent eux-mêmes, s'il ne l'a pas fait, révoquer la stipulation
« accessoire par lui faite au profit du tiers. En effet, *comme le contrat
« principal est indépendant de ces accidents de mort et que la stipulation
« accessoire qui s'y rattache participe à cette solidité*, elle n'est pas, comme
« une simple proposition non encore acceptée, susceptible de s'évanouir
« par le décès du stipulant; s'il peut encore accepter, les héritiers de
« celui-là doivent avoir le droit de révoquer, tant que le tiers n'a pas

N'allons-nous pas alors voir se produire une *transmission* du droit, c'est-à-dire un déplacement de la créance passant du patrimoine de l'assuré dans le patrimoine du bénéficiaire ? Car, avant que le bénéficiaire acceptât, la créance contre la Compagnie résidait apparemment quelque part ; or, où pouvait-elle être, si ce n'est dans le patrimoine de l'assuré resté libre de demander à la Compagnie le rachat de son contrat, de le transférer, de le donner en garantie ?

La question est délicate.

Nous avons vu *(suprà)* avant-dernière note, que la Cour de Douai (arrêt du 6 déc. 1886) et de Caen (3 janvier 1888) admettent l'idée d'une transmission, au moins dans le cas où l'assuré a conservé le droit de disposer de la police, puisque, dans ce cas, elles décident que l'acceptation ne peut pas être faite utilement au préjudice des créanciers de l'assuré.

Quant à la Cour de cassation, qui semble avoir voulu fermer les yeux sur les déductions que les Cours de Douai et de Caen ont tirées de la réserve faite par l'assuré de disposer de la police, elle décide (2 juillet 1884 précité ; 27 février 1884, Sirey 1886, 1, 122 ; 11 janv., 6, 8, 22 fév., et 27 mars 1888 aussi précités, et la note de M. Crépon, sous ces derniers arrêts) que, l'acceptation une fois intervenue, la créance de la somme assurée est

---

« accepté. De part et d'autre les choses demeurent dans le même état « parce que la convention principale est là qui les y maintient ». Décider que les héritiers du stipulant peuvent révoquer, *parceque le contrat principal et la stipulation accessoire sont indépendants des accidents de mort,* n'est-ce pas décider *à contrario* que les héritiers de l'assuré ne peuvent révoquer ni le contrat d'assurance ni la stipulation accessoire au profit du bénéficiaire, lesquels dépendent essentiellement des accidents de mort ! Il est juste de faire remarquer qu'en prenant ainsi le contre-pied du raisonnement de M. Larombière, ou est amené à conclure qu'après le décès de l'assuré, le bénéficiaire ne peut pas plus accepter, que les héritiers ne peuvent révoquer la stipulation, conclusion que nous avons repoussée dans la note précédente. La vérité est, ainsi que nous l'avons dit plus haut, que la théorie de la stipulation pour autrui de l'art. 1121. C. Civ. ne s'adapte pas parfaitement au contrat d'assurance sur la vie.

considérée comme n'ayant jamais appartenu au contractant (1).

Telle est la doctrine que suit cette Cour lorsqu'il s'agit de défendre le bénéficiaire contre les créanciers du stipulant et pour empêcher l'application des articles 549 et 564 C. co. (arrêt précité du 16 janvier 1888). Mais du moment qu'on a pas à défendre le bénéficiaire contre les créanciers du stipulant, la thèse de la Cour suprême change. On dit alors que l'acceptation du tiers bénéficiaire a pour conséquence *de faire sortir le capital assuré du patrimoine du stipulant* à partir de la stipulation, et on tire de là des conséquences importantes au point de vue du rapport et du calcul de la quotité disponible (Cass., 8 fév. 1888 précité). Ce n'est pas le lieu de rechercher comment se concl-

(1) Ainsi l'acceptation rétroagit (*V*. Cass., 8 fév. 1888 précité, confirmant la solution déjà donnée par les cours d'appel de Lyon, 2 juin 1863, S., 62, 2, 202; Besançon, 15 décembre 1869, S. 70, 2, 201; Caen, 11 mars 1876 Couteau, *Ass. Vie*, n° 531; Paris, 5 avril 1867, S. 67, 2, 219; Rouen, 27 juillet 1875, D. P. 76, 2, 182). Mais pourquoi l'acceptation rétroagit-elle? Certains auteurs, considérant que le bénéficiaire désigné dans la police a un droit soumis à la condition suspensive de son acceptation, font intervenir ici le principe de l'art. 1179, sur la rétroactivité de la condition accomplie. Dans un autre système, ou admet cette rétroactivité comme une conséquence de la doctrine qui voit dans l'assurance faite au profit d'autrui une application de l'art. 1121. L'offre adressée au tiers, dans la police, constitue, dit-on, dans ce système, nou pas une pollicitation indépendante, mais le mode d'un contrat déjà formé entre l'assureur et l'assuré; en conséquence il faut considérer que l'acceptation, qui répond à l'offre, parfait une convention accessoire à la stipulation dont elle doit en conséquence prendre la date, puis qu'elle c' nt en quelque sorte faire corps avec elle. (*V*. note déjà citée de M. Cr', 51, § III, S. 88, 1, p. 123, col. 2; Ruben de Couder, *Dict. du Dr. comm.*, *V. assurance sur la vie*: Herbault *assurance sur la vie*, n° 259) et suiv.)

Ainsi, en vertu de cette rétroactivité de l'acceptation, le tiers doit être réputé bénéficiaire *ab initio* des effets de la stipulation, et les choses se passent comme si ce tiers s'était prononcé au moment même où le stipulant traitait avec la Compagnie, comme si, en un mot, l'acceptation avait été concomitante à l'offre.

lient ces solutions contradictoires, au moins en apparence (1).
Quant à nous, qui recherchons ici dans quels cas une transmission a lieu, nous nous bornerons à constater que, selon la doctrine de la Cour de cassation, l'acceptation que fait du bénéfice
de l'assurance le tiers désigné dans la police, opère une véritable transmission au moins au regard des héritiers de l'assuré.

Dans le système présenté par M. Chavegrin (*V*. le *Droit* du
4 nov. 1888), pas de doute non plus que l'acceptation subsé-
quente du bénéficiaire ne produise, à tous égards, une véritable
transmission. M. Chavegrin soutient en effet que l'assurance
faite au profit d'un tiers implique une transmission dans tous
les cas, c'est-à-dire soit que ce tiers accepte dans la police même,
soit qu'il n'accepte que plus tard par acte subséquent (cas auquel, selon le savant professeur, l'acceptation rétroagit au jour
de la police). En autres termes, d'après M. Chavegrin, la créance
du capital assuré n'entre en aucun cas dans le patrimoine du
bénéficiaire qu'après avoir séjourné un instant de raison dans
celui de l'assuré, et y être restée au moins cet instant (2).

8. — De ce qui précède nous concluons donc qu'une transmission s'accomplit lorsque le tiers, désigné dans la police, accepte, postérieurement à la souscription de cette police, le bénéfice de l'assurance.

Puisque cette acceptation emporte transmission de la créance,

---

(1) On peut consulter sur ce point une dissertation de M. Chavegrin,
professeur à la faculté de droit de Paris, insérée dans le *Droit* du 4 nov.
1888, une note de M. Naquet, proc. génér. près la Cour d'Aix, sous Aix
20 mars 1888, S. 88, 2, 17, enfin une note de M. Labbé sous Rennes 9 fév.
1888, S. 89, 2, 121.

(2) *V*. aussi M. L. Rehfous, *le Contrat d'assurance en cas de décès*.
Cet auteur soutient que le stipulant doit stipuler d'abord pour lui-même,
sauf à transmettre ensuite ce droit à un tiers dans sa totalité ou partiellement.

il semble qu'elle doive être faite suivant les modes établis par
la loi pour la transmission des créances, ou suivant ceux réglementés par la police pour le transfert de l'assurance dans les
clauses que nous examinons. Mais non. L'acceptation par le
tiers de la stipulation faite à son profit, pas plus que l'offre elle-
même n'est soumise à aucune condition de forme, *même dans le
cas où le bénéficiaire est appelé à recueillir à titre gratuit le bénéfice de la stipulation faite à son profit.* Pourquoi? C'est que l'acceptation, pas plus que l'offre, ne sont des *actes portant donation
entre-vifs,* mais simplement *des conditions, des modalités accessoires* d'une convention déjà formée (la convention synallagmatique passée entre l'assureur et l'assuré) avec laquelle elles font
corps. Comme cette convention n'est pas soumise aux formes
solennelles des donations entre-vifs, elle doit être valable, dans
la forme qui lui est propre, toute entière, c'est-à-dire avec les
clauses accessoires qui la constituent (art. 1973 C. civ.). Telle
est la doctrine enseignée par les auteurs sous l'article 1121
(Demolombe, *Traité des contrats,* t. I, n° 252; Laurent, *Principes du droit civil,* t. XV, n° 552; Aubry et Rau, t. IV, § 353 et
t. VII, § 659, texte à notes 9 à 12) et qu'on applique à l'acceptation du tiers désigné dans une police d'assurance sur la vie
(Nancy, 17 janvier 1888, *Rec. Pér.,* 1888, p. 20, et Amiens,
26 avril 1888).

L'acceptation n'est donc soumise à aucune forme; elle peut
même être tacite et s'induire des circonstances (arrêt de Nancy
précité et Paris 18 juillet 1884, *Journ. des Ass.,* 1885,
p. 160 (1).

---

(1) Cependant on a décidé, en sens contraire, que la désignation, par
l'assuré, de la personne à laquelle le montant de l'assurance devra être
remise à son décès constitue une libéralité non déguisée, laquelle doit,
pour devenir définitive, être dûment acceptée conformément aux termes
de l'art. 932, C. civ. :

« Au fond : — Considérant que le 20 février 1864, il est intervenu entre
« Jacobsen et la Compagnie d'assurances *l'Union* un contrat à titre oné-
« reux, par lequel cette Compagnie moyennant le paiement d'une prime
« annuelle s'engageait à payer au décès de Jacobsen un capital déter-

9. — Ainsi cette transmission, qui résulte de l'acceptation du bénéficiaire, laquelle n'est soumise à aucune forme et peut même être tacite, sera valablement opérée à l'insu du débiteur de la créance transmise, c'est-à-dire à l'insu de la Compagnie d'assurances, sans qu'il soit besoin au bénéficiaire de faire à cette Compagnie la signification prescrite par l'article 1690 C. civ. Cependant ce bénéficiaire aurait intérêt à signifier son acceptation à la Compagnie pour l'empêcher de payer entre les mains de l'assuré (en cas d'assurance à terme fixe) ou de ses héritiers, ou pour rendre son droit opposable à ceux au profit desquels l'assuré pourrait ultérieurement disposer de l'assurance. Mais il est certain cependant que l'article 1690 n'est pas applicable ici : « Considérant qu'il importe peu que l'acceptation de la dame
» veuve Cunault (la bénéficiaire) n'ait pas été notifiée à la Com-
» pagnie, ces formalités propres à la matière des concessions de
» créances n'étant point requises par l'article 1121 du Code
» civil pour assurer l'effet des stipulations pour autrui. » (Paris,
18 juillet 1881, précité. Cf. Amiens, 26 avril 1888.) C'est une lacune de la loi, à ajouter à celles déjà signalées par les auteurs

---

« miné ; — Que, si, le 23 février suivant, Jacobsen a inscrit sur la police
« une déclaration portant qu'il entendait que, son décès intervenant, la
« somme assurée fut payée à la femme Flavien Lallier, cette déclaration
« unilatérale et à titre gratuit, indépendante de la première convention,
« constituait une libéralité non déguisée, laquelle, aux termes de l'art.
« 932 C. civ., ne pouvait devenir définitive que si elle était dûment ac-
« ceptée ; — Considérant que les premiers juges, pour déclarer l'irrévoca-
« bilité de cette donation, se fondent sur cette circonstance que la femme
« Flavien Lallier a été mise en possession du titre de créance et des quit-
« tances constatant le paiement des primes et qu'ainsi elle aurait accepté
« tacitement la libéralité dont il s'agit, et manifesté son intention d'en
« profiter ; — mais considérant que l'art. 1121 C. civ., visé par le juge-
« ment, ne peut avoir pour effet de déroger aux dispositions de la loi re-
« lative aux donations, etc..... (Paris, 19 avril 1876, contre lequel un pourvoi a été rejeté par Cass 20 janvier 1879. Bonneville de Marsangy *Jurisprudence générale des assurances terrestres*, I, p. 285.)

Mais cette jurisprudence semble abandonnée (V. notamment Amiens. 26 avril 1888).

qui font remarquer que le législateur aurait dû étendre la disposition de l'article 1690 à la subrogation, à la novation, à la délégation (V. notamment Laurent, *Principes du droit civil*, t. XXIV, n° 501).

Nous aurons l'occasion de revenir sur cette observation.

10. — B. — *L'assuré a, dans la police même, désigné comme bénéficiaire 1°. Puis, plus tard, avant que 1° ait accepté, il désigne 2°.*

La question se pose d'abord de savoir si cette substitution d'un nouveau bénéficiaire à celui qui était désigné dans le contrat est juridiquement possible.

Cette question se résoud par une distinction :

1° Si on interprète l'attribution faite au premier bénéficiaire comme une gestion d'affaires, on refusera à l'assuré, *negotiorum gestor*, la faculté d'enlever à ce premier bénéficiaire le profit de l'assurance. Voici comment s'exprime à cet égard M. Labbé (2) qui est, comme on sait, un des partisans les plus autorisés du système proposé par Montluc et suivant lequel on doit, toutes les fois que les circonstances le permettent, appliquer à l'assurance sur la vie les principes de la gestion d'affaires :

« Il ne semble pas que je puisse, par un changement de
« volonté, enlever au tiers la faculté de profiter du contrat.... »

Et plus loin :

« L'adhésion du tiers peut intervenir valablement après la

---

(1) V. 1889, p. 311 et 314.
(2) Sous Cass., 7, 12 fév.. 23 mars 1877 (Sirey, 77, 1, 393).

« mort du stipulant. C'est la règle de la ratification en matière
« de gestion d'affaires. Cela est sans inconvénient *parce que le*
« *gérant d'affaires ne peut pas révoquer la proposition qu'il a*
« *faite au tiers de profiter de l'assurance; il a parlé au nom*
« *d'autrui; il ne peut pas, par un changement de volonté, mettre*
« *obstacle à la ratification.* Il n'a donc pas à sa disposition le
« capital de l'assurance. »

Cette impossibilité où est l'assuré de changer le bénéficiaire
constitue pour nous l'obstacle le plus sérieux à l'adoption du
système qui interprète l'assurance sur la vie comme une gestion d'affaires. Remarquons, en effet, que, dans cette conception,
il faut décider que, non-seulement l'assuré n'a pas la faculté de
changer l'attribution qu'il a faite du capital assuré, mais qu'il
n'a pas non plus la faculté de faire racheter sa police par la
Compagnie, ni celle de contracter un emprunt avec la Compagnie, en affectant sa police à la sûreté du prêt qui lui est consenti. (Labbé *loc. cit.*). Or, dans la réalité des faits, il n'y a pas
un assuré qui n'entende rester maître de la somme stipulée.
C'est ce que M. Labbé a lui-même reconnu plus tard à maintes
reprises :

« Une assurance sur la vie est, dit-il, un contrat qui admet
« des changements successifs, opérés d'un commun accord entre
« l'assureur et l'assuré stipulant, quant à la personne du bénéfi-
« ciaire jusqu'au décès de l'assuré. Nous admettons cela.....
« Par conséquent les personnes désignées dans le contrat pri-
« mitif..... ont une espérance qu'on peut appeler un droit
« acquis, mais qui s'évanouira si, par un avenant postérieure-
« ment conclu avec la Compagnie, d'autres personnes sont
« désignées, substituées aux premières. Nous concevons cela
« parfaitement. (En note sous cass. 7 août 1888, Sirey 89.
« I. 97.)

« Ceux qui stipulent les assurances, et les compagnies d'as-
« surances par la rédaction des polices proposées, mêlent à un

« sentiment de dévouement et de sacrifice un sentiment d'inté-
« rêt personnel qui est moins noble, mais bien humain. L'as-
« suré veut se réserver le plus longtemps possible la liberté de
« varier dans la désignation de la personne gratifiée..... Les
« compagnies d'assurances, favorables au désir de l'assuré,
« insèrent dans la police un article qui réserve au stipulant la
« faculté de changer la désignation du bénéficiaire, soit par en-
« dossement, soit par avenant. (En note sous Cass., 22 oct. 88,
« Sirey 89. 1. 289.)

« En fait, dans la plupart des cas, celui qui contracte une
« assurance sur la vie dans l'intérêt d'un tiers..... entend se
« réserver la faculté de modifier cette attribution au gré de ses
« intérêts ou de ses affections qui peuvent changer. Une clause
« de la police lui permet de proposer à la Compagnie le rachat
« de son assurance ou un emprunt sur son assurance. Quoi-
« qu'il ait désigné un premier bénéficiaire, il veut ne pas être
« lié par cette désignation ; il veut rester, sa vie durant, libre
« de reprendre la libéralité qu'il destinait à cette personne ; il veut
« même conserver la faculté d'employer son contrat d'assu-
« rance comme un moyen d'obtenir crédit, en remettant à un
« créancier sa police en gage... (En note sous Cass. 23 juillet
« 1889, S. 90. 1. 5.)

C'est dans ces trois derniers passages (Voir aussi note de
Sirey 1888, 1. 97.) que M. Labbé a donné, selon nous, la véritable interprétation du contrat d'assurance sur la vie. Si, en
effet, on examine les données de la pratique, on constate
qu'avant tout l'assuré entend gérer sa propre affaire, c'est-à-dire
conserver la libre disposition du contrat. Or, cette constatation.
que M. Labbé fait lui-même, est la condamnation du système
qui interprète l'assurance sur la vie comme une gestion d'affaires. Aussi, le savant professeur est-il obligé de reconnaître
que ce système sera inapplicable dans « la plus part des cas ».
Mais ce n'est pas assez dire. A notre avis, si on appliquait ce

système on méconnaîtrait l'intention des parties dans la presqu'universalité des cas. (1)

2° Au contraire, dans le système de la jurisprudence qui interprète le contrat d'assurance sur la vie comme une stipulation pour autrui régie par l'article 1121 Code civil, l'assuré peut, sans aucun doute, substituer au bénéficiaire désigné dans la police un nouveau bénéficiaire, tant que le premier bénéficiaire ne s'est pas approprié la valeur du contrat, ne l'a pas faite sienne par une acceptation. La possibilité de cette substitution est admise en matière de stipulation pour autrui (V. notamment Demolombe *Traité des contrats*, t. 1, n° 249.). Elle a été aussi expressément reconnue en matière d'assurance sur la vie par les arrêts de Cassation du 16 Janvier 1888, 7 août 1888, par les arrêts d'Aix du 20 mars 1888, et d'Amiens, 31 janvier 1889, etc...

Nous admettons donc, conformément à la solution de la jurisprudence, que l'assuré peut toujours changer le bénéficiaire primitivement désigné.

II. — Nous devons nous demander maintenant quel sera l'effet de cette désignation d'un nouveau bénéficiaire.

Cette seconde désignation aura d'abord pour résultat immédiat de révoquer (2) l'offre adressée à 1ᵉ (art. 1121, 2ᵉ alinéa),

---

(1) M. Levillain, dans les critiques qu'il a formulées contre la théorie de M. Labbé (Dalloz, 1879, 2. 25) ne fait pas remarquer que cette théorie repose sur une conception qui n'est presque jamais conforme à l'intention de l'assuré. M. Mornard paraît avoir prévu l'objection (p. 205) : mais l'explication qu'il donne ne nous semble pas satisfaisante.

(2) Puisque nous parlons ici de révocation, rappelons qu'il y a doute sur la question de savoir si la réserve faite par l'assuré de disposer du bénéfice du contrat (réserve exprimée dans les clauses concernant le rachat, la faculté de changer le bénéficiaire, la faculté de céder le contrat par

de faire rentrer cette offre dans le néant, et par conséquent de rendre inutile et tardive l'acceptation que l'on pourrait faire désormais. (1).

---

endossement ou par un transfert sur le titre même), ne constitue pas un obstacle à l'effet rétroactif d'une acceptation que le tiers bénéficiaire ferait *après* la mort du stipulant. Les Cours de Douai (6 Déc. 1885) et de Caen (3 Janv. 1888) ont résolu cette question dans le sens de l'affirmative (*V.* ces arrêts dans le *Rec. Pér.*, 1888, p. 24, et dans Sirey, 1888, 2, 97, et la note de M. Labbé) (1). Sur l'effet de la réserve par l'assuré du droit d'endosser la police, *V.* dans Sirey la note de M. Labbé *in medio*, sous Cass., 7 fév. 1887, la note *in fine*, sous Besançon, 14 mars 1883, et Alger, 29 janv. 1885, la note sous Cours de justice de Genève, 10 janv. 1887 (Sirey, 1887, 4, 13), la note sous Cass., 6 fév. 1888, enfin la note sous Cass., 22 oct. 1888 (Sirey, 89, 1, 289). Dans ce dernier arrêt, la *Cour de Cassation* a décidé qu'on doit appliquer, même dans le cas où l'assuré s'est réservé la faculté d'endosser la police, la solution d'après laquelle le bénéficiaire devant être réputé avoir acquis *ab initio* le capital assuré, les créanciers du souscripteur ne sont pas fondés à prétendre que ce capital fait partie de leur gage. Toutefois, beaucoup de personnes critiquent cette solution, pensant qu'une valeur créée par une personne, qui en conserve la libre disposition jusqu'à son décès, doit, en l'état de notre législation, grossir le gage des créanciers de cette personne morte insolvable. (*V.* en ce sens, un jugement du tribunal civil de Marseille, analysé dans l'*Assurance Moderne* du 25 et 27 mai 1890.)

(1) M. Couteau (t. II, n° 457) examine la question de savoir si le contrat d'assurance qui a été fait au profit d'un tiers pourrait être cédé ultérieurement à une autre personne : « Qu'arriverait-il, dit cet auteur, si Paul, « après avoir fait un contrat au profit de Pierre, bénéficiaire désigné, « cédait ce contrat à Jacques en accompagnant la cession de la remise « du titre et d'une signification à la Compagnie? Paul décède dans l'année. « Pierre, bénéficiaire désigné, peut dire : Par le contrat, j'avais un droit « acquis sous la condition du décès dans l'année; tout était réglé, la « prime payée d'avance; le paiement du capital assuré ne dépendait que « d'un événement indépendant de la volonté des contractants. Or, la con- « dition accomplie a un effet rétroactif au jour où l'engagement est con- « tracté (art. 1179 C. civ.). Le capital assuré m'est acquis du jour du

---

(1) On nous communique au dernier moment un très intéressant arrêt rendu, le 11 avril 1890, par la Cour de Douai, dans lequel cette Cour semble revenir sur sa jurisprudence antérieure, notamment sur celle de son arrêt précité du 6 décembre 1885. On trouvera le texte de cet arrêt dans ce *Recueil*, supra, p. 98 et suiv.

Mais, d'autre part, cette seconde désignation aura-t-elle pour effet d'opérer une transmission de la créance contre la Compagnie?

On se rappelle que c'est cette question que nous étudions ici.

« contrat, nulle cession ultérieure n'a pu en être faite valablement. On
« comprend qu'aucun doute ne puisse s'élever si la cession avait eu lieu
« à titre onéreux, car en ce cas, la fraude serait trop facile. Nous pensons
« qu'il doit en être de même si la cession a eu lieu à titre gratuit. »

M. Couteau a négligé de préciser si, dans l'hypothèse qu'il prévoit, Pierre, le bénéficiaire désigné, avait ou non accepté, avant que Paul cédât le contrat à Jacques. Si Pierre n'avait pas encore accepté quand est intervenue cette cession, il n'a aucun droit à faire valoir au décès de Paul, car dans le sytème qui interprète l'assurance sur la vie, non comme une gestion d'affaires, mais comme une stipulation pour autrui, Paul, en cédant sa police à Jacques, a implicitement révoqué la stipulation faite au profit de Pierre. — Si, au contraire, antérieurement à la cession consentie à Jacques, Pierre avait accepté, cette cession est nulle, car Paul a, dans ce cas, disposé au profit de Jacques d'un droit qu'il n'avait plus, puisque Pierre l'avait déjà irrévocablement acquis (art. 1121, dernier alinéa). Vainement Paul était-il resté en possession de la police qu'il a remise à Jacques : dans notre droit moderne, les droits incorporels se transfèrent, comme les droits réels, *solo consensu*, indépeudamment de toute tradition, de toute délivrance ou remise de titre, au moins dans les rapports des parties entre elles (art. 1689, C. civ. expliqué). Mais est-ce à dire que, dans le cas que nous supposons (acceptation de Pierre, antérieure à la cession faite à Jacques), le conflit, qui s'élevera au décès de Paul, entre Pierre et Jacques, se terminera sans aucun doute au profit de Pierre? Pour résoudre cette question il faudrait préalablement en résoudre une autre, qui est celle de savoir si la signification à la Compagnie de la cession de Jacques, n'a pas rendu les droits de ce cessionnaire préférables à ceux de Pierre, bénéficiaire désigné, qui n'a pas fait signifier à la Compagnie son acceptation. Mais ce n'est pas ici le lieu de disserter sur ce sujet (V. supra, n° 9), pas plus que d'examiner d'autres questions que soulève l'hypothèse de M. Couteau. Nous voulons seulement faire remarquer que, pour résoudre la difficulté qu'envisage cet auteur, on doit, à notre avis, au lieu de distinguer selon que la cession a eu lieu à titre gratuit ou à titre onéreux — distinction que M. Couteau prend pour unique criterium — rechercher d'abord si le premier bénéficiaire avait déjà accepté la stipulation faite à son profit, lorsque est intervenue la cession, si, en autres termes, le droit de ce premier bénéficiaire était devenu irrévocable avant cette cession.

Nous répondons que tout dépend du mode auquel recourra l'assuré pour faire cette désignation.

Or, l'assuré peu se servir du mode de désignation qui lui plait; il peut choisir selon son bon plaisir. « L'assuré peut, à « son gré, changer la désignation du tiers bénéficiaire. Le pro- « cédé de l'avenant n'est pas plus difficile à employer que le « procédé de l'endossement ou du transfert, malgré la nécessité « du concours de la Compagnie. » (Labbé en note S. 88. 2. 97.)

Mais, suivant le mode qu'emploiera l'assuré pour désigner un second bénéficiaire, les effets de cette nouvelle désignation seront, au point de vue qui nous occupe, bien différents.

Nous allons examiner un à un tous les modes de désignation d'un nouveau bénéficiaire et préciser les effets produits par chacun de ces modes différents de désignation (1).

12. — AVENANT.— Nous établirons plus loin que l'avenant n'opère pas de transfert, pas plus d'ailleurs qu'il n'opère de novation, et qu'il ne constitue qu'une modification de la stipu- lation accessoire au contrat intervenu entre la Compagnie et l'assuré. Cette modification rétroagit au jour de la police avec laquelle l'avenant forme un tout indivisible, de sorte que tout se passe comme si la police avait été, dès le principe, rédigée telle qu'elle est modifiée par l'avenant. Ainsi l'avenant n'est pas un mode de transmission.

DÉCLARATION UNILATÉRALE DE L'ASSURÉ. — Supposons que par un acte unilatéral — c'est-à-dire auquel la Compagnie reste étrangère — l'assuré déclare qu'il attribue à telle personne no-

---

(1) Plus loin, nous étudierons chacun des modes d'attribution, que nous ne faisons que passer ici en revue rapidement.

minativement désignée le bénéfice de la police. Quel sera l'effet de cette déclaration ? Dans l'étude que nous consacrerons à l'avenant, nous essaierons de démontrer que l'attribution ainsi faite est assimilable à celle faite par avenant et qu'en conséquence elle n'opère pas une transmission de droits.

ENDOSSEMENT — Lorsqu'il est stipulé dans les conditions générales de la police que le contrat est transmissible par endossement, et lorsque, d'autre part, la police a été établie à l'ordre du souscripteur, ce dernier peut endosser la police. Pas de doute que cet endossement n'opère une véritable transmission de droits (art. 136 C. com.), à moins qu'il ne soit libellé *valeur en garantie*, auquel cas il n'y a qu'une constitution de gage. Nous nous expliquerons sur ce point en traitant de l'endossement des polices d'assurance.

TRANSFERT SUR LE TITRE MÊME. — Dans le tableau que nous avons donné (V. *supra* n° 3) des clauses de transmission recueillies dans les conditions générales des polices françaises , nous avons rapporté plusieurs clauses (1re, 3e, 6e, 8e police) dans lesquelles il est stipulé que *la propriété du contrat est transmissible par voie de transfert sur le titre même*. Qu'est-ce que ce *transfert sur le titre même ?* Question difficile qui eût sans doute embarrassé les auteurs même de cette clause, lesquels ne sont autres que les fondateurs de la première Compagnie d'assurances françaises. C'est le cas de dire avec le juriconsulte Julien : « *Non omnium quæ a majoribus constituta sunt, ratio « reddi potest* ». (1) il a bien fallu lui trouver un sens à cette clause, en déterminer le caractère, pour savoir quelles sont les dispositions de la loi générale qui lui sont applicables. Nous examinerons plus tard les différentes interprétations qui ont été fournies. Disons seulement ici que, pour notre part, nous assimi-

---

(1) L, 20). D. *de legibus*. I, 3. M. de Courcy (*Précis de l'ass. sur la vie*. p. 171 et l.) pense que les rédacteurs de cette clause ont confondu le transfert des polices d'assurance avec le transfert des actions d'une Société.

lerions volontiers, à de certaines conditions, l'attribution faite
par ce transfert sur le titre même à une attribution faite par
avenant, l'avenant ne devant pas nécessairement être établi par
un acte distinct de la police, et pouvant être rédigé sur la police
même (V. Grün et Joliat p. 257, Emerigon Ch. II, sect. iv § 5).
Si on adopte cette solution, on décidera que le transfert sur le
titre même n'opère pas de transmission. Nous reviendrons plus
tard sur cette question.

13 — Mais il y a au contraire transmission en cas de :

1° CESSION CIVILE, opérée selon le mode réglé par l'article
1690 C. civil. (1): cession que le Code considère comme un
acte à titre onéreux et qu'il qualifie de vente (art. 1692) (V.
Laurent *Principes du droit civil t. 24 n° 530).*

2° DONATION faite soit selon les formes requises par l'article
931 C. civil. soit par Contrat de mariage (art. 1081 et suiv.), soit
sous forme de *don manuel* (si toutefois une police d'assurance
peut faire l'objet d'un don manuel, — question que nous examinerons plus loin) ou déguisée dans un contrat à titre onéreux.

3° TRADITION, si l'on admet qu'une police d'assurance puisse,
à certaines conditions, être susceptible de ce mode de transmission, question qui sera aussi examinée ultérieurement.

---

(1) Nous n'envisagerons ici ni l'hypothèse de la *novation* proprement
dite, ni l'hypothèse d'autres opérations qui impliquent novation, telles
que : 1° la *délégation parfaite* (art. 1275 C. civ.); 2° l'*expromission* qui
s'opère lorsqu'un nouveau débiteur (en matière d'assurances sur la vie,
la Compagnie assureur) est substitué à l'ancien et que ce dernier est déchargé par le créancier, le nouveau débiteur étant obligé à sa place. En
effet, jamais, en fait, une Compagnie ne consentira à figurer dans les
actes passés entre son assuré et le créancier ou le débiteur de celui-ci. La
seule convention qui puisse, pratiquement, intervenir entre la Compagnie,
l'assuré et le créancier ou le débiteur de ce dernier, est l'*avenant*. Or,
nous verrons que l'avenant n'opère pas novation.

1° LEGS et plus généralement *disposition testamentaire quel-conque*, legs particuliers, legs *de residuo*, fidéicommis, substitu-tions fidéicommissaires, substitutions vulgaires ou conjonctives de l'article 898 du code civil.

14. — *2ᵐᵉ cas.* — *La police est souscrite au profit de l'assuré, ou au profit de personnes incertaines et indéterminées, (enfants, enfants nés ou à naître (1), ayants-droit, ayants-cause, créanciers, succession, qui de droit, etc.,) (2).*

Si la police, ainsi libellée, ne reçoit aucune modification, on lui appliquera, non pas l'article 1121 du Code civil, mais l'article 1122, nous l'avons dit, (V. *suprà* n° 6).

---

(1) Suivant les cas, l'attribution « aux enfants » de l'assuré est consi-dérée faite au profit de personnes déterminées, ou au contraire au profit de personnes indéterminées (V. Douai, 9 juin 1886. *Journ. des Ass.*, 1887, p. 513 ; — *Nota* : La Cour de Douai a rendu, le 9 juin 1886, entre les mêmes parties, deux arrêts que plusieurs annotateurs ont confondus — Cass., 3 fév. 1888. *Rev. Pér.*, 1888, p. 99). L'attribution « aux enfants nés ou à « naître » donne lieu à une distinction (Trib. civ. Seine, 21 juillet 1887. *Journ. des Ass.*, 1887, p. 491.) Consulter aussi Trib. civ., Seine, 4 nov. 1889. *Journ. des Ass.*, 1890, 10.

(2) Il ne faudrait pas, selon nous, considérer comme personnes incer-taines et indéterminées celles qui peuvent être désignées par l'indication que fournira quelqu'acte à venir, exemples : *la domestique qui sera à mon service à mon décès ; la femme que j'épouserai,* etc... En matière de disposi-tions entre-vifs, la libéralité faite au profit de personnes ainsi déterminées est valable (Dall. J. G. V. *Disp. entre-vifs*, nᵒˢ 332 et 3135), comme s'appli-quant à une personne sinon certaine et connue, du moins susceptible de l'être. Pourquoi n'appliquerait-on pas la même solution en matière d'assu-rances ! (Conf. *Rép. Périod. de l'Enreg.*, t. 21, année 1877, art. 1528, n° 21.) Il faut, d'ailleurs, distinguer ici deux questions : 1° question de capacité que règle l'article 906 du Code civil ; 2° question de détermination indivi-duelle, de précision dans l'indication de la personne appelée à profiter de l'assurance. On peut consulter, sur ce point, la note de M. Labbé, sous Cass., 7 fév. 1877 (Sirey, 77, 1, 393.) et la note de M. Mulle, sous le même arrêt (Dalloz, 77, 1, 337).

Mais on sait que l'assuré peut modifier la clause bénéficiaire
de cette police : « En stipulant par le contrat originaire, dit la
« Cour de Cassation dans son arrêt du 7 août 1888, au profit
« de ses héritiers ou ayants-droit, Rommel se réservait, impli-
« citement mais nécessairement, la faculté de désigner ultérieu-
« rement la personne à laquelle il entendait attribuer le bénéfice
« de l'assurance ».

Supposons que l'assuré, usant de la faculté qui lui appartient,
attribue à une personne déterminée nominativement le bénéfice
de cette police souscrite au profit de personnes incertaines et
indéterminées, que par exemple il désigne pour bénéficiaire
M. X..., banquier. Cette attribution implique-t-elle une *transmission* du droit, passant du patrimoine de l'assuré dans celui
du bénéficiaire nommément désigné ?

Nous croyons qu'il faut répondre affirmativement.

Au premier abord, il semble cependant que cette question
comporte les mêmes solutions et distinctions que celles que nous
venons d'examiner en dernier lieu, 1er cas, B. et que, par conséquent, tout ce que nous avons dit sous les nos 10 et suivants,
s'applique au cas que nous étudions maintenant.

En effet, peut-on-dire, ces deux cas se confondent. Le premier est celui où l'assuré qui a, dans la police même, attribué le
bénéfice de l'assurance à 1°, désigne, plus tard, 2° pour bénéficiaire à la place de 1°. Or cette substitution d'un bénéficiaire à
un autre s'analyse en : 1° une révocation de l'offre adressée à
1°, révocation qui a pour effet de mettre les choses dans le
même état que si l'assuré n'avait pas désigné de bénéficiaire
et avait par conséquent stipulé pour lui et pour ses héritiers ;
2° une attribution à 2° du bénéfice de cette police. Or, entre
la révocation de l'offre adressée à 1° et l'attribution du bénéfice à
2°, il s'est nécessairement écoulé au moins un instant de raison
où l'assuré était dans la même situation que s'il avait stipulé
pour lui et pour ses héritiers, puisque, durant ce trait de

temps, il n'y avait pas de bénéficiaire désigné. Il semble donc que l'analogie soit parfaite entre ce 1er cas B, et celui que que nous étudions maintenant.

Un arrêt de la Cour de Douai du 14 février 1887 (Sirey 1888, 2, 49) pourrait être invoqué à l'appui de ce raisonnement. Voici ce qu'on lit dans cet arrêt :

« Attendu qu'aux termes d'une police, en date du 4 avril
« 1883, le sieur Bécu stipulait au *Soleil*, qu'une somme de
« 5,000 fr. serait payée à ses héritiers, lors de son décès, ou à
« lui-même dans vingt ans ; — Mais attendu que, suivant ave-
« nant en date du 18 du même mois, le sieur Bécu ayant
« déclaré vouloir qu'à son décès, le bénéfice de l'assurance
« précitée soit attribué à Mme Bécu née Parent, son épouse, la
« Compagnie lui donna acte de cette déclaration, qui annule
« toute disposition antérieure, relative à l'attribution, au décès
« de l'assuré, de ce bénéfice.... Attendu d'ailleurs, que la
« Compagnie *le Soleil* et Bécu, seules parties contractantes dans
« dans la police, étaient libres de s'entendre pour la modifier à
« leur gré et y substituer l'attribution à la femme à l'attribution
« aux héritiers ; que la police n'avait ouvert à ces derniers
« aucun droit direct et personnel au capital assuré, dans les
« termes de l'article 1121 du Code civil, puisqu'ils étaient alors
« personnes indéterminées et incertaines, ne devant se trouver
« individualisées qu'au décès de Bécu ; — Attendu que la police
« rectifiée et l'avenant rectificatif formant un tout indivisible,
« leur portée juridique est la même que si, dès l'origine, il
« n'avait été stipulé que le paiement de l'assurance à la dame
« survivante ou à son mari, au cas où, vingt après, celui-ci
« serait encore en vie.... — Que la stipulation dont bénéficie
« cette dernière, est conforme aux prescriptions de l'article
« 1121..., — que la dame Bécu est censée, par son acceptation
« du bénéfice de l'assurance, avoir eu, dès avril 1883, un droit
« acquis au capital assuré...»,

M. Labbé, commentant cet arrêt (V. note dans Sirey *loc. cit.*), s'exprime ainsi :

« La dame Béou devait-elle être traitée comme ayant eu,
« dès le premier jour, droit au capital, au même titre que si son
« nom avait figuré dans ce contrat lui-même, quoique la sti-
« pulation à son profit n'eût été insérée que dans un avenant
« postérieur ?

« L'affirmative sur cette question a été adoptée par la Cour,
« en raison de ce que les héritiers, personnes alors incertaines,
« n'avaient acquis aucun droit ; l'assurance était donc restée
« indéterminée quant au bénéficiaire : le droit de la femme,
« surgissant après coup, ne rencontrait donc l'obstacle d'aucun
« droit antérieur ».

Mais cette manière de voir ne nous paraît pas juridique. En effet celui qui s'assure, en stipulant pour lui ou pour ses héritiers, fait une stipulation qui est régie par l'art. 1122 C. civ.

Or si, plus tard, il attribue à 1° le bénéfice de cette assurance, nous croyons que cette nouvelle attribution ne peut pas constituer la stipulation de l'art. 1121.

Notre opinion se fonde sur cette observation bien simple, qui, nous en sommes surpris, n'a pas été faite par la Cour de Douai, savoir : que la stipulation de l'art. 1121 étant, par définition, l'accessoire du contrat principal, ne se comprend que faite *simultanément* à ce contrat (V. *Dict. des droits d'Enreg. par les Rédacteurs du Journ. de l'Enr.*, V° *stip. pour autrui*, n° 5 ; — Cass. 10 nov. 1874, D. 75, 1, 248). Lors donc que la désignation du tiers bénéficiaire n'a lieu que postérieurement à la police, contrat principal, elle ne peut pas constituer la stipulation de l'art. 1121 : elle constitue une *cession*.

La Cour de Douai donne pour motif à sa décision que : « La
« Compagnie et l'assuré, seules parties contractantes dans la
« police, étaient libres de s'entendre pour la modifier à leur gré

« et y substituer l'attribution à la femme à l'attribution aux
« héritiers ». Sans doute les parties sont libres de changer leurs
conventions, mais elles sont libres aussi de les révoquer, libres
aussi d'en faire des nouvelles. Or, dans le cas qui nous occupe,
la question est de savoir si les parties ont seulement modifié
leur contrat primitif, ou si elles n'ont pas fait un nouveau contrat.

Nous admettrions parfaitement qu'elles n'aient fait qu'ap-
porter un changement à leur contrat primitif si, le bénéfice de
l'assurance ayant été attribué dès l'origine, c'est-à-dire dans la
police même, *à une personne nommément désignée*, il ne se fût agi
plus tard que de changer cette personne, de lui en substituer
une autre. Dans ce cas, en effet, on aurait été, dès le principe,
sous l'empire de l'art. 1121, et la modification opérée aurait
consisté, non pas à ajouter, après coup, à un contrat principal
régi par l'art. 1122, la stipulation de l'article 1121, mais seulement à changer la personne au profit de laquelle aurait été faite
cette stipulation simultanément au contrat principal. Pas de
doute qu'une modification de ce genre ne soit licite et ne laisse
substituer le contrat primitif, sans atteindre quelqu'un de ses
éléments essentiels et constitutifs. (V. Dall. C. civ. annoté, sous
l'art. 1134, n° 50). Cette modification compromet même si peu
l'existence du contrat primitif, qu'elle pourrait, ainsi que nous
le verrons plus loin, être opérée par le stipulant seul (l'assuré),
sans le concours du promettant (la Compagnie), (V. Cass.
27 déc. 1853, Dall. 54, 1, 350 ; Laurent t. XV. n° 565, Demolombe, *Traité des obligations*, t. I, n° 249).

Mais lorsqu'au contraire les parties ajoutent à un contrat
principal, déjà formé et définitivement conclu, une stipulation
qui n'est licite et susceptible de produire ses effets légaux que
si elle est faite en même temps que le contrat principal dont
elle doit former un mode, une condition, un accessoire, nous ne
pouvons pas voir, comme la Cour de Douai, dans cette convention nouvelle, une simple modification du contrat primitif.
Que l'assuré le veuille ou non, cette stipulation, au profit d'un
tiers déterminé, constitue nécessairement une cession.

D'ailleurs, il ne faut pas se méprendre sur le sens et la portée de l'arrêt de Douai, dont nous venons de donner un extrait. Une circonstance de fait, toute particulière à la cause, a été pour la Cour un motif déterminant.

Si en effet la Cour a décidé que la femme Bécu était un tiers dans le sens de l'article 1121 C. civ., quoique la stipulation à son profit n'eut été insérée que dans un avenant postérieur, c'est, principalement, parce que cet avenant avait été moins une modification qu'une rectification de la police, où les héritiers de l'assuré n'avaient été désignés comme bénéficiaires que par suite d'une erreur matérielle. A ce point de vue donc, l'arrêt de Douai est moins un arrêt de principe qu'un arrêt d'espèce.

De ce qui précède, nous concluons que l'attribution à une personne, nommément désignée, du bénéfice d'une police, originairement souscrite au profit de personnes incertaines et indéterminées, ne saurait, *de quelque manière qu'elle ait été faite*, être considérée comme une stipulation pour autrui dans le sens de l'article 1121 C. civ. faisant acquérir *directement* au tiers bénéficiaire la créance sur le promettant (la Compagnie). Et notamment si cette attribution est faite par avenant, on ne peut pas dire que cet avenant fait corps avec la police et forme avec elle un tout indivisible, comme si la stipulation de l'avenant avait été faite dans la police même.

Il y a deux opérations, deux contrats distincts.

Il y a d'abord une assurance faite au profit de l'assuré lui-même ou de ses héritiers, assurance régie par l'article 1122 C. civ., puis il y a une cession du bénéfice de cette assurance à une personne nommément désignée, qui est l'ayant-cause, le successeur de l'assuré dans le patrimoine duquel a séjourné d'abord la créance sur la Compagnie assureur.

On voit que le 2me cas que nous examinons se différencie du

1er cas B examiné plus haut, où le changement d'attribution n'emporte pas de transmission de droits, toutes les fois du moins qu'il est opéré par avenant ou par un mode assimilable à l'avenant (déclaration unilatérale de l'assuré, ou transfert sur le titre même), tandis que, dans le cas qui nous occupe maintenant, l'attribution à un bénéficiaire désigné emporte *toujours* transmission du droit, passant du patrimoine de l'assuré dans celui du bénéficiaire.

15. — 3me cas. — *La police est souscrite au profit de la personne que l'assuré se réserve de désigner ultérieurement.*

Aussi longtemps que l'assuré n'aura pas fait cette désignation, l'assurance sera régie par l'art. 1122. Mais lorsque l'assuré, usant de la faculté qu'il s'est réservée, désigne le bénéficiaire, cette désignation fait-elle tomber l'assurance sous l'application de l'article 1121 C. civ., — ou bien, au contraire, opère-t-elle une transmission de droit, passant du patrimoine de l'assuré dans celui de cette personne désignée comme bénéficiaire ? (1)

Nous croyons que cette question comporte les mêmes solutions que dans le 1er cas B examiné plus haut.

---

(1) Il nous semble qu'on pourrait établir une certaine analogie entre la réserve faite par l'assuré, dans la police, de désigner ultérieurement le bénéficiaire, et la réserve faite par l'acheteur, dans un contrat de vente, de déclarer command. L'analogie sera admise surtout par ceux qui voient une gestion d'affaires dans l'assurance faite au profit d'une personne désignée, car la déclaration de command est aussi une gestion d'affaires (V. Demolombe. *Traité des contrats, t. I. n° 242*). — Nous trouvons ici l'occasion de rappeler qu'on a comparé aussi l'assurance sur la vie à l'assurance contre l'incendie faite *pour le compte de qui il appartiendra* (Montluc. p. 103). Mais, à notre avis, les termes de cette comparaison font défaut (V. sur l'*Ass. pour compte*, article de M. Oudiette. *Mon. des ass. 1870* et *Rec. des Soc. 1890* — article de Mr Vavasseur.

C'est ainsi que nous décidons qu'il ne s'opère pas de transmission, lorsque le bénéficiaire est désigné, soit par avenant, soit par un mode assimilable à l'avenant, telle que déclaration unilatérale faite par l'assuré dans un écrit postérieur à la police. ou tel encore qu'un transfert sur le titre même.

Il est bien évident, en effet, qu'ici l'avenant, ou autre écrit analogue, se rattache immédiatement à la police et en fait partie intégrante, pour ne former avec elle qu'un tout. Si la désignation est faite par un transfert sur le titre, on peut même considérer que l'assuré ne fait que remplir un *blanc* (1).

L'assurance faite au profit de la personne que le souscripteur, usant de la faculté qu'il s'était réservé, a désignée postérieurement à la police, est donc régie par l'art. 1121 C. civ., lorsque cette désignation est faite par transfert sur le titre même. par avenant, ou dans un écrit émanant de l'assuré seul.

On peut dire, en effet, que dans une police qui contient la réserve par l'assuré de désigner ultérieurement le bénéficiaire. il y a d'ores déjà et stipulation au profit d'un tiers, bien que le stipulant ait voulu garder le secret, du consentement de la Compagnie, sur le nom du bénéficiaire. C'est donc dans la personne même du bénéficiaire que le droit se forme directement. Et cette solution doit être suivie, non seulement en matière civile, mais même en matière fiscale. où on décide que le droit de mutation ne serait pas dû par le bénéficiaire ainsi désigné, (Dumaine. *Du contrat d'ass. sur la vie.* p. 55 et 56).

Nous devons cependant noter que la solution contraire a été admise par un arrêt des Requêtes du 10 nov. 1874 (S. 1875. 1.

---

(1) C'est si vrai, que cette mention additionnelle du nom du bénéficiaire désigné ne constitue pas une contravention à l'article 23 de la loi du 13 brumaire, an VII, qui défend, sous peine d'une amende de 5 francs. de rédiger deux actes à la suite l'un de l'autre (V. Dumaine. *Du contrat d'ass. sur la vie.* p. 197 et 198).

107 — D. 1875. I. 218) statuant sur un contrat d'assurances sur la vie, par lequel le stipulant s'était réservé le droit de désigner ultérieurement le bénéficiaire de la police, désignation qui avait été régulièrement faite.

Par cet arrêt, la Cour suprême a en effet décidé que « vaine-« ment il est soutenu que le transfert du bénéfice du contrat « d'assurance constituerait la stipulation au profit d'un tiers « prévue et permise par l'art. 1121 C. civ., et aurait pour effet « de faire entrer immédiatement la créance de 10,000 fr. dans « le patrimoine de la demanderesse en cassation, sans qu'elle « eut fait partie, à une époque, de l'actif du stipulant ; qu'en « effet, d'une part, le transfert n'a lieu que deux jours après le « contrat d'assurance ; que le droit au capital de 10.000 fr. avait « été irrévocablement acquis au stipulant dès le jour du contrat « et était entré dans son patrimoine ; que dès lors le transfert, « consenti au profit de la bénéficiaire, n'est pas la stipulation « prévue par l'article 1121 ».

Mais si on analyse cet arrêt, on y trouve la solution de deux questions qu'il importe de séparer, si on veut se faire une idée exacte du sens et de la portée de cet arrêt. La Cour décide d'abord que la stipulation de l'art. 1121 doit être faite en même temps que la convention principale, dont elle n'est que l'accessoire. Cette solution est incontestable (V. *suprà* n° 14). En second lieu, la Cour décide qu'il y a lieu d'appliquer ce principe au cas spécial où l'assurance est contractée au *profit de la personne que l'assuré se réserve de désigner ultérieurement.*

Or cette seconde solution, la seule qui nous intéresse en ce moment, n'est pas juste, reposant sur une fausse interprétation de l'article 1121, ainsi que l'a reconnu plus tard la Cour de Cassation.

Voici en effet comment M. le Conseiller Crépon, dans ses notes (§ 11)sous l'arrêt de Cassation du 16 Janvier 1888 (Sirey 1888, 2. 122 en note), apprécie cet arrêt du 10 novembre 1874 :

« Ce n'est pas dans cet arrêt qu'il faut chercher la véritable
« doctrine de la cour de Cassation, d'une part, parce qu'il statue
« sur une question spéciale dont nous aurons à nous occuper
« plus loin, celle de savoir si la stipulation au profit d'un tiers
« constitue une libéralité soumise aux règles qui déterminent le
« calcul de la quotité disponible ; d'autre part, parce que si l'on
« voulait chercher dans cet arrêt des déclarations doctrinales rela-
« tives à l'application de l'article 1121 au contrat d'assurance
« sur la vie, lorsqu'il contient des stipulations en faveur de tiers,
« on le trouverait en contradiction avec toute une série d'arrêts
« postérieurs de la Chambre civile (V. not. cass, 7 février, 1877,
« 10 févr. 1880, 2 juillet 1884 précités), et notamment avec
« l'arrêt ci-dessus du 16 Janvier 1888, »

Il est donc bien entendu que la solution donnée par l'arrêt
du 10 Novembre 1874 à la question qui nous intéresse est
une solution isolée, contraire à celle qui a prévalu plus tard
et d'après laquelle le transfert, consenti au profit de la personne
que l'assuré s'était réservé de désigner sur la police, constitue
la stipulation prévue par l'article 1121 C. civ.

On voit par ce qui précède que le cas où, la police étant souscrite au profit de personnes indéterminées, l'assuré attribue
ensuite par avenant, (ou autre mode assimilable), le bénéfice du
contrat à un tiers désigné, que ce cas, disons-nous, n'admet pas
relativement à la question dont nous nous occupons ici, la même
solution que le cas où, la police étant souscrite au profit de la
personne que l'assuré se réserve de désigner ultérieurement,
l'assuré désigne cette personne par un avenant (ou autre cas
assimilable). Pour le premier de ces deux cas, nous avons décidé
(n° 44) que la désignation du tiers bénéficiaire constitue une
cession, l'article 1121 ne pouvant recevoir son application par ce
que la stipulation, accessoire au profit du tiers, n'a pas été faite
en même temps que la stipulation principale. Dans le second cas,
nous appliquons, au contraire, l'art 1121 C. civ., parce que,
dans ce cas tout spécial, la désignation du bénéficiaire n'a d'autre

effet que de combler une lacune de la police, de compléter un
un contrat inachevé.

Mais nous devons faire remarquer que ni les auteurs, ni la
jurisprudence n'ont, à notre connaissance, remarqué la nécessité
de donner deux solutions différentes pour les deux cas que nous
venons d'envisager (V. note de M. Labbé précitée et note de M.
Crépon § II dans Sirey, sous Cass. 16 janv. 1888).

Pour terminer les observations que nous avions à présenter
sur ce 3ᵐᵉ cas, il nous reste à faire remarquer que toutes les fois
que l'assuré désignera autrement que par un avenant (ou autre
mode assimilable) la personne que, dans la police, il s'était réservé
de désigner ultérieurement, cette personne devra être considérée,
non plus comme un tiers bénéficiaire dans le sens de l'art. 1121
C. civ., mais comme un cessionnaire. Il y aura donc, en principe,
transmission, à moins qu'il ne résulte des circonstances que cette
désignation, quoique faite autrement que par avenant, soit bien
la suite, le complément de la police. Prenons des exemples pour
mieux expliquer notre pensée. Le bénéficiaire que l'assuré
s'était réservé de désigner, est-il désigné par contrat de mariage,
par testament, on pourra alors, suivant les circonstances,
rattacher cette désignation à la police. Mais, au contraire, la
police est-elle endossée, cédée selon les formes de l'art. 1690 C.
civ., transférée à titre de garantie conformément à l'art. 2075,
donnée dans les formes de l'art. 931 et suiv. C. civ., il ne sera
pas possible d'admettre que l'assuré ait voulu, en recourant à
ces formalités, user de la faculté qu'il s'était réservée dans la
police. On devra, dans ces cas, considérer que l'assuré a
renoncé au mode de désignation qu'il s'était réservé d'employer,
peut-être dans la prévision de telle éventualité qui ne s'est pas
réalisée (1). Le bénéfice de l'assurance aura donc bien séjourné

---

(1) Cependant, même dans ces cas, il pourra encore y avoir lieu à des
appréciations de fait. Ainsi, en pratique, le cas suivant se produit assez
réquemment : l'assuré se réserve dans la police de faire profiter de l'as-

dans le patrimoine de l'assuré, d'où il n'est sorti, pour passer dans celui du tiers bénéficiaire, que par l'effet d'un endossement, d'une cession, d'une donation, etc. faite au profit de ce tiers.

16 — 1ᵉʳ cas — *Le tiers bénéficiaire de l'assurance dispose du contrat.*

On s'est demandé si, en l'absence de toute interdiction faite par l'assuré au tiers bénéficiaire d'aliéner l'assurance (1), ce tiers a le droit de disposer du contrat.

Pour résoudre cette question, on a distingué selon que l'assuré avait employé tel ou tel mode pour conférer au bénéficiaire le droit à l'indemnité (V. Mornard, p. 186 et suiv.).

Nous n'examinerons pas cette question que nous supposerons résolue en ce sens que le bénéficiaire a le droit de disposer du contrat, et nous nous demanderons si cette disposition est régie par les principes de la stipulation pour autrui, en autres termes, si la créance contre la Compagnie n'a séjourné aucun instant dans le patrimoine du premier bénéficiaire — ou si, au contraire, cette disposition a opéré une transmission de créance, passant du patrimoine de ce bénéficiaire dans celui de la personne gratifiée par lui. Nous croyons que cette dernière solution

---

surance la personne qu'il se réserve de désigner ultérieurement. Au lieu de faire cette désignation dans un avenant, il la fait sur la police même, en inscrivant le nom du bénéficiaire dans la formule imprimée qui est destinée à recevoir les endossements. Il est bien entendu qu'en pareil cas on ne devra pas traiter comme un endossataire le tiers ainsi désigné, surtout si la mention de la valeur fournie, qui doit compléter la formule d'un endossement véritable, n'est pas remplie.

(1) On admet généralement que l'assuré peut transmettre à un tiers, en lui interdisant de les céder, les droits que le contrat lui a fait acquérir contre la Compagnie d'assurances. (V. Mornard. p. 185, note 1.)

s'impose. Il est manifeste qu'ici nous sommes en dehors des conditions de la stipulation pour autrui qui, par définition, est accessoire à un contrat principal. En effet, le contrat principal, qui est ici le contrat passé entre l'assuré et l'assureur, a été fait par une personne, l'assuré, et la stipulation au profit du second bénéficiaire est faite par une autre personne, le premier bénéficiaire. Nous déciderons, en conséquence, que la personne au profit de laquelle le premier bénéficiaire dispose du contrat, est nécessairement l'ayant-droit de ce bénéficiaire, quelque soit le mode employé pour faire cette disposition, l'article 1121 C, civ. étant ici inapplicable.

Il en sera ainsi, notamment, lorsque la personne gratifiée par le premier bénéficiaire aura été désignée par avenant.

En effet, ainsi que nous le verrons plus loin, nous concevons l'avenant comme une modification de la stipulation accessoire au contrat intervenu entre l'assuré et la Compagnie. D'où il résulte que, seul, l'assuré peut faire un avenant, parce que, seul, il peut modifier la stipulation accessoire au contrat qu'il a passé avec la Compagnie. A notre avis donc, l'avenant est un mode de disposition que le bénéficiaire du contrat ne peut pas régulièrement et valablement employer.

Résumé et Conclusion

17. — Nous venons de préciser, d'une part, les cas dans lesquels l'attribution du bénéfice de l'assurance constitue une véritable transmission du droit passant du patrimoine de l'assuré dans celui du bénéficiaire, — et, d'autre part, les cas dans lesquels, au contraire, le droit au capital assuré se forme directement dans le patrimoine du bénéficiaire sans avoir séjourné un instant dans celui de l'assuré.

Les clauses qui, dans les polices des compagnies d'assurances françaises, réglementent les modes d'attribution du capital assuré, semblent indiquer que, dans tous les cas, quelque soit le mode employé, cette attribution emporte une transmission.

En effet, nous reportant au texte des clauses transcrites plus haut n° 3, nous constatons que toutes sont ainsi conçues : « La propriété de la présente police *se transmet* par... ». Et cette même expression « se transmet » revient dant toutes ces clauses, qu'il s'agisse d'avenant, de transfert sur le titre même, d'endossement proprement dit, de cession selon les formes de l'art. 1690 du Code civil. En un mot, si on s'en rapporte aux termes de ces clauses, le bénéficiaire est, dans tous les cas, l'ayant-droit de l'assuré. Après les explications que nous avons données, on peut juger combien une telle conception est erronée, et, par suite, combien est défectueuse la clause qui la fait naître. Nous avons dit que les résultats sont absolument différents, suivant qu'il y a ou non véritable transmission.

Résumons ici ces différences :

1° Au point de vue fiscal, si le droit prend naissance dans le patrimoine du bénéficiaire, aucun droit de mutation n'est dû.

2° Le droit de saisie-arrêt qui appartient aux créanciers de l'assuré, pourra ou non s'exercer sur le bénéfice de l'assurance suivant que cette valeur se trouvera ou non dans le patrimoine de l'assuré (1).

3° Par l'action paulienne, les créanciers de l'assuré ne pourront atteindre que la valeur que l'assurance aura fait sortir du patrimoine de leur débiteur. Il importera donc, pour préciser les effets de cette action, de savoir si l'attribution du bénéfice de l'assurance a transporté cette valeur du patrimoine de l'assuré dans celui du bénéficiaire.

4° Même question pour l'application des art. 446 et 447 du Code de commerce qui organisent, au profit des créanciers du failli, une action qui ne diffère guère de l'action paulienne de l'art. 1167 du Code civil qu'en ce qu'elle est plus rigoureuse.

5° Lorsqu'il s'agit d'assurance contractée par un commerçant au profit de sa femme ou transférée par lui à sa femme, il sera très important de pouvoir décider, en cas de faillite du mari, si le bénéfice du contrat a fait partie du patrimoine de l'assuré, et si les art. 559 et 561 du Code de commerce doivent être appliqués.

6° Si l'on décide que la créance du capital assuré a été *donnée*, c'est-à-dire transmise par le contractant *de cujus* aux bénéficiaires, ce capital assuré devra être réuni fictivement à la masse de l'hérédité pour le calcul de la quotité disponible. Au contraire, on laissera cette créance au dehors des calculs si ou décide qu'elle n'a pas été dans les biens de l'assuré défunt, car si elle n'y a jamais été, elle n'a pu en sortir et ne peut, après le décès, y rentrer même fictivement.

7° Indépendamment de toute question de réserve, si la police est souscrite en faveur d'un des héritiers de l'assuré, les autres héritiers pourront-ils se prévaloir contre celui de

---

(1) Sur cette question, *V.* M. Thaller, *Annales du droit commercial*, 1888, p. 105; note de M. Labbé sous arrêts de Douai et Caen (Sirey, 1888, 2. 97); Mornard, p. 303 et s.; Deslandres, n°s 110 et s.

l'art. 843 du Code civil et exiger le rapport du capital? Oui, si la créance du capital assuré a fait partie du patrimoine de l'assuré. — Non, dans le cas contraire.

18. — Nous avons indiqué précédemment dans quels cas et à quelles conditions l'attribution de l'assurance implique une transmission, et nous avons signalé les conséquences qu'il faut en tirer pour la solution des questions que nous venons de passer en revue. Ce sont les données de la jurisprudence que nous avons prises pour points de repère. Mais la jurisprudence est-elle bien définitivement fixée? Sa doctrine repose toute entière, nous l'avons vu, sur cette idée que l'assurance, faite au profit d'un tiers déterminé, est une stipulation pour autrui régie par l'art. 1121 du Code civil. Notre intention n'est pas de rechercher si cette conception est juste et d'en faire la critique (1). Nous voulons seulement présenter les observations suivantes :

a. Conformément à l'art. 1121, que la jurisprudence applique à l'assurance sur la vie contractée au profit d'un tiers déterminé, la créance du capital assuré se forme, on se le rappelle, et prend naissance dans le patrimoine du bénéficiaire sans passer dans le patrimoine de l'assuré. Une des objections les plus sérieuses qui se dressent contre cette conséquence est celle signalée par diverses Cours, notamment par celle de Caen et de Douai (*V. suprà* n° 7, note 1) et qu'on formule ainsi : il n'est pas possible de prétendre que la créance du bénéfice de l'assurance n'a jamais séjourné dans le patrimoine de l'assuré, cette créance étant, en fait, restée, jusqu'à l'acceptation du tiers

---

(1) Avant de quitter ce sujet, notons que la jurisprudence a à peu près complètement abandonné le système qui, pour expliquer la stipulation pour autrui, décompose l'opération en deux contrats, l'assurance étant passée d'abord par l'assuré pour lui-même pour être ensuite par ce dernier transmise au bénéficiaire. Aujourd'hui la jurisprudence tend de plus en plus à voir dans la stipulation pour autrui un contrat unique d'où sort *directement* le droit du bénéficiaire sans avoir séjourné, même pendant un instant de raison, dans le patrimoine de l'assuré. V. *infrà*, n° 63 *ad notam, in medio* et Lefort, *Traité du contrat d'ass. sur la vie*, t. I, p. 220 et suiv., et t. II, p. 166, note 4.

bénéficiaire, à la disposition de l'assuré qui pouvait éteindre
cette créance en se faisant payer par la compagnie le prix de
rachat du contrat, qui pouvait affecter sa police à la garantie
des obligations résultant d'un emprunt ou de toute autre opération, qui, enfin, pouvait céder cette police et toucher le prix
de cession. Il nous semble qu'on pourrait faire à cette objection
la réponse suivante : la faculté que conserve l'assuré de faire
racheter so1 contrat par la compagnie, de le donner en gage,
de le céder, n'est nullement incompatible avec les principes de
la stipulation pour autrui ; elle n'en est, au contraire, que l'application. En effet, quand l'assuré touche le prix de rachat,
consent un gage sur sa police, ou cède sa créance sur la compagnie, il révoque la stipulation faite au profit du tiers bénéficiaire. Or. l'art. 1121 du Code civil, sous l'empire duquel
nous nous trouvons, réserve expressément au stipulant le droit
de révoquer la stipulation tant que le tiers n'a pas déclaré
vouloir en profiter, et jamais on n'a soutenu que cette faculté
de révocation pût faire obstacle à ce que le bénéfice de la stipulation soit resté en dehors du patrimoine du stipulant de
l'art. 1121. On peut consulter sur ce point un jugement du Tribunal civil de la Seine, du 4 juillet 1882, où on lit : « Attendu
« que le bénéfice de cette stipulation, quoique le stipulant ait,
« jusqu'à son décès, conservé la faculté de révoquer soit par
« un acte formel, soit par le défaut de paiement des primes, ne
« faisait point partie de son patrimoine au moment de l'ouver-
« ture de sa succession, et ne peut être le gage de ses créanciers (1). » Un autre jugement du Tribunal civil de Troyes, du
13 juillet 1887 (*Rec. Pér.*, 1887, p. 514), a décidé que l'assuré
qui emprunte révoque *in parte quâ* la stipulation faite au profit du tiers bénéficiaire (2).

---

(1) *Journ. des ass.*, 1882, p. 520.

(2) C'est ce que la Cour de Douai a elle-même décidé dans son arrêt du
14 avril 1890, (*Rec. Pér.*, 1890, p. 93 et suiv.) : « attendu, lit-on dans cet arrêt,
« qu'il résulte de ces constatations que B... (l'assuré) dans son contrat avec
« les compagnies, n'est pas sorti des termes de l'art. 1121 du Code civil en

6. Définissant, d'après les données de la jurisprudence, le caractère du mode suivant lequel le bénéficiaire d'un contrat d'assurance acquiert le capital assuré, nous disions plus haut (n° 4) que souvent ce mode d'acquérir était un mode originaire, en ce sens que le droit au capital assuré se forme directement sur la tête du bénéficiaire sans avoir passé auparavant sur la tête du constituant. Mais pour peu qu'on y réfléchisse on ne peut s'empêcher de remarquer combien une pareille conception est étrange et singulière. Sur ce point voici comment s'exprime M. Labbé : « D'après la Cour de cassation le contrat d'assurance
« procure à la femme un capital qui a été créé par la combi-
« naison aléatoire de l'assurance, qui n'a jamais fait partie du
« patrimoine de l'assuré, qui, jusqu'à l'événement du décès,
« n'appartient ni à l'assuré ni à ses créanciers, qui n'existe
« même pas, et pour lequel il ne saurait être question de
« rentrer dans une masse préexistante. . . . .

« Il se peut que le mari ait fait le contrat d'assurance en
« son nom pour être libre d'en attribuer ensuite le bienfait à
« telle ou telle personne, voire à sa femme. En ce cas l'*animus*
« *donandi* existe. Mais il faut pour constituer une donation,
« outre cet élément intentionnel, un élément réel ; il faut
« qu'une valeur sorte du patrimoine du donateur. S'il est
« vrai que le contrat d'assurance sur la vie crée une valeur
« qui jusqu'alors n'existait pas, peut-être est-ce une raison de
« nier qu'il y ait donation, si ce n'est quant aux primes. Nous
« arrivons ainsi, il faut le reconnaître, à une conception assez
« singulière : une personne fait naître, en quelque sorte *ex*
« *nihilo*, une valeur à l'égard de laquelle elle jouera le rôle de
« donateur en la dirigeant vers telle ou telle personne au gré
« de ses affections, sans qu'elle s'en dépouille elle-même, sans
« être par suite juridiquement considérée comme donataire. Ce
« capital est déboursé par la compagnie qui fait une spéculation

---

« conservant le droit de révoquer ou de restreindre, avant l'acceptation du
« bénéficiaire, l'offre qu'il venait de faire..... »

« et qui certes n'a nullement l'intention ni le mérite d'un bien-
« faiteur ; de sorte que nous avons l'exemple d'une donation
« unilatérale, donation pour celui qui reçoit, non pour celui qui
« confère, l'exemple d'une donation sans donateur correspon-
« dant ». (En note sous Cass., 23 juillet 1889, *Sirey*, 90, 1. 5.)

Tant que la jurisprudence ne sera pas expliquée sur l'anomalie juridique que nous venons de signaler, sa théorie sur le
contrat d'assurance sur la vie ne paraîtra pas définitive.

c. Pour d'autres raisons encore la théorie de la jurisprudence
ne donne pas une entière satisfaction à ceux qui voudraient voir
le contrat d'assurance sur la vie assis sur une base juridique
solide et inébranlable. C'est un malheur pour ce contrat d'être
apparu à une date relativement récente et de n'avoir pas été
façonné scientifiquement par les fondateurs de la science du
droit, notamment par les jurisconsultes romains. De plus, ce
contrat a eu cette mauvaise fortune qu'on lui a appliqué les
principes obscurs et sujets à controverses de la stipulation pour
autrui. En effet, l'art. 1121 du Code civil, dans lequel ces principes ont été posés, est d'une interprétation difficile. Trois systèmes se sont fait jour sur la manière d'entendre cet article (1) :

1° Dans un premier système on décide que la stipulation
pour autrui est une gestion d'affaires. En conséquence, le tiers
peut être mis en demeure de ratifier ou de rejeter le bénéfice de
la stipulation faite à son profit. La ratification, quand elle se
produit, ne constitue pas un nouveau contrat, soit entre le
promettant et le ratifiant, soit entre le stipulant et le ratifiant ;
elle est simplement la réalisation d'une condition ; son seul effet
est de rendre définitif le contrat qui était auparavant éventuel
et provisoire. Comme toute condition, la ratification a un effet
rétroactif. Les contrats conditionnels survivant à la mort des

---

(1) V. l'exposé plus complet de ces systèmes dans le *Dictionnaire des droits
d'enregistrement, par les rédacteurs du Journal de l'enregistrement : V° stipulation pour autrui.*

parties aussi bien que les contrats définitifs, les héritiers du tiers pourront ratifier aussi bien que le tiers lui-même, et ils le pourront même après la mort du promettant et du stipulant. Dans ce premier sytème (qui est admis surtout en matière de remploi des biens de la femme), *le stipulant ne peut révoquer la stipulation pour autrui et s'en attribuer le bénéfice :* 1° *si la stipulation contient une donation de sa part au tiers;* 2° *si la stipulation est alternativement et indifféremment faite pour soi et pour autrui.* Le promettant et le stipulant réunis peuvent, en se mettant d'accord, dissoudre le contrat qui n'a pas encore été accepté par le tiers. Ce contrat est une offre *sui generis* faite contradictoirement par deux personnes à une trosième : les deux premières peuvent, en se mettant d'accord, retirer cette offre avant notification, *une seule ne le pourrait pas à cause du caractère contradictoire de l'offre.* Le vendeur (promettant) et le stipulant réunis pourraient attribuer à ce dernier l'acquisition faite à l'origine exclusivement pour un tiers, *mais ce serait là une dissolution du premier contrat et la formation d'un second contrat qui ne produirait ses effets qu'à sa date.* La mort du promettant ou du stipulant n'empêche pas la ratification de se produire, pas plus qu'elle n'empêcherait toute autre condition de se réaliser efficacement. La mort du tiers n'empêcherait pas ses héritiers de ratifier, les contrats conditionnels se transmettant aux héritiers comme les contrats purs et simples, et la ratification n'étant pas un de ces actes attachés à la personne que les héritiers sont incapables d'accomplir. Cependant les *héritiers du tiers ne peuvent pas ratifier quand la stipulation constitue une libéralité pour ce tiers, par la raison que les libéralités sont toujours faites* INTUITU PERSONÆ.

2° Dans le second système, le promettant n'est aucunement lié avant la ratification ou l'acceptation du tiers. La ratification n'est que l'acceptation d'une offre ; elle forme un contrat qui n'existait pas encore et *dont les effets ne datent que de ce moment. Elle ne peut intervenir qu'autant que le promettant est encore vivant et capable ;* une offre s'évanouissant par la mort ou l'incapacité de celui qui l'a faite. Une offre, enfin, ne pouvant être acceptée que par celui à qui elle s'adresse personnellement, la ratification ou l'acceptation ne pourra jamais émaner des héritiers du tiers ;

3° Enfin, dans un troisième système, on décide qu'il n'y a pas d'acceptation possible de la part du tiers, ou, du moins, que *son acceptation ne lui donne aucune action, ne forme aucun lien de droit entre le promettant et lui.* Son seul effet se borne, le cas échéant, à former un contrat entre le stipulant et le tiers, en enlevant au premier la faculté de révoquer ce qu'il a stipulé au profit de ce tiers.

On peut voir par l'exposé sommaire que nous venons de faire des trois systèmes auxquels a donné lieu l'art. 1121 du Code civil, et notamment par les passages écrits en italique, que la jurisprudence n'applique tout entier aucun de ces trois systèmes au contrat d'assurances sur la vie qu'elle soumet à cet art. 1121. Eclectique, elle emprunte à chacun de ces trois systèmes quelques-unes de leurs solutions, et inaugure ainsi une sorte de quatrième système, dont les parties ne paraissent quelquefois unies qu'artificiellement quand elles ne sont pas franchement contradictoires. C'est pourquoi on peut se demander si la théorie qui prévaut actuellement dans la jurisprudence est bien définitive. Ceux qui s'intéressent à l'avenir du contrat d'assurance sur la vie doivent souhaiter que ce contrat cesse d'être régi par l'art. 1121. En effet, les droits du bénéficiaire deviendraient bien précaires, si, par suite d'un revirement, la jurisprudence venait à adopter, relativement à l'interprétation de l'art. 1121, le système que nous avons exposé plus haut en troisième lieu. Nous avons vu que, dans ce système, le tiers bénéficiaire n'a pas d'action *directe* contre le promettant, qu'il n'a que l'action *oblique* de l'art. 1166 du Code civil, qui lui permet d'exercer l'action du stipulant contre le promettant. Or, la conséquence de cette manière de voir est que le tiers bénéficiaire, exerçant l'action du stipulant, ne

profitera pas seul du bénéfice de l'action ; le produit du droit
exercé entrera dans le patrimoine de celui-ci et deviendra le
gage de tous ses créanciers. Avec ce système, on ne pourrait
donc jamais reconnaître au bénéficiaire une vocation propre,
personnelle et exclusive au capital assuré. Les avantages
du contrat d'assurance sur la vie se trouveraient bien dimi-
nués, son but serait gravement compromis. Hâtons-nous de
dire que ceux qui interprètent l'art. 1121 dans le sens que
nous venons de dire sont peu nombreux. Cependant il faut
reconnaître que ce système se défend bien, qu'il compte
parmi ses partisans des auteurs considérables, tel que Laurent (*Principes du Droit civil.* t. 15, n°° 568, 569), et qu'il n'y
aurait rien d'impossible à ce qu'un jour il fut adopté par la
jurisprudence (1). C'est pour cela, nous le répétons, qu'aussi
longtemps qu'on devra, à défaut d'une loi spéciale, appliquer
au contrat d'assurance sur la vie l'art. 1121 du Code civil,
les effets de ce contrat resteront incertains.

19. — Nous dirons quelques mots d'une question très importante que nous ne saurions toutefois approfondir ici. Quels
sont les droits qui font l'objet de la transmission du contrat
d'assurance? Presque tous les auteurs qui ont écrit dans ces
derniers temps sur le contrat d'assurance sur la vie, décident
que ce contrat comprend une série d'assurances anuelles qui
doivent, pour exister, être acquises par le paiement de chaque
prime. Pour eux, l'objet de la transmission est donc, soit le
bénéfice du contrat, c'est-à-dire le droit au capital assuré, si
le décès de l'assuré, qui constitue une condition suspensive,
survient dans l'année — soit la faculté de contracter de nouvelles assurances d'un an créant pour la Compagnie des obligations successives soumises à la même condition suspensive
du décès de l'assuré dans le cours de l'année considérée.

Mais cette solution ne semble pas destinée à prévaloir en

---

(1) M. Lefort ne partage pas cette manière de voir (*Rec. Gén. du droit*, 1891,
p. 292, en note).

jurisprudence. En effet, l'idée qui lui a servi de base a été repoussée par le tribunal civil de la Seine dans son jugement du 21 juillet 1883 (*Journ. des Ass.*, 1884, p. 72) :

« Attendu tout d'abord qu'il n'est pas absolument exact de
« dire que, dans le contrat d'assurance sur la vie entière, l'as-
« sureur contracte deux engagements, l'un actuel pour lequel
« il prend immédiatement, à sa charge, un risque déterminé ;
« l'autre, éventuel, par lequel il s'oblige à payer la somme
« convenue sous la condition suspensive du paiement par
« avance des primes ;

« Qu'il semble plus exact de dire que l'assureur se constitue
« débiteur à terme, mais d'une manière ferme, de la somme
« convenue, et qu'il n'est dégagé de son obligation que par le
« non-paiement de la prime, d'ailleurs toujours facultatif pour
« e ladeneur d'assurance ; que cet événement constitue alors
« la réalisation d'une clause résolutoire prévue au contrat avec
« attribution des primes versées à l'assureur, s'il se produit
« dans les trois premières années du contrat, et, plus tard, avec
« faculté de rachat ou de réduction pour le preneur ou ses
« représentants ;

« Attendu que la condition du paiement d'avance de la pre-
« mière prime, sans lequel le contrat n'a pas d'effet, et des
« primes suivantes, sans lesquelles il ne se continue pas, a bien
« le caractère d'une condition suspensive, qui a permis aux
« Compagnies, dans la pratique, de considérer l'assurance sur
« la vie entière comme une succession de contrats d'assurances
« d'un an, ne prenant naissance que par le paiement d'avance
« de chaque prime annuelle ;

« Mais attendu que cette considération d'une partie du con-
« trat, utile et peut-être nécessaire en pratique pour la fixation
« de la prime uniformisée et pour le calcul de la réduction,
« n'empêche pas que la Compagnie soit débitrice ferme,

« quoique à un terme indéterminé, et que le preneur d'assu-
« rance, avec sa faculté de payer ou non sa prime, soit créan-
« cier dès l'origine du contrat, soit pour lui s'il le rachète ou
« le réduit en le transformant, soit pour autrui s'il le main-
« tient;

« Attendu, en effet, que l'assurance-vie entière diffère en-
« tièrement de l'assurance d'un an : par la durée soumise à sa
« seule volonté et qui produit à son profit l'accumulation d'une
« réserve, administrée par lui ; par la mutualité forcée, cons-
« tituée entre lui et les assurés au même titre ; par l'aggrava-
« tion progressive du risque obligatoire pour la Compagnie,
« sans nouvelle visite médicale ou autres formalités, toutes
« circonstances exclusives de la continuation tacite d'une série
« d'assurances d'un an ;

« Attendu, au surplus. que cette interprétation semble être
« la seule pouvant résulter de l'art. 3 de la police; qu'il y
« est dit, en effet, que l'assurance est annulée de plein droit
« en cas de non-paiement de la prime, mais seulement si la
« police a trois ans au moins, et que, au contraire, si elle a
« trois ans de date ou davantage, la somme assurée est réduite,
« ce qui implique que le contrat originaire n'a jamais cessé de
« produire effet ;

« Attendu que cette interprétation se justifie encore par les
« règles suivies à juste titre par toutes les Compagnies pour la
« formation de la prime uniformisée dans l'assurance-vie en-
« tière, pour le calcul de la réserve annuelle acquise au pre-
« neur et par suite pour celui de la réduction ;

« Attendu qu'il y a lieu de conclure de ce qui précède que,
« dans l'assurance-vie entière, chaque prime uniformisée
« payée annuellement représente, non pas une assurance pour
« un an, mais une assurance pour la vie entière, de telle sorte

« qu'il y a lieu de rechercher, au cas ou le preneur cesse de
« payer la prime, quelle somme lui a assuré le total de ses
« primes versées considéré comme unique ».

¿ DE L'ENDOSSEMENT DES POLICES

CONSIDÉRATIONS GÉNÉRALES SUR LA CLAUSE A ORDRE ET SUR L'ENDOSSEMENT

20. — Quand je vous cède un objet quelconque, la loi peut
attacher à notre acte deux effets bien différents.

Elle peut mesurer votre droit sur le mien, faire dépendre
votre droit du mien ; si mon droit était imparfait, attaquable,
votre droit sera également imparfait, attaquable ; ce sera
comme si mon droit, sortant de mon patrimoine, avait passé
tel quel dans le vôtre : c'est le cas du *transfert proprement dit.*

Mais, dans le but de rendre la circulation de certains biens
plus facile et leur acquisition plus sûre, la loi peut aussi les
affranchir et les purger, pour ainsi dire, à chaque mutation
nouvelle, de tous les vices cachés qu'ils peuvent recéler ; en
ce cas le droit que vous acquérez n'a plus pour limite et pour
mesure le droit que j'ai perdu : je n'avais peut-être qu'un
droit fragile et menacé, vous acquérez un droit solide et incommutable ; je n'avais peut-être qu'une apparence de droit,
que la possession, vous acquérez la propriété. *Il y a donc ici
plus qu'un transfert,* et, pour caractériser une opération de
cette nature, il faudrait, dit Paul Gide (1), auquel nous em-
pruntons ces considérations, un mot technique spécial ; mais

------

(1) *Études sur la notation en droit romain,* p. 132.

comme ce mot n'existe pas, et qu'après tout cette opération participe du transfert, on peut dire qu'il y a *transfert lato sensu*.

Que le transfert s'opère par une cession civile, et la créance passera telle quelle de l'ancien créancier au nouveau ; toutes les exceptions que le débiteur eut pu opposer au premier, il pourra les opposer au second : nous aurons un *transfert proprement dit*.

Que le transfert s'opère par endossement, et les exceptions opposables au premier créancier ne pourront plus être opposées au second ; le débiteur sera comme obligé à nouveau envers le nouveau porteur : nous aurons un *transfert lato sensu* (1).

----

(1) Paul Gide (*op. cit.*) fait remarquer que ces deux espèces de cession, qui répondent si bien aux besoins variés du commerce, ne font que reproduire sous des formes nouvelles, les deux espèces de délégation que les mêmes besoins imposèrent jadis à la jurisprudence romaine : la délégation-transfert du droit romain (qui s'accomplissait par la *litis contestatio* ou par le pacte de constitut dans la législation du Bas-Empire, et, au temps de Gaïus, par la novation, du moins selon Paul Gide) est le type de notre cession civile ; la délégation pure et simple (qui s'accomplissait par *expensilatio*) correspond à notre endossement. Mais M. Huc (*Traité de la cession de créance* n° 591) repousse cette confusion entre la délégation et l'endossement.

On peut établir une certaine analogie entre l'acquisition d'une créance par endossement et l'acquisition d'un meuble corporel par la possession conformément à l'art. 2279 C. civ., lequel, comme on sait, ne s'applique pas aux créances : « La possession de bonne foi, dans les termes de l'art. 2279, dit Daniel « de Folleville (*Traité de la possession des meubles*, n°° 73 et s.), est attributive « de droits..... un droit nouveau et substitué, en faveur du possesseur, au droit « précédent, complètement anéanti. Constitué ainsi propriétaire, le possesseur « conquiert la légitimité sans réserves et sans conditions ; par conséquent il ne « peut être soumis à aucune des actions en résolution, en nullité ou en resci-« sion avec lesquelles son auteur immédiat, le précédent détenteur du meuble « pouvait avoir à compter. Il est titulaire d'un droit originaire, il n'est pas « investi d'un droit dérivé. » C'est d'ailleurs par ce dernier trait, comme le fait remarquer M. Huc (*loc. cit.*), que l'acquisition d'un meuble corporel par

21. — Comment a-t-on réussi à affranchir la cession par endossement des entraves de la cession du droit commun, et comment a-t-on réussi à lui faire produire les effets énergiques que nous venons de rappeler? C'est au moyen d'une clause bien simple en apparence, mais que, comme le fait remarquer Paul Gide, tout le génie des jurisconsultes romains n'avait pas su inventer (1). la clause *à ordre,* qui a fait son apparition au xvii⁰ siècle, selon l'opinion commune, et par laquelle *le débiteur est censé s'engager en même temps et par avance envers tous les porteurs successifs du billet qu'il a souscrit.*

Cette idée, que, dans les titres *à ordre,* le souscripteur s'oblige *directement* envers le porteur quel qu'il soit, est la clef de tout le système de l'endossement. Elle est féconde en conséquences que nous examinerons un peu plus loin.

22. — Il y a donc entre l'endossement tel qu'on l'entend d'habitude. c'est-à-dire entre l'endossement institué par le Code de commerce, et la clause *à ordre* une relation d'effet à cause, puisque c'est de la clause *à ordre* que dérivent toutes les particularités de l'endossement. « La faculté d'endosser un titre, dit Bravard (2), est la conséquence naturelle et nécessaire de la clause *à ordre.....* Tout titre qui renferme la clause *à ordre* est cessible par endossement; cette cessibilité en est inséparable, en forme un des attributs essentiels, s'identifie avec le titre comme avec la clause à ordre d'où elle découle. »

---

la possession de bonne foi se distingue]]e l'acquisition d'une créance par la voie de l'endossement.

(1) Cependant les jurisconsultes romains avaient déjà conçu l'idée d'un engagement pris, non envers une personne déterminée, mais envers quiconque remplirait les conditions imposées : V. au Dig. I.. 15, *de præscriptis verbis.*

(2) *Traité de droit commercial* t. III, p. 155 et 156.

23. — Réciproquement, le titre qui ne renferme pas la clause *à ordre*, n'est pas susceptible d'être transmis par endossement. En conséquence la créance ne sera véritablement cédée à l'égard des tiers que si les formalités des art. 1690 et 1691 (C. Civ.) ont été remplies : le cédant en principe, ne garantira point le paiement à l'échéance, il garantira seulement l'existence du droit cédé ; — le souscripteur pourra, s'il n'a pas accepté la cession, opposer au cessionnaire les exceptions qu'il eut pu opposer au cédant ; — les dispositions fiscales qui régissent les effets négociables, (c'est-à-dire transmissibles par endossement) ne seront pas applicables : en un mot, aucun des effets particuliers que la loi ou l'usage attaché à l'endossement des titres *à ordre* et que nous examinerons plus loin, ne pourra se produire (1). Sans doute on peut céder par endossement un titre qui n'est pas *à ordre* ; mais c'est là, comme nous venons de le dire, une cession ordinaire, réglée par le droit commun, qui opérera bien, dans les rapports du cédant et du cessionnaire, la mutation du droit, puisque le seul consentement suffit, dans notre droit moderne, pour que la cession soit parfaite entre les parties, mais qui n'aura d'effet vis-à-vis des tiers et qui ne saisira, quant à eux, le cessionnaire qu'au moyen de la signification au débiteur ou de l'acceptation par celui-ci en la forme authentique (2). Cet endos-

---

(1) Bravard, t. III p. 511, Bédarrides, n° 287 ; Nouguier. *La lettre de change* n° 593 ; Lyon-Caen et Renault, t. IV, n° 505, qui citent un jugement du Trib. civ. Seine (7e Ch.) du 27 juin 1892 (Le *Droit* du 3 août 1892), aux termes duquel un billet ne contenant pas la clause *à ordre* ne peut se transmettre qu'en observant les formalités de l'art. 1690, C. civ., et qu'en conséquence, l'individu porteur d'un semblable billet en vertu d'un endossement, ne peut former une saisie-arrêt.

(2) Cass., 12 janvier, 1817 D. P. 47. 1. 60. Cresp, continué par Laurin, *Cours de droit maritime*, t. II, p. 250.

Nous reviendrons plus loin sur les effets de cet endossement d'un titre qui n'est pas établi *à ordre*.

sement imparfait est exceptionnel ; quand on parle d'endossement on se réfère toujours à l'endossement des titres *à ordre*
qui produit les effets virtuellement contenus dans la clause
à ordre, effets que nous étudierons plus loin.

23 *bis*. — Nous venons de voir que le titre n'est transmissible par voie d'endossement qu'à la condition de renfermer
la clause *à ordre*. Sur la question de fond, on ne saurait concevoir aucune difficulté. Mais la forme dans laquelle les parties ont manifesté leur intention de ne pas créer le titre au
profit d'une personne exclusivement, peut donner lieu à des
questions d'interprétation délicates. Les mots *à ordre* ne sont
pas sacramentels ; les parties peuvent exprimer autrement
leur intention ; il faut, mais il suffit, que l'intention ne soit pas
douteuse. Toutefois il faut prendre garde qu'en cette matière
notre loi est très formaliste. Ainsi, dans la lettre de change,
qui est cependant le type des effets à ordre, la clause à ordre
ne pourrait pas être sous-entendue (1) ; elle doit figurer dans
la traite. A bien plus forte raison ne doit-on pas admettre que
la clause à ordre puisse être sous-entendue dans les titres
auxquels on a étendu le régime de l'ordre, par exemple dans
les polices d'assurance sur la vie. « On ne saurait, disent
« M. Lyon-Caen et Renault (2), déduire l'intention des par-
« ties des circonstances ou de l'usage. Autrement les titres
« de créance autres que la lettre de change seraient mieux
« traités que celle-ci, en ce sens que la clause à ordre, qui
« est indispensable dans une traite, ne serait pas nécessaire
« dans les autres titres pour qu'ils soient transmissibles par
« endossements (3) ».

____

(1) Lyon-Caen et Renault *Traité* t. IV n° 70 et 73.

(2) Traité t. IV n° 157.

(3) « Cass. 12 janv. 1857. D. 1857. 1.51. Contrairement à notre opinion, il a
« été admis parfois que la lettre de voiture est de plein droit transmissible

Pour les mêmes raisons, on ne pourrait considérer comme équivalents à l'expression « *payez à M. ou à son ordre* » que des mentions qui auraient bien exactement le même sens que cette expression. Telles seraient par exemple les mentions : *Payez à M... ou à tout porteur légitaire, à M... ou à sa déposition.*

Dans ces conditions le mieux est encore, pour parer à toutes difficultés, de se servir de l'expression : *Payez à M. . ou à son ordre.*

Quand les conditions générales imprimées d'une police d'assurance sur la vie contiennent un article autorisant le transfert par endossement, les compagnies considèrent souvent que cette police est endossable, sans qu'il soit besoin d'insérer dans la partie manuscrite, consacrée à la désignation des bénéficiaires, ni la clause à ordre, ni aucune mention spéciale (1). Cette manière de voir ne nous paraît pas sûre. A notre avis, il est plus prudent d'insérer la clause *à ordre* dans les conditions manuscrites de cette police, et de ne pas se contenter de l'article des conditions générales imprimées, qui autorise le transfert par endossement. Et en effet puisque,

---

« par endossement : Rouen. 7 mai 1887, *Rec. internat. du dr. marit.*, 1889-90, « p. 415, Duverdy, *Du contrat de transport*, n°s 16 et suiv. »

(1) « Une police d'assurance sur la vie n'est transmissible par endossement « qu'autant que cela est stipulé *soit dans les conditions générales, soit dans les « conditions manuscrites...* Si les conditions générales contiennent un article « qui autorise sans restriction le transfert par endossement la police sera en- « dossable, *sans qu'il soit besoin d'insérer dans la partie manuscrite consacrée « à la désignation des bénéficiaires aucune clause ou mention spéciale. Mais, si* « les conditions générales sont muettes en ce qui concerne l'endossement, il « faut, pour que la police soit valablement transmissible par endossement, que « la clause attributive du bénéfice de l'assurance soit ainsi conçue : *à mon or-* « *dre* ». (*Du bénéfice de l'assurance sur la vie: Instructions pratiques*, par A. Dubois, p. 51). V. dans le même sens *Petite encyclopédie juridique*, XXX, *Code des ass. sur la vie*, n° 107 et Domaine n° 102, 2°.

comme nous l'avons dit plus haut (n° 23), c'est de la clause *à ordre* que découlent toutes les particularités, tous les effets spéciaux de l'endossement, et puisque, par suite, là où cette clause n'est pas formulée ou est insuffisamment formulée, ces effets ne sauraient se produire, il est sage, pour prévenir toute discussion, d'exprimer en termes formels l'intention des parties. Dira-t-on que la clause à ordre doit être sous-entendue dans la partie manuscrite d'une police dont les conditions générales imprimées autorisent le transfert par endossement ? Nous répondrons que la clause à ordre, ainsi que nous l'avons dit plus haut, ne peut pas être sous-entendue. Dira-t-on que si la clause à ordre ou quelque clause équivalente doit, de toute nécessité, figurer dans le contexte des titres à ordre ordinaires dont toutes les parties sont manuscrites, il n'en est pas de même dans les titres qui, comme les polices d'assurance, contiennent deux parties, l'une imprimée, l'autre manuscrite, et que, dans ces sortes de titre, la présence, dans la partie imprimée, d'un article qui autorise le transfert par endossement (article qui lie les parties aussi bien que les conventions manuscrites), rend inutile et superflue l'insertion de la clause à ordre dans la partie manuscrite, parce qu'elle ne laisse subsister aucun doute sur l'intention des parties? On peut répondre que l'article des conditions générales imprimées qui autorise le transfert par endossement est comme une pierre d'attente, dont les parties ont renoncé à se servir, quand elles se sont abstenues d'insérer, dans les conditions manuscrites, la clause à ordre, cette clause si courte qui tient en ces quatre mots : *ou à son ordre*. Cette interprétation serait d'autant plus admissible que le transfert d'une police d'assurance sur la vie, selon le mode du droit civil, est loin d'être comme le transfert d'une lettre de change selon ce mode, inusité et exceptionnel. Les transferts des polices d'assurance sur la vie conformément au droit commun, sont bien aussi fréquents que les transferts par voie d'endossement. Il est donc prudent, selon nous, quand on crée une police endossable, d'insérer la clause à ordre dans les conditions manuscrites afin qu'il n'existe aucun doute sur l'intention des parties, l'intention des parties ne pouvant, ici, nous le répetons, s'induire des circonstances ou de l'usage. D'ailleurs cette précaution est si simple qu'on est inexcusable d'y renoncer. Assurément une compagnie qui a délivré une police, dont les conditions générales autorisent l'endossement, et dans les conditions manuscrites de laquelle ne figure pas la clause à ordre, serait mal venue à contester la validité de l'endossement, en faisant valoir que les conditions manuscrites, qui, en fait, ont été rédigées par elle, ne contiennent pas la clause à ordre. Mais les autres tiers, notamment les créanciers opposant d'un endosseur, en conflit avec le porteur qui, sur le fondement de l'art. 149 C. com., contesté la validité des saisies-arrêts pratiquées par eux, ne pourraient-ils pas prétendre à bon droit, que la police n'était pas endossable, parcequ'elle n'était pas *à ordre* (1)?

21. — De même qu'un titre n'est transmissible par endossement qu'à la condition de contenir la clause *à ordre*, de même l'endossement de ce titre ne sera translatif de propriété qu'à la condition d'être fait *à l'ordre* du cessionnaire. S'il ne contenait pas la clause *à ordre*, il ne vaudrait que comme procuration (art. 138 C. com.) (2).

---

(1) Le Trib. de com. de la Seine a, par application de l'art. 149 C. com., déclaré nulle une saisie-arrêt pratiquée sur une police qui n'était pas à ordre, mais dont les conditions générales imprimées autorisaient le transfert par endossement. (Jug. du 9 janvier 1893, *Rec. pér*, 1893, p. 240.) Mais il convient d'ajouter que, dans cette affaire, le créancier évincé ne paraît pas avoir contesté devant le Tribunal la validité de l'endossement, et que, par conséquent, le Tribunal n'a pas examiné l'objection que nous soulevons ici.

(2) « Ces mots : *Payez à N.* expriment un mandat pour recouvrer; ceux-ci : « *Payez à l'ordre de N.* un mandat avec pouvoir de négocier; enfin si l'on ajoute « *valeur reçue*, il y a reconnaissance que le prix du transport est payé et consé-« quemment que le cessionnaire a acquis la propriété. » (Frémery, *Études de droit commercial*, p. 133, note 8.)

Dans notre législation, la clause *à ordre* est de l'essence de l'endossement comme

25. — On peut déjà se rendre compte, par le rapide exposé qui précède, que l'endossement est bien préférable à la cession du droit civil, puisque, à la différence de la cession, il affranchit, comme nous l'avons vu, le cessionnaire de toutes les exceptions opposables au cédant. Mais ce n'est pas seulement pour cette raison que l'endossement est plus avantageux que la cession : il soumet de plein droit le cédant, non pas seulement à la garantie de l'existence du droit, non pas seulement à la garantie de la solvabilité du débiteur, mais à la garantie du paiement effectif lors de l'échéance, et cette obligation de garantie pèse sur chacun des endosseurs successifs, tous tenus solidairement. Enfin l'endossement est plus facile, plus rapide que la cession, et, à la différence de celle-ci, ne donne lieu à aucun frais, à la perception d'aucun droit fiscal (1).

On comprend qu'on ait voulu étendre l'endossement, qui présente tant d'avantages (du moins pour le cessionnaire), au transfert des créances de toute espèce et de toute nature.

26. — Cette extension du régime de l'endossement à des titres que la loi n'a pas expressément déclarés susceptibles d'être établis *à ordre*, sera examinée plus loin sous ses divers

---

de la lettre de change elle-même. En effet. l'art. 136 C. com. dispose que l'endossement énonce le nom de celui *à l'ordre* de qui il est passé. de même qu'aux termes de l'art. 119, la lettre de change est *à l'ordre* d'un tiers. L'ordonnance de 1673, tout en permettant et en réglant les endossements n'exigeait pas que la lettre de change fût à ordre. De même, dans l'ancien droit, la lettre de change pouvait être endossée au profit d'une personne dénommée; cela dépendait de la volonté des parties, manifestée par les termes qu'elles avaient employés. Aujourd'hui il n'en est plus de même. Les art. 110 et 136 sont impératifs. (Lyon-Caen et Renault, t. IV, n°° 70 et 123.)

(1) Nous reviendrons plus loin sur chacun des effets de l'endossement que nous ne faisons que résumer ici.

aspects. Pour le moment nous voulons discuter une question préalable que soulève l'application de *l'ordre,* en dehors des cas prévus par le législateur, et qui est celle-ci :

L'endossement est-il une cession? N'est-il pas plus qu'une cession ? N'est-il même pas une opération absolument différente de la cession?

Cette question nous paraît avoir son importance, car si l'endossement comprend autre chose qu'une cession, ou s'il diffère complètement de la cession, il semble *a priori* qu'on ne pourra pas l'employer pour opérer une cession ordinaire, une cession pure et simple.

Nous sommes ainsi amenés à étudier la nature de l'endossement, à rechercher quel acte il constitue exactement, quelle espèce de contrat il renferme, puis à déterminer ses effets qu'il faudra comparer à ceux de la cession ordinaire.

Examinons d'abord la *nature* de l'endossement; nous préciserons ensuite ses *effets.*

Nature de l'endossement

27. — Il existe plusieurs théories de l'endossement, comme il existe plusieurs théories de la lettre de change, pour laquelle l'endossement a été institué.

Nous allons passer en revue ces divers systèmes.

28. — THÉORIE DE L'ANCIENNE ÉCOLE FRANÇAISE (Savary et Pothier). — Au temps de Savary et de Pothier on se fait encore de la lettre de change l'idée que s'en faisaient ceux

qui l'ont imaginée. La lettre de change a été créée au moyen-âge (1) pour éviter le transport réel de l'argent par des voies peu sûres, et échapper aux lois qui défendaient l'exportation du numéraire. *Elle n'a donc été à son origine qu'un moyen d'exécuter le contrat de change,* c'est-à-dire de faire toucher de l'argent à une personne dans un autre lieu. Savary et Pothier la considèrent encore sous cet aspect, et c'est en se plaçant à ce point de vue qu'ils conçoivent le mécanisme de la lettre de change. Ils décomposent la lettre de change en deux contrats : l'un par lequel le tiré s'oblige envers le tireur à payer; l'autre par lequel le tireur cède au premier sa créance contre le tiré.

De cette théorie, à laquelle le Code de commerce a fait de nombreux emprunts, est sortie la théorie de l'école française de la transmission de la lettre de change par endossement. On part de la forme de la lettre de change qu'on considère, à raison de son apparence extérieure, comme la cession de la créance du tireur sur le tiré. Ce point de vue admis, le transport de la lettre de change d'une première personne déterminée à une autre ne semble possible que comme une *cessio nominis,* et *l'endossement est une cession,* parcequ'on ne peut pas comprendre autrement comment le droit d'un premier preneur peut passer à un second et à un troisième (2). En

---

(1) Au point de vue des dates, il importe de distinguer : 1° le contrat de change qui a dû exister de toute antiquité, et auquel il est fait allusion dans un texte de Paul inséré au Digeste (L. 1 pr. liv. 18, tit. 1) et dans un passage de Cicéron (ad Atticum, XII, 24); 2° la lettre de change qui ne remonte pas au delà du moyen âge; 3° la clause *à ordre* qui n'a apparu dans la lettre de change qu'au XVII° siècle, vers 1620, dit-on. Ainsi l'introduction de la clause à ordre dans la lettre de change est relativement récente. Avant que cette clause soit imaginée, des formalités d'ensaisinement, semblables à celles qui ont été prescrites plus tard par les art. 1690 et 1691 C. civ., étaient applicables au transfert de la lettre de change (Nouguier, t. 1, p. 389, Frémery, chap, xx, p. 127).

(2) Pothier (*Contrat de change,* n°° 79 et 80) voit dans l'endossement tout à la fois un contrat de change et une cession de la lettre de change.

deux mots la lettre de change est le titre d'une créance du tireur sur le tiré, *l'endossement est le transport de cette créance à un tiers.*

Dans ce système le tiers, logiquement, ne devrait pas avoir plus de droit que le cédant, et par conséquent on ne devrait pas admettre la clause *à ordre,* puisqu'il est de l'essence de cette clause que le tireur s'engage directement envers le porteur quel qu'il soit. Aussi, autrefois a-t-on douté que la lettre de change pût être tirée *à ordre* (1), parce qu'on ne comprenait pas qu'on pût concilier une règle aussi exceptionnelle avec le contrat de change. Sous l'ordonnance de 1673, la lettre de change pouvait, au gré des parties, être *à ordre* ou à personne dénommée, et même au milieu du dernier siècle on admettait encore les lettres de change payables *en droiture,* c'est-à-dire à personne dénommée. D'ailleurs, selon Bravard (2), la faculté de céder la lettre de change par endossement, en vertu de la clause *à ordre,* s'arrêtait au premier degré : elle appartenait au preneur seul, ses cessionnaires ne pouvaient en user qu'en vertu d'une autorisation spéciale.

Quoi qu'il en soit, quand la lettre de change était *à ordre* et que le transfert s'en faisait, en conséquence par voie d'endossement, il n'était pas possible de voir dans le porteur de cette lettre, qui avait plus de droits que l'endosseur, et n'était pas son ayant-cause, un véritable cessionnaire. En effet la théorie de la cession est impuissante à expliquer ce résultat que le tireur est obligé envers le porteur comme s'il avait traité directement avec lui, et qu'il ne peut en conséquence lui opposer les moyens de défenses qu'il aurait pu opposer au preneur. Cela, dit Bravard (3), s'écarte manifestement de

---

(1) Nouguier, t. I, n° 110.

(2) T. III, p. 153.

(3) T. III, p. 11 en note.

la théorie générale des contrats, d'après laquelle d'une part
le contrat n'a d'effet qu'entre les parties contractantes et leurs
ayants-cause, et, d'autre part, un ayant-cause ne peut pas
avoir plus de droit que son auteur.

« Ou l'endossement, dit M. Garsonnet (1), est une cession
« de créance, et alors le cessionnaire est exposé aux mêmes
« moyens de défense que le cédant ; ou c'est un acte *sui*
« *generis* qui n'est pas soumis à d'autres lois que celles éta-
« blies par l'usage pour assurer la transmission de la lettre
« de change, et ce but serait manqué si le porteur avait à
« craindre de se voir opposer les exceptions, connues ou
« ignorées de lui, nées en la personne de son endosseur. »
Or, comme tout le monde admet que le tireur d'un effet à
ordre ne peut opposer au porteur les moyens de défense qu'il
aurait pu opposer au preneur, il faut bien en conclure que
l'endossement d'un titre à ordre n'est pas une cession de
créance.

29. — Système du Code de Commerce. — Il est certain que
les rédacteurs du Code de commerce se sont inspirés de l'ancienne théorie du contrat de change, et qu'ils ont rattaché la
lettre de change au contrat de change dont elle est, à leurs
yeux, un mode d'exécution. La preuve que le législateur de
1807 a surtout apprécié l'utilité que la lettre de change peut
rendre au point de vue du transport du numéraire, dont elle
évite les frais et les risques, apparaît dans les travaux prépa-
ratoires (2). Ainsi, dans le système du Code, comme dans le
système de l'ordonnance de 1673, la lettre de change est le
titre de créance du tireur sur le tiré, et l'endossement, *la ces-*

---

(1) *De l'influence de l'abolition de la contrainte par corps sur la législation
commerciale*, p. 10, en note.

(2) V. Locré, XVIII, p. 110 et 151, les discours de Begouen et de Duveyrier
au Corps Législatif.

sion de cette créance ; la nature de l'endossement est la conséquence de la nature de la lettre de change ; et le Code mettant la forme de l'endossement d'accord avec celle de la lettre de change, prescrit, dans l'art. 137, pour l'endossement des énonciations semblables à celles que doit contenir la lettre de change (art. 110).

Mais on se tromperait si on croyait que les rédacteurs du Code n'ont vu dans la lettre de change que le mode d'exécution du contrat de change. Il est certain qu'ils l'ont considérée aussi, et surtout, comme un *effet de circulation*, comme un papier de crédit, comme une monnaie commerciale, ce qu'elle est en réalité. Il y a donc entre le système du Code et celui de l'ordonnance de 1673 une notable différence (1). La preuve que pour le législateur de 1807, la lettre de change n'est pas essentiellement et exclusivement le mode d'exécution du contrat de change, mais qu'elle est aussi et surtout un effet de circulation, c'est que, aux termes de l'art. 110, la lettre de change ne peut, aujourd'hui, être établie qu'*à ordre* tandis que, sous l'empire de l'ordonnance de 1673, la lettre de change pouvait être *à personne dénommée*, parcequ'alors on la considérait, sinon exclusivement, du moins principalement comme un simple mode d'exécution du contrat de change et qu'elle pouvait remplir cette destination sans être *à ordre.* Ce qui montre aussi que les rédacteurs du Code ont donné à la lettre de change le caractère d'un effet de circulation, c'est qu'aujourd'hui tout porteur, fût-il séparé du preneur par une longue série d'endosseurs intermédiaires, peut, tout aussi bien que le preneur, céder la lettre de change par endossement. On sait qu'au contraire, anciennement, la faculté de céder la lettre de change par endossement, en vertu de la clause *à ordre*, s'arrêtait au premier degré ; elle appartenait au preneur seul, ses cessionnaires ne pouvaient en

____

(1) V. Bravard, t. III, p. 71, Lyon-Caen et Renault, t. IV, n° 70.

user qu'en vertu d'une autorisation spéciale (1). Dans ces conditions, il est bien évident qu'elle ne pouvait jouer le rôle d'un papier-monnaie.

Le point de vue s'est donc modifié. La lettre de change, qui, anciennement, n'était que le mode d'exécution du contrat de change, prend, dans le Code de commerce, le caractère d'un effet de circulation.

Cette nouvelle manière de comprendre la nature de la lettre de change a son influence sur le caractère de l'endossement. Anciennement, nous l'avons vu, l'endossement n'était, en principe, qu'une cession de créance, mais une cession avec des effets particuliers dus à la clause *à ordre*. Mais du moment où la lettre de change est considérée comme un *papier-monnaie*, l'endossement ne peut plus être une cession, ou du moins ne peut plus être seulement une cession. En effet. lorsque je vous remets en paiement un billet de banque, personne ne songe à dire que je suis créancier de la banque qui l'a émis et que je vous cède cette créance. L'ancienne théorie française forçait la nature de la lettre de change en la décomposant en deux contrats : l'un par lequel le tiré s'oblige envers le tireur à l'acceptation et au paiement, l'autre par lequel le tireur garantit au preneur cette acceptation et ce paiement. Avec la théorie qui fait de la lettre de change un papier-monnaie, on ne peut plus voir dans la lettre de change qu'une obligation unilatérale prise par une personne de faire toucher une somme d'argent (2), et, dans l'endossement que *le cautionnement de cette obligation*. Aussi les commentateurs du Code de commerce ne confondent-ils plus, comme Pothier, l'endossement et la cession.

---

(1) Bravard, t. III, p. 153 et 154.

(2) Garsonnet, *De l'influence de l'abolition de la contrainte par corps sur la législation commerciale.*

MM. Lyon-Caen et Renault enseignent (1) que l'endossement implique un contrat particulier qui comprend tout à la fois une espèce de vente de la lettre de change considérée comme marchandise et, en même temps, un cautionnement.

Bravard (2) voit dans l'endossement : 1° une espèce de vente ; 2° une cession ; 3° un contrat de cautionnement. Mais il explique plus loin qu'en réalité il n'y a pas à proprement parler de cession de créance dans l'endossement : « Quand il s'agit, dit-il (3), de la cession par endossement d'un titre à ordre, il n'y a pas là, à proprement parler, de cession de créance ; cette expression ne se trouve dans aucun article du Code de commerce ; il n'y a pas non plus de débiteur à proprement parler, de débiteur dont on soit tenu ou dispensé de garantir la solvabilité. Il s'agit de tout autre chose, d'un tout autre ordre d'idées et de faits. Celui qui tire une lettre de change ou qui souscrit un billet à ordre, celui-là promet de payer ou de faire payer au porteur la somme qui y est indiquée. Celui qui endosse le titre garantit l'exécution de cet engagement. Donc si, pour une cause quelconque, le paiement n'a pas lieu à l'échéance, le porteur a un recours à exercer et contre le tireur et contre les endosseurs, qui sont en faute pour n'avoir pas rempli l'engagement qu'ils ont contracté. Donc, de plein droit, l'endossement emporte, à la charge de l'endosseur, la garantie du paiement à l'échéance. »

M. Théophile Huc, conseiller à la Cour d'appel de Paris, est un adversaire déclaré de la théorie suivant laquelle la lettre de change est destinée à jouer le rôle de papier-monnaie. Néanmoins il refuse de voir dans l'endossement une cession de créance, ces deux opérations n'ayant entre elles aucun

---

(1) *Traité*, t. IV, n°° 132 et suiv.

(2) T. III, p. 143 et 144.

(3) T. III, p. 168.

rapport. Et, pour éviter toute confusion, on ne devrait jamais, selon M. Huc, employer, en matière d'endossement, les termes équivoques de *cédant, cession, cessionnaire.* « Puisqu'il est reconnu, dit-il, que l'endossement n'est pas une cession, mais un contrat d'une nature différente, on ne devrait jamais employer à son égard des expressions techniques qui ne sauraient lui convenir. »

Pour M. Huc, *l'endossement n'est pas autre chose qu'un cautionnement.* Après avoir exposé la théorie de Pothier qui rattache l'endossement à la cession, M. Huc s'exprime ainsi (1) : « D'après cet aperçu, l'endossement ne serait qu'un procédé « plus expéditif employé pour procurer, à l'égard des lettres « de change, une réalisation plus rapide de la cession propre- « ment dite. C'est là une erreur complète : depuis l'introduc- « tion de l'endossement, la lettre de change n'a plus été, comme « dans le principe, le mode de constatation ou d'exécution du « contrat de change ; elle est devenue principalement une ins- « titution de crédit commercial. Comme les obligations du ti- « reur et du tiré acceptant sont indépendantes de tout rappor- « de provision entre eux et résultent uniquement de leur si- « gnature, sans qu'il y ait à se préoccuper sérieusement de « la *causa debendi,* on peut considérer la lettre de change « comme une *forme* particulière de s'engager. Pourquoi, en « effet, les commerçants ont-ils inventé l'endossement ? Est- « ce, comme on l'a dit, pour faciliter la circulation, la ces- « sion de la lettre de change ? Évidemment non, puisqu'ils « connaissaient les lettres de change au porteur, et que préci- « sément la plus ancienne lettre de change connue est une « lettre au porteur. Pourquoi ont-ils préféré la clause *à ordre,* « c'est-à-dire l'endossement, à la clause *au porteur ?* C'est sur- « tout pour augmenter la sécurité du porteur en augmentant « le crédit de la lettre de change...... ».

« .... L'institution de l'endossement est donc sortie toute

---

(1) M. Huc (*op. cit.*) n°s 388, 389.

« faite de la pratique commerciale. Mais lorsqu'elle a fait son
« entrée dans le domaine du droit, les jurisconsultes s'en sont
« emparés et ont prétendu la cataloguer ou la classer, et lui
« faire subir à toutes forces l'application des procédés connus.
« C'est alors que l'endossement a été bien mal à propos ratta-
« ché à la cession, ce qui a conduit à la création d'une théorie
« absolument inintelligible et qui pourrait être ainsi résumée :
« *l'endossement est une espèce de cession dans laquelle on n'ap-*
« *plique aucune règle de la cession.* » (1).

30. SYSTÈME ALLEMAND (Einert, Brauer, Mittermaïer, Bergson). — Dans un livre paru à Leipsick, en 1839, sous ce titre *das Wechselrecht nach dem Bedürfniss des Wechselgeschafts im xix* ^ten^ *Jahrhundert* (le droit de change selon les besoins des opérations de change au xix° siècle) (2), un jurisconsulte saxon, Charles Einert, a formulé une nouvelle théorie de la lettre de change et de l'endossement. Les idées d'Einert, qui ont été consacrées par la loi allemande de 1818, ont exercé une grande influence sur l'esprit des jurisconsultes français, qui tendent de plus en plus à adopter le système allemand. C'est pourquoi nous croyons devoir donner une analyse rapide de ce système.

La théorie allemande est tout l'opposé de la théorie de l'ancienne école française qui, dans la lettre de change, ne voyait autre chose qu'un mode d'exécution du contrat de change. Sans doute la lettre de change a été créée au xviii° siècle pour

---

(1) Nous énumérerons plus loin, les différences entre l'endossement et la cession.

(2) Il n'existe pas, à notre connaissance, de traduction française de l'ouvrage d'Einert. Mais M. Garsonnet dans son ouvrage déjà cité *De l'influence de l'abolition de la contrainte par corps*, etc... donne la traduction de nombreux passages de cet ouvrage. Mittermaïer, autre juriste allemand, décédé en 1867, en a donné une analyse dans la *Revue* de M. E. Forlic, année 1840, p. 819 et s., et année 1841, p. 111 et 112. — V. *Rev. de droit franç. et étranger*, t. V, p. 93 et t. VI, p. 119, les articles de Bergson.

éviter à la fois les dangers et les difficultés du transport réel
de l'argent et les prohibitions qui interdisaient, dans certains
pays, l'exportation du numéraire ; puis elle s'est développée
suivant des formes particulières qui empêchaient de la confondre avec le prêt à intérêt. Mais tout cela a changé. Si on
recherche quel usage on fait aujourd'hui de la lettre de change,
on constate qu'elle est devenue le papier à monnaie des commerçants. Le marchand paye avec la lettre de change la marchandise qu'il achète, et le vendeur se considère comme payé
effectivement quand il a reçu cette lettre de change, car elle
fait dès lors partie de son portefeuille et il s'en servira pour
faire à son tour des paiements. Or, qu'il y ait là une *cessio
nominis* c'est une idée qu'il faut combattre énergiquement,
dit Einert. Il n'y a jamais, dans la lettre de change, transport
d'une créance du tireur sur le tiré. S'il en était ainsi, l'action
qu'avait le tireur contre le tiré, par suite de leurs relations
antérieures, et dont le tireur s'est autorisé pour faire traite
sur le tiré, serait transportée du tireur au preneur ; or cela
n'est pas : c'est par l'acceptation du tiré que le porteur acquiert
action contre lui et cette action est une action de change.
D'ailleurs, si le créancier, qui reçoit une lettre de change en
paiement de son débiteur, n'était que cessionnaire de la créance
de celui-ci contre le tiré, il ne se prêterait jamais à une
pareille opération, car il ne peut venir à l'esprit de personne
d'accepter la cession d'une créance contre un tiers, quand on
est fondé à exiger un paiement comptant.

Donc la lettre de change n'est pas autre chose qu'un papier-
monnaie. Elle suppose seulement une obligation unilatérale
de faire toucher une somme d'argent, obligation dont peut se
prévaloir tout possesseur régulier de la lettre de change, absolument comme dans l'émission d'un papier public, il n'y a pas
contrat entre l'État et le preneur, mais un engagement envers
tout le monde, une obligation *in rem* que tout acquéreur du
papier peut invoquer comme fondement d'un droit contre
l'État.

Ce principe posé, il en résulte, en ce qui concerne l'endossement, que l'endossement n'est pas plus une cession de
créance que la lettre de change elle-même n'est une cession
de créance. La lettre de change est un papier-monnaie. Or,
pas plus qu'on ne pense à appeler la tradition manuelle d'un
billet de banque la cession d'une créance sur la banque qui
l'a émis, on ne pense à chercher dans le droit civil des ana-
logies pour expliquer le mécanisme de l'endossement. L'endossement est un mode de transmission de la lettre de change
créé par le génie commercial, ne ressemblant ni de près ni
de loin au transport des créances (1) et soumis à des règles
propres dont le but est de rendre plus sûre et plus facile la
circulation de la lettre de change. D'ailleurs, puisque la lettre
de change est un papier-monnaie, on ne pourra pas rendre le
porteur actuel d'un tel papier passible des moyens de défense
qu'on aurait pu opposer à un porteur précédent.

Tel est, en bref, le système allemand sur l'endossement (2).

34. — Il a été pris en très sérieuse considération, nous
l'avons dit, par les juristes français. Il tend de plus en plus
à prévaloir chez nous. Il y a trente ans déjà que M. Demangeat, dans une note insérée dans le *Cours de droit commercial*
de Bravard (3), proclamait la justesse des idées d'Einert fondées sur la seule conception qu'on puisse se faire aujourd'hui
de la lettre de change et de l'endossement. « Le législateur ne
devrait-il pas, écrivait M. Demangeat, en finir avec l'ancienne
fiction, et débarrasser la théorie de la lettre de change de

---

(1) Mittermaier, professeur à la Faculté de Heildelberg, analysant le livre
d'Einert, fait remarquer que la théorie de la cession détruit l'essence de l'endossement et rend inexplicable la position du porteur auquel on ne peut
objecter les oppositions nées dans la personne d'un précédent endosseur.
(*Rev. étr. et franç. de législat.* t. VII. p. 861).

(2) Ce système a pour conséquence d'admettre comme translatif de propriété
l'endossement en blanc et il conduit à l'établissement du titre au porteur.

(3) T. III, p. 11 en note.

toutes les règles fondées sur une donnée qui était vraie autrefois, mais qui, aujourd'hui, est constamment en contradiction avec les faits? » Peut-être sera-t-il satisfait, dans un avenir prochain, au vœu de M. Demangeat, car un projet de loi ayant pour but de modifier les art. 110, 112, 633 C. com., a été déposé au Parlement (1).

La théorie allemande a été, il est vrai, combattue en France par M. Nouguier (2) et par M. Huc. Mais, tout en n'adoptant pas la théorie d'Einert sur la nature et le but de la lettre de change, ces deux auteurs repoussent l'idée que l'endossement soit une simple cession de créance.

32. — Il résulte bien de tout ce qui précède que l'endossement organisé par le Code de commerce est tout autre chose qu'une cession de créance, ou que, s'il est, à certains égards, une cession de créance, il est en même temps un acte *sui generis* avec des effets très spéciaux (3).

Cette vérité apparaîtra encore mieux quand nous aurons étudié les effets de l'endossement et que nous aurons montré combien ils diffèrent des effets de la cession.

Effets de l'endossement.

33. — On confond souvent les effets de l'endossement avec les effets de la lettre de change ou du billet à ordre. Cette

---

(1) Dépôt à la Chambre des députés du 17 juillet 1883; adoption du 21 juil. et 1890 et du 7 novembre suivant par le Sénat. Rapport à la Chambre des députés, n° 300 et au Sénat n° 169.

(2) *Lettre de change*, introduction, p. 13 et suiv.

(3) Suivant Vidari (*La lettera di cambio; studio critico di legislazione comparata*, n° 112) l'endossement est une institution *sui generis*, toute spéciale au droit de change, qui peut parfois se rapprocher de tel ou tel contrat, mais sans jamais être l'un ou l'autre. D'après son rôle économique l'endossement est un mode de paiement.

confusion a fait naître le besoin d'établir entre les titres créés *à ordre*, comme tels endossables, et la lettre de change, une assimilation que tout repousse.

Pour qu'on puisse stipuler, dans un titre de créance, qu'il sera transmissible par voie d'endossement il n'est pas nécessaire que ce titre soit assimilable à une lettre de change ou à un billet à ordre. Est-il besoin de faire remarquer d'autre part que l'insertion de la clause à ordre dans un titre ne saurait avoir pour résultat de transformer ce titre, de le rendre assimilable à une lettre de change ou à un billet à ordre. Quand on crée un titre à ordre ce qu'on emprunte à la lettre de change, ce n'est pas sa nature spéciale, ni les particularités inhérentes à son caractère, *c'est seulement sa forme à ordre*. En conséquence, de ce qu'un titre est à ordre, il ne faut pas conclure que ce titre est assimilable à une lettre de change, mais seulement qu'il ne répugne pas à la *clause à ordre*, qu'il remplit les conditions que suppose la clause *à ordre*, et qu'il ne renferme aucune particularité ni modalité incompatibles avec les effets de cette clause (1). La preuve que la faculté d'endossement peut être stipulée dans des titres très différents de la lettre de change résulte de ce que les lettres de change dégénérées en simples promesses ne cessent pas d'être endossables (art. 112 C. com).

Nous n'approuvons donc pas ce motif d'un jugement du Tribunal civil de la Seine du 31 août 1877 (2), qui a d'ailleurs été infirmé par arrêt du 2 avril 1879 (3) :

---

(1) Nous raisonnons ici en faisant abstraction de la question de savoir si l'extension *de l'ordre* à des titres de créance que le législateur n'a pas prescrit ou permis d'établir *à ordre*, est licite et relève du principe de la liberté des conventions. Cette question sera examinée plus loin.

(2) *Mon. des ass.*, 15 déc. 1877.

(3) *D. P.*, 1879. 2. 130.

« Attendu qu'une police d'assurance sur la vie à ordre n'est pas autre chose au fond qu'une obligation à ordre *ayant tous les caractères d'un véritable billet à ordre ;* que la formule de cette obligation contient en effet toutes les parties essentielles du billet à ordre...

« Attendu, par suite, qu'en droit la police d'assurance sur la vie peut être transférée par un simple endossement. »

Nous croyons au contraire que, comme l'a décidé le Tribunal civil de la Seine, dans un jugement infirmé, il est vrai, mais sur d'autres points, par arrêt du 13 décembre 1851 (1) :

« Quoique l'assuré ait, aux termes de la police, la faculté de transmettre son contrat par un endossement conforme à l'art. 137 C. com., *cette clause n'a pas pour effet d'assimiler les polices d'assurance ainsi endossées aux billets à ordre.* »

Si, en effet, l'insertion, dans un titre, de la clause à ordre, devait avoir pour résultat de rendre ce titre assimilable à la lettre de change ou au billet à ordre, aucun titre ne pourrait être créé à ordre en dehors de ceux que la loi a déclarés endossables, car la lettre de change et le billet à ordre ont une nature spéciale et cette qualification ne peut être appliquée à tout autre titre de créance contenant la clause à ordre(2).

Cette préoccupation d'établir une assimilation entre la lettre de change et un titre de créance endossable, est, comme nous l'avons, dit le résultat d'une confusion entre les effets de la lettre de change et les effets propres de l'endossement.

Cette confusion apparaît très bien chez Herbault. Cet au-

---

(1) Bonneville de Marsangy, II, 128. V. dans le même sens C. Besançon, 27 mars 1876 (B. de M, II, 520) et Trib. civ. Seine 16 juillet 1886 (J. des A. 1887, 473).

(2) Lyon-Caen et Renault, *Traité*, t. IV, n° 156. Notamment l'assurance sur la vie et le billet à ordre présentent des différences aussi nombreuses que profondes.

teur, après s'être demandé s'il faut assimiler les polices d'assurance sur la vie stipulées endossables aux billets à ordre (1), ajoute : « Dès que l'on admet que la police d'assurance peut être cédée par voie d'endossement, conformément à l'art. 137 C. com., il paraît assez logique de donner à l'endossement ainsi effectué tous les effets de l'endossement appliqué à la lettre de change et au billet à ordre. » Puis, énumérant ces effets, il vise, avec des règles qui sont spéciales à l'endossement, parce qu'elles se rattachent directement à la clause à ordre, et qui sont par suite communes à *tous* les titres à ordre, d'autres règles *qui sont spéciales à la lettre de change et au billet à ordre* et qui, par suite, ne sont pas nécessairement applicables à d'autres titres (2).

Herbault ensuite commet une autre erreur. Après avoir déclaré, comme on vient de le voir, qu'il lui paraissait logique de donner à l'endossement des polices d'assurance tous les effets de l'endossement appliqué à la lettre de change, il se ravise et ajoute : « Cependant nous n'admettrons pas cette opinion ; il n'y a pas un rapport nécessaire, intime, entre la

______

(1) N° 216.

(2) Nous voulons parler : 1° du droit pour le porteur qui a perdu son titre de se faire payer en donnant caution ; 3° de la restriction à cinq ans de la durée des actions résultant de la lettre de change ou du billet à ordre. Ces règles peuvent être considérées comme spéciales au porteur d'une lettre de change ou d'un billet à ordre parce qu'elles résultent du caractère particulier de ces effets destinés à circuler comme de la monnaie, et qu'elles forment la contre-partie des garanties exceptionnelles que la loi accorde au porteur de la lettre de change ou du billet à ordre, savoir : 1° droit pour le porteur de sommer le tiré de déclarer s'il entend ou non s'engager à payer le montant de la lettre de change à l'échéance ; 2° droit de s'opposer à toute prolongation de délai ; 3° droit de former une *saisie spéciale* sur les effets mobiliers de tous les signataires de la lettre de change ; 4° droit de faire retraite.

Ces règles ne découlent nullement de la clause à ordre ; elles sont, nous le répétons, spéciales à la lettre de change, et il n'échet pas dès lors de les appliquer à d'autres contrats, sous le prétexte que ces contrats sont établis à ordre.

faculté d'endossement, et les effets que le Code de commerce
a cru devoir y attacher (1). » Non, assurément, il n'y a pas
un rapport nécessaire entre la faculté d'endossement et *tous*
les effets qu'Herbault en déduit, car cet auteur prend, comme
nous l'avons fait remarquer plus haut, pour des effets de l'endossement, des règles qui dérivent de la nature de la lettre de
change. Mais il y a un rapport nécessaire entre la faculté
d'endossement et *quelques-uns* des effets énumérés par Herbault, savoir les effets qui se rattachent directement à la clause
à ordre et qui, par suite, sont communs à *tous* les titres à ordre
quels qu'ils soient.

On voit donc qu'il importe de bien distinguer les effets de
l'endossement et les effets de la lettre de change ou du billet
à ordre (2).

31. — Comme nous nous occupons ici exclusivement d'endossement, nous n'examinerons que les effets de l'endossement (3).

Les effets que nous allons énumérer découlent tous, sauf
le dernier, de la clause *à ordre*, dans laquelle ils sont tous
virtuellement contenus. Parlant de ces effets, M. Beudant
s'exprime ainsi :

« Ce sont là des conséquences qui sont toutes inhérentes à
« l'endossement, qui découlent de ce que par suite de *l'ordre*,

---

(1) N° 217.

(2) Le Code de commerce, en disposant que la forme de l'endossement serait
la même que celle de la lettre de change, que les énonciations de l'endossement seraient les mêmes que celles du titre, prête un peu à la confusion que
nous avons signalée.

(3) MM. Lyon-Caen et Renault, *Traité*, t. III, n°° 156, 157, 160 à 462 énumè-
rent distinctement : 1° les règles spéciales aux lettres de change; 2° les règles
qui leur sont communes avec les billets à ordre; 3° celles qui sont communes
à *tous* les titres à ordre, c'est-à-dire les règles relatives à l'endossement.

« *le débiteur s'est engagé non envers une personne déterminée,*
« *mais envers le porteur quel qu'il soit* ; il faut bien les admet-
« tre, dès qu'on souscrit au principe qui les entraine : toute
« décision contraire serait entachée d'un défaut de logi-
« que. » (1).

D'autre part, Lyon-Caen et Renault écrivent :

« Les règles des art. 136 à 138 C. co., relatives aux formes
« et aux effets de l'endossement sont applicables à *tous les ti-*
« *tres à ordre*, par cela même que pour eux aucune loi n'y apporte de dérogation » (2).

Ces effets de l'endossement, conséquences logiques et nécessaires de la clause *à ordre*, sont les suivants :

35. — 1° La cession sera opposable (3) aux tiers a la date de
l'endossement et indépendamment de toute signification ou acceptation. — On a fait remarquer (4) que l'introduction, au xvii°
siècle, de l'ordre dans la pratique commerciale fut moins une
innovation véritable qu'une manière particulière et ingénieuse
d'appliquer le droit commun, qui exige, comme on sait, pour
la validité de la cession à l'égard des tiers, soit une signification au débiteur cédé, soit l'acceptation de ce dernier dans un
acte authentique. En effet, la signification n'est requise qu'à
défaut d'acceptation. Or, lorsque le titre contient la clause *à*
ordre, l'accepteur s'engage directement envers celui qui sera,

---

(1) Note sous Cass. 8 mai 1873, D.P. 73. 1. 211.

(2) Lyon-Caen et Renault, *Traité*, t. IV, n°° 157 et 462, *in fine*.

(3) Ce premier effet de l'endossement est ainsi indiqué dans l'art. 136 C. civ.
« La propriété de la lettre de change *se transmet* par la voie de l'endossement. »

(4) Beudant, *loc. cit.* ; Pascaud, aujourd'hui conseiller à la Cour de Cham-
béry, *Les oblig. civ. à ordre*, *Rec. crit.* 1878, p. 703 ; Bravard, t. III, p. 133,
Lyon-Caen et Renault, *Traité*, t. IV, n°° 28 et 128.

le jour de l'échéance, porteur du titre en vertu d'un endossement : *il l'accepte pour son créancier.*

On explique très bien ainsi pourquoi le cessionnaire par endossement d'un titre *à ordre* est saisi *à l'égard du débiteur cédé* par le seul effet de l'endossement, sans qu'il y ait lieu à l'accomplissement des formalités des art. 1690 et 1691 C. civ. Mais pourquoi est-il dispensé, *à l'égard des autres tiers* (second cessionnaire, créancier auquel la créance aurait été donnée en gage, créanciers chirographaires) de remplir ces formalités? C'est que, si nous ne nous trompons, lorsque ces tiers iront demander au débiteur cédé si la créance appartient toujours à la personne qu'ils considèrent comme le titulaire (1), ce débiteur leur fera connaître, s'ils l'ignorent, que le titre de créance est *à ordre*, que lui, par conséquent, devant à sa signature, paiera au porteur quel qu'il soit, puisqu'il l'a accepté d'avance pour débiteur. Les tiers seront ainsi prévenus et pourront prendre leurs précautions. Mais ils ne seront qu'imparfaitement renseignés ; d'autre part ils seront exposés, comme nous le verrons, au danger des endossements antidatés. Il est donc certain que l'endossement déroge aux règles des art. 1690 et 1691, et que cette dérogation peut préjudicier à certains tiers (2). Mais elle a été imposée par les exigences du commerce. On a voulu débarrasser les effets appelés à une circulation rapide des obstacles qui pourraient contrarier ce but. Les formalités du droit commun étaient incompatibles avec le caractère de ces effets (3). La nécessité d'une notification suspendant la propriété du ces-

----

(1) On sait que dans les art. 1690 et 1691, la loi a organisé un système de publicité permettant aux tiers, avant de traiter avec celui qui se prétend titulaire de la créance, de s'enquérir auprès du débiteur de la situation actuelle de la créance.

(2) Nous reviendrons plus loin sur ce point.

(3) Rappelons que M. Huc fait remarquer que le meilleur moyen de faciliter la circulation d'un titre est de l'établir au porteur. Selon lui si on a préféré la clause à ordre à la clause au porteur c'est surtout pour augmenter la sécurité du porteur en augmentant le crédit de la lettre de change.

sionnaire, pouvant même la faire évanouir devenait une gêne et un obstacle à la libre circulation de ces sortes de titres ; elle eût appelé sur eux un profond discrédit. « Qui eût osé en acqué- « rir dit M. Bedarride, si des saisies-arrêts faites depuis l'endos- « sement, mais avant la notification, rendaient la somme cédée « la propriété des créanciers. Toutes ces formalités n'auraient « été possibles qu'autant que la lettre de change n'aurait pas été « appelée à circuler comme elle le fait depuis longtemps. En « faisant de la lettre de change une véritable monnaie, il fallait « que sa circulation se rapprochât autant que possible de celle « de la monnaie (1). »

D'ailleurs on comprend très bien que la clause à ordre, qui rend inutile, *à l'égard du débiteur cédé*, l'accomplissement des formalités des art. 1690 et 1691 C. Civ., devait nécessairement avoir pour résultat d'affranchir le cessionnaire de remplir ces formalités *vis-à-vis des tiers*, autres que le débiteur cédé. En effet il n'eût servi à rien au cessionnaire que le débiteur cédé l'ait accepté par avance pour son débiteur et l'ait ainsi dispensé de lui signifier la cession, et par conséquent la clause *à ordre* n'eût rendu aucun service, si le cessionnaire était resté tenu, dans ses rapports avec les tiers autres que le débiteur cédé, de remplir les formalités de 1690 et 1691. Car il lui importe de rendre son droit opposable à ces tiers (second cessionnaire, créanciers du cédant) tout au moins autant qu'il lui importe de le rendre opposable au débiteur cédé. Donc la clause à ordre devait avoir, comme nous le disons, pour conséquence d'affranchir *erga omnes* le cessionnaire des formalités du droit commun.

36. — 2° LE DÉBITEUR NE PEUT OPPOSER AU DERNIER PORTEUR LES EXCEPTIONS QUI ÉTAIENT OPPOSABLES AUX ENDOSSEURS SUCCESSIFS, MAIS UNIQUEMENT LES EXCEPTIONS NÉES DIRECTEMENT DANS LES RAPPOTS ENTRE LE DÉBITEUR ET CE DERNIER PORTEUR. IL N'EN EST AUTREMENT

---

(1) *Lettre de change*, n° 231.

QUE LORSQUE LE PORTEUR S'EST RENDU COMPLICE D'UNE FRAUDE DESTINÉE A OBTENIR UN PAIEMENT QUI SANS CELA AURAIT PU ÊTRE ÉVITÉ AU MOYEN D'UNE EXCEPTION (1). — C'est par là que l'endossement diffère le plus profondément de la cession de créance.

La cession de créance est le transport au cessionnaire des droits et actions du cédant, et les mêmes exceptions qui auraient pu être opposées au cessionnaire sont opposables au cédant. En un mot le cessionnaire est l'ayant cause du cédant qui est son auteur; il est, comme on dit quelquefois, *aux droits du cédant*. Ainsi les causes d'annulation ou d'extinction de la dette, la saisie-arrêt qu'auraient pratiquée contre le cédé les créanciers du cédant, seront opposables au cessionnaire, car la cession est à l'égard du cédé *res inter alios acta* et il est vis-à-vis du cessionnaire ce qu'il est vis-à-vis du cédant.

En matière d'endossement ces principes fondamentaux sont mis à l'écart : « Celui, dit Brauer (2) à qui la lettre est endos-
« sée n'entre pas seulement dans la position de l'endosseur,
« il est dans un rapport *immédiat* avec les obligés. Les droits
« résultant de la lettre de change ne passent donc point tels
« qu'ils sont, modifiés par la position personnelle de l'endos-
« seur en dehors de la lettre de change ; mais ils passent comme
« existants par eux-mêmes, indépendants de la position parti-
« culière de l'endosseur, déterminés exclusivement par la
« lettre de change, comme droits établis d'une manière immé-
« diate et directe à l'encontre des obligés : par conséquent

---

(1) Il est à remarquer que cette règle ne résulte d'aucun texte, quoique la Cour de cassation ait essayé de la rattacher aux art. 136, 137, 161 C. com. (V. Garsonnet, *op. cit.*, p. 10, en note). « Il y a là, disent Lyon-Caen et Renault, « une de ces théories traditionnelles qui n'ont pas besoin d'être formulées par « le législateur, parce qu'elles sont imposées par les besoins de la pratique. » (*Traité*, t. IV, n° 130.)

Cependant on peut dire que l'art. 149 C. com. suppose l'existence de cette règle, car il n'en est qu'une application, comme nous le verrons.

(2) *Die allgemeine deutsche Wechsel-Ordnung*, 1re édit., p. 41.

« celui à qui la lettre est endossée ne peut se voir opposer au-
« cune exception du chef de l'endosseur. »

Comme le fait remarquer M. Bodin, doyen de la Faculté
de droit de Rennes (1), la loi, ou plutôt la doctrine, s'inspirant
de l'esprit de la loi, a pu, sans injustice faire ici une exception
aux principes de la cession de créance : car, lorsque le souscripteur s'oblige à ordre, il est naturel d'interpréter la convention en ce sens qu'il a précisément renoncé envers le porteur
au moyen de défense qu'il pourrait avoir contre le preneur.

36 *bis*. — Assurément, la règle, dont nous nous occupons ici,
se déduit assez logiquement de la clause à ordre. Mais si une
pratique universelle l'a, en l'absence d'une disposition législative, consacrée comme nous le voyons, c'est parce qu'on a voulu
que les effets à ordre fussent une espèce de monnaie qui pût
circuler de main en main. Et en effet la clause à ordre, avec
la conséquence qu'on en tire ici, est merveilleusement imaginée pour favoriser la rapide transmission des titres à ordre.

L'application des principes de la cession serait la mort des
titres à ordre, car rien n'entraverait davantage la négociation
de ces titres que la nécessité pour le porteur de s'enquérir des
causes d'extinction de la dette intervenue entre l'endosseur
et le souscripteur de l'effet, et le danger qu'il courrait de se
voir opposer celles qu'il n'aurait pas connues. « Cette règle
« (que le cessionnaire est à l'abri des exceptions qui ne lui sont
« pas personnelles) disent Lyon-Caen et Renault (2), dérive de
« la nature même des titres à ordre qui constituent une sorte
« de monnaie de convention, payable au porteur légitime,
« sans que le débiteur puisse se prévaloir de ce que cette mon-
« naie a passé entre les mains de telle ou telle personne. Pour
« une créance ordinaire le cessionnaire peut s'adresser au dé-

____

(1) *Rev. prat.*, t. V, p. 152 et 153.

(2) *Traité*, t. IV., n° 130.

7

« biteur afin de savoir s'il reconnaît la dette ; les effets de cir-
« culation se transmettent trop rapidement et dans des lieux
« trop divers pour que semblable précaution puisse être prise ;
« le tiers auquel le titre est offert, a le droit de le prendre pour
« ce qu'il paraît être ; la clause à ordre lui permet de se subs-
« tituer au précédent créancier de manière à être considéré
« comme ayant toujours été le seul créancier de celui auquel
« il s'adresse pour être payé (1) ».

Ainsi la règle qui nous occupe convient très bien aux titres
qui constituent des effets de circulation, et mieux encore aux
titres qu'on peut considérer et traiter, sans réserve ni restriction aucune, comme un papier monnaie, ainsi que la loi allemande fait de la lettre de change. Car cette règle, qui est une
dérogation si grave aux principes de la cession, ne se comprend et ne se justifie pleinement que là où il ne peut pas être
à aucun point de vue, question de cession. C'est ce qui a
lieu dans la théorie allemande, car on n'a jamais songé à
rendre le porteur d'un véritable papier monnaie passible des
moyens de défense qu'on aurait pu opposer à un porteur précédent.

On a discuté la portée de la règle dont il s'agit. M. Bodin
(*loc. cit.*), qui n'admet pas qu'en matière de créance *à ordre*
le souscripteur s'oblige directement envers le porteur, mais
dont l'opinion n'a pas prévalu (2), est d'avis que le porteur
pourrait se voir opposer les exceptions *dont il aurait, lors
de l'endossement, connu l'existence.* Cette manière de voir
est isolée (3). On décide généralement que le titre à ordre
ne peut faire fonction de papier-monnaie qu'à la condition que

----

(1) V. Ci...ard, *Traité de la vente*, t. II, n° 236 ; Troplong, *des contrats
aléatoires*, ...06 ; Paul Pont, *Petits contrats*, n° 611 ; Aubry et Rau, t. IV, § 359
bis, note 57 ; Larombière sous 1295, n° 11.

(2) V. Bravard, t. III, p. 111, en note.

(3) V. Bravard, t. III, p. 110, note ; Lyon-Caen et Renault, t. IV, n° 131.

celui qui est légitime propriétaire du papier ne puisse se voir opposer par le souscripteur que deux classes d'exceptions, savoir : 1° les exceptions fondées sur ses rapports personnels avec le souscripteur; 2° les exceptions mêmes nées du chef d'un de ses prédécesseurs, mais seulement dans le cas très rare où elles résultent de la teneur même du titre et ont pu lui être révélées par la seule inspection de ce titre (1).

36 *ter*. — Il est bien entendu que cet effet énergique de l'endossement ne doit pas prêter à une fraude qui serait assez facile à réaliser. Il pourrait arriver que le créancier, se voyant opposer par le débiteur un vice de l'obligation, une cause d'annulation, une cause d'extinction de la dette, s'entendît avec un compère auquel il endosserait le titre et qui prétendrait se faire payer en alléguant que le débiteur ne peut lui objecter les exceptions opposables à son cédant. C'est aux tribunaux à empêcher de pareilles fraudes (2).

36 *quater*. — Il va de soi que le débiteur peut opposer au cessionnaire par endosement les exceptions nées du chef du cédant, lorsque le cessionnaire est en même temps l'ayant-cause à titre universel du bénéficiaire du billet (art. 1122, C. civ.) (3).

On trouve dans les auteurs et dans les Recueils de jurisprudence (4) de nombreuses applications du principe. Nous examinerons plus loin la question de savoir s'il est applicable en matière d'assurance sur la vie.

37. — On peut considérer comme une conséquence de ce

---

(1) Bravard, t. III, p. 113, en note.

(2) Lyon-Caen et Renault, *Traité*, t. IV, n° 131. — C. Grenoble (2° ch.), 2 déc. 1892, *Gaz. Pal.*, du 21 mai 1893, Jurispr., 2° partie.

(3) Lyon-Caen et Renault, n° 130 bis.

(4) V. notamment Nouguier, *Lettre de change*, t. I, n° 720, et le *Dict. de Couder*, *hoc verbo*, n°° 519 551.

principe la disposition de l'art. 149. C. civ., aux termes duquel
« il n'est admis d'opposition au paiement qu'en cas de perte
« de la lettre de change ou de faillite du porteur (1) ». En
effet, du moment, qu'en vertu du principe posé, le porteur
actuel n'est pas l'ayant-cause des porteurs antérieurs, du
moment qu'il ne tient pas d'eux ses droits, mais en quelque
sorte du titre lui-même, il est logique de décider que les créanciers des porteurs antérieurs ne pourront pas pratiquer
d'opposition au préjudice du porteur actuel.

La saisie-arrêt pratiquée par les créanciers d'un porteur
antérieur est donc légalement impossible.

Quant à la saisie-arrêt pratiquée par les créanciers du porteur actuel, on ne peut pas l'annuler par application des principes de l'endossement; aussi, suivant M. Bédarride (2), serait-
elle légalement possible, de telle sorte que le souscripteur ne
pourrait payer le porteur actuel au mépris d'une saisie-arrêt
pratiquée par les créanciers de celui-ci (3). Mais, d'une part
elle ne se conçoit guère, en fait, et, d'autre part, il y a bien
des chances pour qu'elle soit une mesure puérile. En effet, il
faut remarquer, en premier lieu, que les créanciers ne peuvent
jamais savoir régulièrement si leur débiteur est titulaire de
la créance au moment où ils pratiquent une saisie arrêt, car
les endossements s'opérant clandestinement, à l'insu du débiteur cédé, ce dernier n'est jamais à même de renseigner les

---

(1) Massé fait remarquer que la disposition de l'art. 149 est moins une faveur accordée au commerce qu'une nécessité résultant de la nature des lettres
de change (ou plus exactement, selon nous, de la clause *à ordre*) et de la circulation à laquelle elles sont destinées (*Le droit commercial dans ses rapports
avec le droit civil*, etc..., t. IV, n° 2088).

(2) *Lettre de change*, II, n° 108.

(3) *Contrà* Lyon-Caen et Renault (t. IV, n° 313) qui pensent que cette saisie-
arrêt n'a aucune valeur, le législateur ayant voulu, dans l'art. 149 prohiber aussi
les saisies-arrêts de complaisance destinées à retarder le paiement, dont l'exactitude lui paraissait avec raison d'un intérêt capital.

tiers sur le titulaire actuel de la créance. En second lieu, il faut remarquer que de la part des créanciers du porteur actuel ce serait se livrer à un jeu d'enfant que de pratiquer une saisie-arrêt; car il serait trop facile au débiteur de détruire l'effet de cette saisie, en endossant ce titre à un tiers qui, en vertu de la théorie de l'endossement, aurait les mêmes droits que si le titre avait été souscrit originairement à son profit, que s'il avait été créé à son nom et à son ordre.

Et remarquons-le bien : il importe peu pour l'application de l'art. 149 que le titre soit présenté par le bénificiaire du titre ou qu'il le soit par un tiers porteur auquel le titre a été endossé. La règle de l'art. 149 est générale et formelle; elle ne connaît et ne comporte aucune exception. Donc quand le bénificiaire d'un titre à ordre se présente en réclamant personnellement le payement, il n'est pas passible des oppositions qui ont été pratiquées sur lui-même. Peu importe qu'il ait usé ou non de la faculté de négocier le titre par voie d'ordre; il est porteur, et ce qu'il faut, c'est non pas payer à telle ou telle personne, mais il faut que le souscripteur dégage sa signature. C'est ce qu'enseignent les auteurs, notamment Alauzet qui s'exprime ainsi (1) :

« Le droit d'opposition refusé dans l'intérêt des tiers por-
« teurs aux créanciers de ceux qui les ont précédés est égale-
« ment refusé par la loi nouvelle, ainsi que nous l'avons dit
« tout à l'heure, *aux créanciers mêmes du propriétaire venant*
« *demander son payement;* par un privilège spécial, cette
« créance ne peut être saisie; nul ne peut en arrêter le paie-
« ment que dans les cas spécialement prévus par notre ar-
« ticle. »

Cependant l'art. 149 C. com. admet de la part de deux per-

---

(1) *Commentaire du Code de commerce*, t. IV, n° 1420, 3° édition (1879). V. dans le même sens Roger, *Traité de la saisie-arrêt*, n° 229.

sonnes les oppositions au paiement de la lettre de change. Ces personnes sont : 1° le porteur qui vient à perdre son titre et qui a juste sujet de craindre que ce titre ne tombe entre les mains d'un malhonnête homme qui cherchera à s'en approprier le montant en se faisant passer pour le porteur, en venant, comme tel, en réclamer le paiement ; 2° le syndic de la faillite du porteur. Ce n'est pas que le porteur ait cessé d'être propriétaire du titre, mais il est dessaisi de l'administration de ses biens; il ne peut plus ni payer ni recevoir, ce droit appartient au syndic, représentant la masse.

On voit que l'opposition que peuvent pratiquer, conformément à l'art. 149, le porteur dépossédé et le syndic de la faillite du porteur, n'est pas une saisie-arrêt qui supposerait une action exercée du chef de ces deux personnes. Il s'agit ici d'une mesure d'une nature toute différente : l'opposition dont il est question dans l'art. 149, et aussi dans l'art. 145, n'est pas autre chose qu'un acte conservatoire qui a pour but d'empêcher que le paiement ne soit fait entre les mains d'une personne qui n'a pas qualité pour recevoir, et au détriment de la personne à qui il doit être fait. C'est dans ce sens que le mot *opposition* est employé, dans la loi du 15 juin 1872 relative à la perte des titres au porteur.

Ainsi le mot *opposition* n'est pas ici synonyme de *saisie-arrêt* (1).

Il résulte de là qu'il n'y aurait pas besoin rigoureusement que cette opposition fût faite par ministère d'huissier. Un avis donné au débiteur de l'effet, sous une forme quelconque, suffirait pour le rendre responsable du paiement indûment fait.

On admet généralement qu'il faut étendre la disposition de

---

(1) V. en sens contraire, Delamarre et Lepoitvin, *Droit commerc.*, t. V, n°° 758 et s.

l'art. 119 à tous les cas où, le porteur étant incapable (inter-diction, mariage d'une femme), son représentant légal ferait défense au débiteur de l'effet d'effectuer le paiement entre les mains de l'incapable.

37. — 3° Le cédant est garant non seulement de l'existence du droit, mais du paiement effectif a l'échéance, et il y a solidarité entre le créateur du titre et tous les créateurs successifs. — Cette règle, qui est écrite dans l'art. 164, C. com., découle également de la clause *à ordre*. En effet, l'endosse-ment étant à ordre comme le titre lui-même, l'endosseur s'en-gage *directement*, comme l'a fait le souscripteur de l'effet, en-vers tout porteur ultérieur et non envers son cessionnaire immédiat seulement. L'obligation de l'endosseur a donc le même objet que celle du souscripteur de l'effet et des autres endosseurs. Mais en même temps elle est indépendante de celles des autres garants, notamment de celle du tireur en ce sens que tout endossement est un acte qui subsiste par lui-même et qui, pourvu que le titre ait la forme voulue, oblige pleinement l'endosseur lors même que le souscripteur de l'effet, pour une raison quelconque ne serait pas tenu en vertu de l'effet. Il en résulte que le souscripteur et les endosseurs ne sont pas de simples cautions, ils sont tenus d'une obligation principale. Aussi sont-ils obligés de payer tous les frais légiti-mement faits à l'occasion des poursuites dirigées contre les endosseurs subséquents. Ils ne sauraient pour restreindre leur obligation à cet égard, invoquer l'art. 2016, C. civ., selon le-quel le cautionnement indéfini d'une obligation principale ne s'étend pas aux frais postérieurs à la première demande et à la dénonciation qui en est faite à la caution (1).

37 *bis*.—En matière de lettre de change et de billet à ordre

---

(1) Lyon-Caen et Renault, *Traité*, t. IV, n° 269.

la loi dit expressément (art. 110 et 187) que la solidarité existe entre tous les signataires, souscripteurs, endosseurs et autres obligés. Selon nous, cette disposition ne découle pas de la clause à ordre; elle est spéciale à la lettre de change et au billet à ordre. En conséquence il n'y aurait pas, à notre avis, solidarité entre les signataires d'un titre à ordre autre qu'une lettre de change ou un billet à ordre (1), à moins que ces signataires ne soient commerçants, ou qu'ils ne soient obligés pour une cause commerciale (2).

37 *ter*. — Cette obligation, qui incombe à l'endosseur de payer au cas où le débiteur principal ne le ferait pas, constitue une nouvelle différence entre la cession de créance et l'endossement.

En effet, « d'après le droit commun, celui qui cède une
« créance ne garantit qu'une seule chose, l'existence du droit
« cédé, l'existence de ce droit au temps du transport (art. 1693,
« C. civ.) Le cédant ne répond de la solvabilité du débiteur
« que lorsqu'il s'y est engagé; et, lors-même qu'il a ainsi pro-
« mis la garantie de sa solvabilité, cette promesse ne s'entend
« que de la solvabilité actuelle : pour qu'elle s'étendît au
« temps à venir, il faudrait (art. 1694 et 1695) une stipulation
« expresse. Enfin, lors-même qu'il s'est engagé à répondre de
« la solvabilité du débiteur, il n'en répond que jusqu'à con-
« currence du prix qu'il a retiré de la créance (art. 1694) (3).

---

(1) La preuve que la solidarité n'a rien de nécessaire, d'essentiel, c'est qu'elle peut être supprimée ou restreinte dans ses effets par une clause expresse. (Lyon-Caen et Renault, t. IV, n° 270.)

(2) On sait qu'en matière commerciale la solidarité existe de plein droit et en l'absence de toute stipulation des parties, du moins suivant certains auteurs (Delamarre et Le Poitevin, II, p. 472; Pont, *Petits contrats*, I, n° 1031; Poulle, *Traité de la société en participation* ; Troplong, Fremery, Boileux; *adde* Lyon-Caen et Renault, *Traité*, t. III, n° 38.

(3) La garantie particulière à laquelle le cédant peut se soumettre par une clause expresse est ce qu'on appelle habituellement *garantie de fait*, tandis

« Ces règles ne sont en aucune façon applicables à l'endos-
« sement ; car quand il s'agit de la cession par endossement
« d'un titre à ordre, il n'y a pas à proprement parler, de ces-
« sion de créance, cette expression ne se trouve dans aucun
« article du Code de commerce ; il n'y a donc plus de débiteur
« à proprement parler, de débiteur dont on soit tenu ou dis-
« pensé de garantir la solvabilité. Il s'agit de toutautre chose,
« d'un tout autre ordre d'idées et de faits. Celui qui tire une
« lettre de change, ou qui souscrit un billet à ordre, celui-là
« promet de payer ou de faire payer au porteur la somme qui
« y est indiquée. Celui qui endosse ensuite le titre garantit
« l'exécution de cet engagement (1). »

On peut donc dire que la clause *de fournir et faire valoir*
existe de plein droit dans l'endossement. (2)

. **37 *quater*.** — Nous avons dit que cette obligation de garantie
à la charge de l'endosseur découle de la clause à ordre. Cependant elle n'en constitue pas une conséquence nécessaire et
inévitable.

Tous les auteurs admettent en effet que cette obligation est
seulement de la nature de l'endossement, non de son essence.
Elle peut donc être écartée par la convention (clause *sans ga-*

---

que celle qui a lieu en l'absence de toute clause dérogeant aux art. du
Code est la *garantie de droit*. Spécialement, lorsque le cédant garantit la solvabilité actuelle et future du débiteur, on dit qu'il y a *promesse de fournir et
faire valoir*.

(1) Bravard, t. III, p. 164 et 170.

(2) Un arrêt de la cour d'Aix, du 8 Janv. 1867 (D. 1867, 2, 223) dit que par
la négociation d'un effet de commerce, le cessionnaire assume le risque de
la solvabilité du débiteur; c'est une convention qui participe de l'assurance.
V. sur les *assurances de solvabilité* les observations publiées dans le *Rec. l'Ér.
des Ass.*, année 1891, p. 5 et s. sous arrêt de Lyon du 11 juillet 1891.

rantie, clause *à forfait*). L'endosseur, qui insère une pareille clause, entend n'être pas responsable de la solvabilité des débiteurs, mais il reste garant de l'existence de la lettre (cas où un faux aurait été commis) et de son fait personnel.

Toutefois, par l'insertion de cette clause *sans garantie* l'endosseur compromet le crédit du débiteur de l'effet en rendant suspecte au porteur à venir la solvabilité du tiré. « Bien que « l'endossement soit une faculté, dit Einert [1] on peut considé « rer qu'en fait la lettre de change ne peut se négocier que par « endossement [2], et que tout autre mode de transmission est « impossible. Cette coutume est, en effet, si bien établie que « ce serait éveiller l'attention et rendre le titre suspect que de « refuser, en le négociant, d'y insérer l'endossement d'usage, « ou de le transmettre par la voie ordinaire de la cession, ou « de modifier la nature particulière de l'endossement par « une clause où on se réserverait le droit de ne pas garantir « le paiement : on peut considérer comme retirée du commerce « une lettre de change transmise par simple cession ou en- « dossée avec réserves. » [3]

37 *quinquiès*. — L'obligation pour l'endosseur de garantir le paiement est une particularité qui s'adapte très bien à la transmission d'un effet de circulation, car elle en facilite la négo-

-----

[1] *Op. cit.*, p. 124 et 125.

[2] L'endossement est le mode le plus naturel de transmission pour la lettre de change et pour les effets à ordre en général; mais il n'est pas le seul. Rien n'empêche d'employer les formes ordinaires de la cession dans les termes du droit commun (art. 1689 et 1690 C. civ.). Tout le monde est d'accord sur ce point. (Lyon-Caen et Renault, t. IV, n° 154.) Mais les exemples d'effets de commerce transmis selon le mode du droit commun sont très rares.

[3] Cependant il paraît qu'à Marseille on pratique publiquement la clause *sans garantie* même pour les signatures de premier ordre, et qu'on trouve facilement à négocier, moyennant un léger accroissement dans le taux de escompte, un titre portant cette clause (*Dict. du C^{ce}*, v° *Marseille*).

ciation rapide. « Souvent le nom du tireur et le crédit dont il
« jouit ne sont pas tels qu'ils déterminent un négociant à es-
« compter une lettre de change, à l'accepter en paiement et à
« s'en servir comme moyen de paiement ; mais lorsque l'en-
« dosseur passe pour solvable ou jouit d'un crédit étendu, la
« circulation de la lettre de change devient facile : le porteur
« rassuré par la position de l'endosseur ne conçoit aucune
« crainte pour le cas de non paiement par le tiré » (1)

Ainsi chaque endossement nouveau accroît le crédit de l'effet par la garantie qu'apporte la signature du nouvel endosseur. « *Vires acquirit eundo* » dit très justement M. de
Courcy (2) en parlant de la lettre de change.

A ce point de vue encore la clause à ordre, qui produit naturellement cette obligation de garantie, convient bien aux
effets appelés à une circulation rapide (3).

**38. — 4° LE DÉBITEUR NE POURRA PAYER VALABLEMENT QU'AU POR-
TEUR ET SUR LA PRÉSENTATION DU TITRE. —** « Le tiré, dit Bravard,
« doit se faire représenter le titre, afin de s'assurer que celui

---

(1) Mittermaïer, *Rev. étr. et franç. de législ.*, t. VIII, p. 111 et 112.

(2) *Précis d'assurance sur la vie*, p. 177.

(3) Cependant on a fait remarquer que cette obligation est tout à la fois un
secours et une entrave à la négociation des effets de commerce, car on hésitera
à faire un endossement qui soumet à une pareille garantie. Aussi la théorie
allemande qui fait de la lettre de change un papier-monnaie, supprime-t-elle cette
obligation de garantie en autorisant les endossements en blanc, par le moyen
desquels l'effet devient une sorte de titre au porteur et peut être transmis
de la main à la main sans qu'il reste aucune trace de la transmission. Ce
n'est qu'à cette condition qu'un titre peut faire fonction de papier-monnaie ; car obliger celui qui remet en paiement un papier-monnaie à en
garantir le recouvrement, ce serait le moyen d'entraver complètement la circulation de ce papier. (V. Garsonnet, *de l'influence de l'abolition de la contrainte par corps*, etc., IV, 1°).

« qui s'en dit propriétaire l'est bien véritablement; il ne pour-
« rait pas se contenter, à cet égard, de sa déclaration, de son
« affirmation. »

Mais qu'arrivera-t-il si celui qui se dit propriétaire de l'effet
ne peut représenter le titre?

39. Si la créance, au lieu de résulter d'un titre *à ordre*,
résultait d'un titre à personne dénommée, par exemple d'une
police d'assurance sur la vie non établie *à ordre*, par conséquent non endossable, et payable au bénéficiaire désigné
nommément dans la police, sans doute le débiteur (la compagnie d'assurances), qui paye sa dette, serait fondé à exiger
que le créancier lui remit le titre qui constate la créance (la
police, s'il s'agit d'une assurance) (1). Mais enfin le défaut de
représentation du titre créerait-il, en principe, en dehors de
toute circonstance particulière pouvant rendre suspecte l'absence du titre aux mains du demandeur, une fin de non-recevoir absolue? Certainement non. En effet, aux termes de
l'art. 1240. C. civ., le débiteur est valablement libéré lorsqu'il
paie *de bonne foi* à celui qui est *en possession apparente de la
créance*. La question est donc de savoir si la possession du
titre est le signe et la preuve de la possession de la créance
et si le créancier peut être considéré comme étant en posses.
sion de la créance alors qu'il a perdu la possession du titre-

Or cette question ne peut pas faire doute.

En effet, d'une part il n'est pas nécessaire pour que le débiteur puisse être considéré comme de bonne foi qu'il se soit fait
représenter le titre de la créance par la personne sans droit

---

(1) Larombière, sous l'art. 1282 n° 4; — Laurent t. 17, n° 597; — Aubry et
Rau, t. IV, § 320, p. 166; — *Pandectes françaises*, v° *Obligations*, n° 3419 et suiv.
et les décisions citées.

aux mains de laquelle il a payé. Ni le texte de l'art. 1240, ni
la raison ne l'exige (1). D'autre part on ne doit pas considérer
comme étant en possession de la créance celui qui détient le
titre, l'acte matériel qui la constate : *nullo loco continetur.*
La simple détention du titre ne donne donc aucun droit appa ·
rent à la créance (2), exception faite toutefois pour les créances
au porteur, qui sont matérialisées avec le titre même, qui
s'identifient jusqu'à un certain point avec lui (3).

Le *possesseur de la créance* c'est celui qui se trouve dans
une situation telle qu'on peut naturellement et légitimement
croire que la créance lui appartient : c'est celui qui, aux yeux
du public et notamment aux yeux des tiers débiteurs, joue le
rôle de créancier, en porte le masque, dit Demolombe.

Il résulte de là qu'alors même que le titre qui constate l'existence d'une créance ne se trouve pas dans les mains de celui
qui se présente comme en ayant la possession, le débiteur
peut être libéré par le paiement qu'il fait de bonne foi (4).

Donc le débiteur qui n'a reçu aucune signification de cession
(art. 1690, C. civ.) ou de constitution de gage (art. 2075, C. civ.)
et auquel d'ailleurs il n'a été notifié aucune défense, opposition ou saisie-arrêt, payera valablement au créancier dénommé

---

(1) Demolombe, *Traité des obligations,* t. IV, n° 179; Larombière, sous l'art.
1210, n° 4.

(2) Demolombe, *loc. cit.,* n°* 182 et 183; Massé, t. IV, n° 2090.

(3) Exagérant cette idée on a dit que le *débiteur doit au titre*; d'où cette
conséquence que la perte du titre entraîne la perte du droit. C'est une erreur :
V. Daniel de Folleville, *Traité de la possession des meubles,* n° 371 et s., p. 519.
La même solution donnée pour les titres à ordre nous paraît également erronée. Nous reviendrons plus loin sur ce point.

(4) Larombière, sous l'art 1210, n° 4; — Cons. *Pandectes françaises,* v° *Obligations,* n°* 3137 à 3146.

dans le titre, bien que ce créancier ne puisse lui remettre le titre. Mais prudemment, il devra, selon nous, exiger que dans la quittance, le créancier reconnaisse n'avoir pu remettre le titre pour tel motif (perte, vol, destruction.....) et qu'il s'engage, si ce titre revenait entre ses mains, à en faire livraison au débiteur.

Une telle quittance mettrait certainement le débiteur à l'abri de toute réclamation ultérieure du créancier, car s'il est vrai que conformément à l'art. 1282, C. civ., la remise du titre vaut quittance (1) c'est-à-dire fait présumer la libération, dans les rapports du débiteur et du créancier, il est non moins vrai de dire que la quittance vaut la remise du titre, et même vaut beaucoup mieux.

D'autre part le débiteur pourrait incontestablement opposer le paiement constaté par cette quittance aux tiers (second cessionnaire, créancier gagiste, créanciers chirographaires du cédant) qui ne se sont pas conformés aux lois (art. 1690, 2075, C. civ. 587, C. pr.) pour conserver leurs droits.

Donc, nous le répétons, le débiteur d'une créance à personne dénommée peut payer, quoique le titre ne lui soit pas remis, si d'ailleurs aucune circonstance particulière ne peut faire suspecter sa bonne foi (2). Cependant il est fondé, nous l'avons

---

(1) Larombière, sous l'art. 1282, n°° 4 et 11.

(2) « En matière civile (c'est-à-dire lorsque le titre est à personne dénommée) « le créancier qui veut obtenir une condamnation doit représenter le titre en « vertu duquel il dirige des poursuites. Il ne saurait suppléer à son exhibition « par la justification de ses livres et par le fournissement d'une caution » (Nouguier, t. I, n° 954). « Cela n'est pas exact », répondent avec raison Lyon-Caen et Renault en citant l'art. 1348-4° C. civ. (Traité, t. IV, n° 320, note 1).

Remarquons que le titulaire d'un effet à ordre qui a perdu son titre, ne saurait invoquer l'art. 1348-4° C. civ. ni pour se faire délivrer un duplicata de son titre

dit, à exiger la remise du titre. Pourquoi? parce qu'il peut perdre la quittance, ce qui permettrait au créancier de réclamer
le paiement une seconde fois. Mais, pour prévenir ce danger,
il suffirait au débiteur d'exiger que la quittance fût passée
devant un notaire qui en garderait minute et qui, en cas de
perte d'une première expédition, pourrait en délivrer une seconde, troisième..... Les frais seraient, bien entendu, à la
charge du créancier qui aurait rendu nécessaire une quittance en la forme authentique. Cette quittance sauvegar-
derait tout aussi bien les intérêts du débiteur que pourrait
le faire un jugement enjoignant au débiteur de payer contre
la remise de la grosse du jugement et déclarant que cette
grosse tiendra lieu au débiteur du titre non représenté par le
créancier. (1)

Telles sont les conséquences de la perte d'un titre de créance
à personne dénommée.

40. — La perte d'un titre *à ordre* a des conséquences beaucoup plus graves. Le titre change de propriétaire à l'insu du
débiteur, puisque le cessionnaire n'est pas tenu d'avertir ce
dernier de la mutation accomplie : que lui servirait-il de lui

---

(V. Duvergier, *Coll. des lois.* 1872, p. 269, en note), ni pour obtenir son paiement,
car le débiteur reconnaît sa dette — hypothèse inverse de celle que vise
l'art. 1348-4°—; il conteste seulement la qualité de créancier au réclamant qui
ne peut pas représenter le titre.

(1) Cass., 12 juin 1876 (Sirey, 1876, 1.377 et la note). Cet arrêt décide que si, en
général, le débiteur condamné par jugement peut, en payant, demander la remise de la grosse du jugement avec une quittance, il n'a pas également le droit
d'exiger la remise des actes sous seings privés, ayant motivé le jugement et les
pièces de procédure (billet, protêt, citation...) Cette décision nous paraît très
juste quand le titre non représenté est un titre de créance à personne dénommée; mais elle nous paraît peu juridique lorsque, comme dans l'espèce de
cet arrêt, le titre non représenté est un titre *à ordre.* V. d'ailleurs les critiques
formulées dans la note placée sous cet arrêt dans le *Recueil de Sirey.*

faire connaître que la créance lui appartient? Ce débiteur ne
s'est-il pas par avance engagé, par l'effet de la clause *à ordre*,
à payer au *porteur*, quelqu'il soit. Dans ces conditions, le débiteur ne peut savoir quel est le titulaire de la créance que quand
il a sous les yeux le titre et qu'il peut ainsi reconnaître au
profit de qui a été fait le dernier endossement. C'est pour cela
que le débiteur qui paye doit se faire remettre le titre s'il ne
veut pas s'exposer à payer une seconde fois entre les mains
du tiers porteur. « *En fait*, dit M. Beudant (1) dans les effets
« négociables le droit se confond avec l'écrit qui le constate;
« c'est pour cela que la quittance sans la remise du titre serait
« innefficace. »

Nous devons donc considérer comme découlant de la forme
à ordre du titre, et en conséquence comme applicable à *tous*
les titres à ordre quels qu'ils soient et non-seulement à la
lettre de change, la disposition de l'art. 148, C. com., aux termes
duquel « celui qui paie une lettre de change sans retirer le
« titre n'opère point sa libération à l'égard du tiers porteur ».

Ainsi, quand le titre n'est pas représenté, le débiteur ne
peut pas payer.

La loi a organisé un sytème pour remédier à l'inconvénient
de cette situation.

---

(1) Note sous Cass., 8 mai 1878, D. 78.1.241. Remarquons que M. Beudant dit :
« *en fait*..... ». Car *en droit*, il n'est pas exact de dire que le droit ne fait qu'un
avec le titre qui le représente, qu'il s'identifie avec lui. Si le droit se confon-
dait réellement avec le titre il en résulterait que le débiteur pourrait et devrait payer au porteur, sans avoir le droit d'exiger avant de payer, aucune
justification de sa propriété, ainsi que cela a lieu quand le titre est au porteur
(Daniel de Folleville, *op. cit.* n° 143). Or cette solution n'est pas admissible, en
matière de titre à ordre (V. Bravard, t. III, p. 159). D'autre part si le droit était
matérialisé avec le titre, il faudrait dire que la perte du titre entraîne la perte
du droit, solution qui a été soutenue, mais qui ne nous paraît pas juste, ainsi
que nous le dirons plus loin.

Au créancier qui a perdu (1) son titre elle donne le moyen de s'en faire délivrer un nouveau ou de s'en faire payer le montant, après l'échéance, en accomplissant les formalités prescrites par les art. 149 et suiv. C. comm.

40 *bis.*—Il a été maintes fois décidé que les dispositions de ces articles étaient spéciales aux lettres de change et aux billets à ordre, et qu'elles ne pouvaient pas être appliquées aux autres titres à ordre, notamment aux polices d'assurances sur la vie. Il est certain que ces dispositions ne découlent pas nécessairement de la forme à ordre, car on peut concevoir mille autres manières différentes de remédier aux conséquences de la perte du titre à ordre. On ne pourrait donc étendre les art. 149 et suiv. C. comm., aux polices d'assurance sur la vie qu'en assimilant ces polices aux lettres de change et aux billets à ordre, pour lesquels ces articles ont été expressément édictés (2).

---

(1) Suivant Bravard (t., III p. 359, note 1) le principe est que l'obligation résultant de la lettre de change est anéantie avec le titre. De même, dit-il, que le possesseur du billet de banque perd son droit sur la banque quand le papier est brûlé, de même l'obligation par lettre de change ne peut pas subsister sans le titre. Nous croyons qu'ici Bravard a subi plus qu'il ne convenait l'influence des idées allemandes : « Une lettre de change perdue est un droit perdu, dit « Einert. » (*op. cit.*, p. 89). C'est aussi l'opinion de Brauer (p. 21 de son *Commentaire sur la loi allemande de 1848*). Dans ce système il faudrait distinguer, au point de vue qui nous occupe, la destruction, l'anéantissement du titre qui aurait pour conséquence la perte du droit, et le vol, le détournement, du titre (auxquels il faudrait assimiler le cas où le titre serait égaré) qui laisserait intact le droit du créancier. Mais nous croyons que la perte du titre n'entraîne pas la perte du droit parce que le *débiteur ne doit pas au titre*. C'est du moins l'opinion qui a fini par prévaloir pour les titres au porteur, et même pour les billets de Banque (V. Daniel de Folleville, *De la possession des meubles*, n°° 272, 273 et 371). En matière d'*assurances sur la vie*, les compagnies avaient autrefois essayé de soutenir que leur obligation était anéantie avec la police (V. les motifs d'un jug. Trib. com. Seine du 2 décembre 1850, réformé par arrêt de la C. de Paris du 13 déc. 1851, Bonneville de Marsangy, II, p. 128). Mais elles n'ont pas tardé à abandonner ce système qui consacrait une iniquité.

(2) « Considérant qu'en matière de prescription et de déchéance, tout est de

Or nous savons que cette assimilation n'est pas possible, bien qu'en somme les formalités prescrites par ces articles soient compatibles avec *tous* les titres à ordre auxquels elles pourraient, en fait, être appliquées, *mutatis mutandis*.

Nous reviendrons plus loin sur cette question, en examinant, dans un chapitre spécial, le cas de perte de la police d'assurance sur la vie transmisible par endossement.

41. — Une loi du 6 thermidor an III (23 juillet 1795), partiellement abrogée par l'ordonnance royale du 3 juillet 1816 *sur les attributions de la caisse des dépôts et consignations*, prévoit le cas où le porteur « du billet à ordre, de la lettre de change, du billet au porteur ou « *autre effet négociable* » ne se présente pas à l'échéance, pour en toucher le montant; le débiteur de l'effet sera-t-il dans l'impossibilité de se libérer? D'après le droit commun, si c'est un droit pour le créancier d'exiger le paiement à l'échéance, c'en est un aussi pour le débiteur de forcer le créancier à le recevoir; et, comme nul ne peut être contraint à l'exécution d'un fait, si le créancier s'obstinait à refuser le paiement qui lui est offert, le débiteur pourrait, en recourant à la procédure des offres et de la consignation (1), opérer sa libération.

« Mais, fait remarquer Bravard (1), ce moyen est évidem-
« ment impraticable quand il s'agit *d'effets à ordre, de titres*
« *cessibles par endossement :* car, alors, la propriété du titre
c'est, en quelque sorte, comme le titre lui-même, ambula-

« droit étroit ; qu'on ne peut procéder par voie d'extension et d'analogie ». (C. Paris, 13 déc. 1851, B. de M., II, p. 128.)

(1) Art. 1257 et suiv. C. civ., 812 et suiv. C. Pr.

(2) T. III, p. 367.

« toire, puisqu'elle passe, comme le titre lui-même, de l'un à
« l'autre instantanément (et, ajouterons-nous, clandestine-
« ment), par la seule formalité de l'endossement. Celui sur la
« tête duquel repose la propriété est une personne incertaine,
« inconnue, et qui reste telle jusqu'au moment où elle se pré-
« sente pour réclamer le paiement. Il est donc manifestement
« impossible de lui faire des offres. La procédure des offres et
« de la consignation est donc ici forcément inapplicable.

« Cependant, pouvait-on refuser au débiteur d'une lettre
« de change ou d'un billet à ordre la faculté, qui appartient
« aux débiteurs ordinaires, de se libérer lors même que le
« créancier ne voudrait pas recevoir le paiement ou ne se
« présenter ait pas? Non : car cette faculté leur était d'autant
« plus nécessaire qu'ils sont tenus plus rigoureusement. Il fal-
« lait donc ici substituer à la procédure usitée en droit commun,
« à la procédure des offres et de la consignation, forcément
« inapplicable aux titres à ordre, un mode approprié à la na-
« ture de ces sortes de titres. C'est aussi ce qu'a fait la loi du
« 6 thermidor an III... »

Aux termes de cette loi (art. 1ᵉʳ), si le porteur ne se présente
pas dans les trois jours qui suivent celui de l'échéance, le débiteur *peut* déposer la somme aux mains du receveur de l'en-
registremet (le préposé de la caisse des dépôts et consignations, depuis l'ordonnance du 3 juillet 1816) dans
l'arrondissement duquel l'effet est payable.

Cette loi est-elle applicable à *tous* les titres à ordre, et notamment aux polices d'assurances sur la vie? Nous ne croyons
pas que cette question ait jamais été ni portée devant aucun
tribunal, ni examinée par aucun auteur. Pour notre part
nous serions très disposé à appliquer cette loi à tous les titres
à ordres. En effet d'une part les considérations qui lui servent de base n'ont rien de spécial à tel titre à ordre plutôt qu'à

tel autre ; elles conviennent à *tous* les titres à ordre, étant
tirées de la nature même de ces sortes de titres. D'autre part,
l'art. 1er de la loi de thermidor, an III, à la différence des
art. 149 et suiv. C. co., qui sont limitatifs puisqu'ils ne visent expressément que la lettre de change, est très compré-
hensif : il embrasse le billet à ordre, la lettre de change, le
billet au porteur et *tout autre effet négociable.* Donc, soit
qu'on examine le texte de cette loi, soit qu'on examine son
esprit, on n'aperçoit aucun motif de ne pas l'étendre à tous les
effets à ordre, notamment aux polices d'assurance sur la vie
établies à ordre. Dira-t-on que cette loi se réfère aux titres à
échéance certaine et fixe, et que par conséquent il faut en
exclure l'application en matière d'assurance sur la vie, les
polices d'assurance sur la vie étant le plus souvent conditionnelles ou à terme incertain? Nous répondrons que si on veut
tenir compte de la modalité sous laquelle sont contractées la
plupart des polices d'assurance sur la vie, ce n'est pas seulement l'application de la loi de thermidor qui pourrait souffrir
quelque difficulté, mais l'extension même à ces polices du
régime de *l'ordre*, ainsi que nous le dirons plus loin.

Cette solution admise, ne doit-on pas aller plus loin, et
décider que les Compagnies d'assurances sur la vie peuvent se
libérer selon le mode établi par la loi de thermidor, lorsque
la police est perdue, comme elles le peuvent, d'après ce que
nous venons de dire, lorsque le porteur ne se présente pas?
En matière de lettre de change ou de billet à ordre la question
ne pourrait pas se poser, car le législateur a édicté dans les
art. 149 et s. C. com., des dispositions dont le bénéfice ne
pourrait être enlevé au porteur par le débiteur qui recourrait
au mode de libération tracé par la loi de thermidor. Mais, du
moment qu'on décide, comme on le fait unanimement, que
les art. 149 et suiv. C. comm., sont inapplicables en cas de perte
de la police d'assurance, on comprendrait, il nous semble,
que la compagnie pût consigner, conformément à la loi de
thermidor, quand la police est perdue. En effet, que le porteur

ne se présente pas — c'est le cas prévu par la loi de thermidor — ou que le soi-disant bénéficiaire de la police d'assurance se présente sans être porteur de la police qui a été égarée, détruite, ou volée, est-ce que, au point de vue qui nous occupe, la situation n'est pas la même dans les deux cas?

Nous ne faisons que poser ces questions qui n'ont jamais été, croyons-nous, examinées et sur lesquelles nous reviendrons plus loin en nous occupant du cas de perte de la police endossable.

42. — 5° L'endossement doit contenir les mentions prescrites par l'art. 137 C. com., ou est présumé ne valoir que comme procuration. (V. suprà n.24)

Parmi ces mentions il en est une qui doit ici fixer spécialement notre attention. Nous voulons parler de l'indication de la *valeur fournie*. La règle d'après laquelle l'endossement doit, comme la lettre de change elle-même, énoncer la *valeur fournie*, pour être valable, n'est pas, à la différence des autres règles que nous venons de passer en revue, une conséquence de la clause à ordre. Théoriquement, elle est la conséquence du contrat de change : « s'il n'y avait une mention de la valeur « reçue, il n'y aurait pas de lettre de change parce qu'il n'y « aurait pas présomption de la cause de l'engagement »(1). « Il résulte du contrat de change, dit Garsonnet (2), par lequel « le tireur s'oblige envers le preneur à lui procurer une somme « d'argent, dans un autre lieu cette conséquence que le pre-« neur doit en fournir la valeur qui est la cause de la cession

---

(1) Persil, *Traité de la lettre de change*, p. 33.
(2) *Op. cit.*, p. 10.

« qui lui est faite, et la lettre de change doit faire mention que
« la valeur a été réellement fournie » (1).

Il semble donc que la nécessité de mentionner la valeur
fournie ne s'impose pas à peine de nullité dans l'endossement
des titres autres que la lettre de change. Il n'en est rien cependant. L'art. 137 édicte une règle de forme qui est générale
et applicable à *tous* les titres à ordre (2) : « Attendu, lit-on
« dans un jugement du Tribunal de commerce de la Seine du
« 23 octobre 1875 (3), qu'on ne saurait admettre plusieurs
« formes d'endossement ; — que la forme déterminée par
« l'art. 137, C. Civ., est la seule régulière et légale ; — que la
« police, en stipulant que la transmission pourrait se faire par
« endossement régulier, n'a pu se référer qu'à celui voulu par
« la loi ; — attendu que de l'examen de l'endossement de
« Malézieux à Menant il ressort que la valeur fournie n'y
« est point exprimée ; — attendu que le défaut d'énoncia-
« tion de la valeur fournie a nécessairement pour effet de
« rendre l'endossement de Malézieux incomplet et irrégulier, etc... »

Aux termes de l'art. 138, C. com. l'endossement qui ne con-

---

(1) La nécessité de mentionner dans la lettre de change ou dans l'endossement la valeur fournie n'est même pas la conséquence nécessaire du contrat
de change, car si la loi veut une cause licite dans toutes les obligations, elle
n'oblige pas de l'exprimer (art. 1131, C. Civ.). La vérité est que la disposition
des art. 110 et 137 qui imposent d'exprimer la valeur fournie ne peut
s'expliquer raisonnablement. De plus c'est une disposition détestable, éludée
tous les jours et qui n'est plus qu'une comédie légale et un mensonge autorisé.
Tous les auteurs, sauf Nouguier, la critiquent et demandent son abrogation.
V. Frémery, *Études de droit commercial*, p. 124 et 125 ; Bravard t. III, p. 55,
note de Demaugeat ; Garsonnet *op. cit.*, p. 43-44, 67-70 ; Vidari, *op. cit.*, nᵒˢ 109
et 110 ; Lyon-Caen et Renault, *Traité*, t. IV, nᵒˢ 82 et 121.

(2) V. Cass. 18 mars 1843, cité par Laurin, t. III, note 131.

(3) B. de M. II, 532.

tient pas les mentions prescrites par l'art. 137 n'opère pas le transfert et ne vaut que comme procuration. Les conséquences de ce que la créance appartient toujours à l'endosseur qui n'a donné qu'un mandat de la toucher pour lui, se produiront au point de vue du droit de révocation (art. 2003, C. Civ.), du droit pour le débiteur d'opposer au porteur les exceptions qui viennent *ex personâ indossantis*, enfin au point de vue du droit des créanciers de l'endosseur tombé en faillite.

L'endossement en blanc est celui qui ne contient aucune des mentions de l'art. 137, sauf la signature de l'endosseur. Mais le porteur peut remplir à son profit cet endossement et le rendre ainsi régulier.

Différences entre l'endossement et la cession.

43. — Nous nous sommes posé plus haut (n°26) cette question : l'endossement est-il une cession ?

Maintenant que nous connaissons la nature et les effets de l'endossement nous sommes en mesure de répondre à cette question. Non, dirons-nous, l'endossement n'est pas une cession ; c'est plutôt, suivant certains auteurs, un cautionnement ; du moins l'endossement est plus qu'une cession, car il produit des effets très particuliers que la théorie de la cession est impuissante à expliquer.

Voici d'ailleurs, en résumé, les différences qui existent entre l'endossement et la cession ;

1° Tandis que la cession ne produit d'effets à l'égard du tiers que par une notification ou une acceptation, l'endossement produit les siens directement et sans signification.

2° On peut toujours opposer à un cessionnaire les exceptions du chef de son cédant; on ne peut au contraire opposer au porteur aucune exception tirée du chef des endosseurs qui l'ont précédé.

Ainsi le débiteur d'un effet à ordre ne peut se prévaloir contre le porteur d'une extinction de la dette résultant d'un paiement effectué entre les mains de celui-ci ou du créancier primitif, ou d'une compensation opérée entre lui débiteur et un endosseur; il ne peut pas non plus alléguer que son engagement a été déterminé par le dol, ou vicié par une cause illicite dissimulée, ou subordonné à une condition qui ne s'est pas réalisée (Cass., 3 févr. 1847, D. 47, 1. 68. — Montpellier, 7 mai 1869. — Cass., 2 août 1871, D. 72, 1. 15), etc... (1).

3° Enfin tandis que le cédant garantit l'existence de la dette, mais non son paiement, ou sa réalisation, le tireur et les endosseurs garantissent au contraire le paiement de la dette ou sa réalisation, mais non son existence.

44. — D'autre part, il ressort des observations qui précèdent que la clause à ordre convient parfaitement aux titres appelés à circuler et, par suite, à jouer le rôle de papier-monnaie; car tous les effets de cette clause concourent à faciliter la rapide négociation du titre. Rappelons en effet que :

1° La clause à ordre a pour résultat d'affranchir la négociation du titre des formalités qu'on appelle l'ensaisinement du cessionnaire (art. 1690 et 1691, C. civ.) : une simple mention au dos du titre suffit pour transférer la propriété *erga omnes*;

2° La mutation d'une créance à ordre s'opère sans frais

---

(1) V. énumération plus complète dans *Nouguier*, t. I, n° 720.

puisqu'elle ne nécessite aucune consommation de timbre et qu'elle ne donne lieu à la perception d'aucun droit d'enregistrement;

3° On admet, en matière d'ordre, une dérogation capitale aux principes de la cession de créance, consistant en ce que le débiteur cédé ne peut opposer au porteur les exceptions *ex personâ indossantis;*

4° Enfin la clause à ordre entraîne encore cette autre conséquence, très favorable à la rapide circulation du titre, que l'endosseur garantit le paiement non pas comme un cédant qui promet la garantie seulement dans une certaine mesure et envers son cessionnaire, mais absolument, d'une manière complète et envers tout porteur légitime.

L'ENDOSSEMENT N'EST PAS LE MODE DE TRANSFERT QUI CONVIENT POUR LES POLICES D'ASSURANCE SUR LA VIE.

45. — Nous croyons avoir établi au chapitre précédent :

1° Que l'endossement d'un titre à ordre n'a aucun rapport avec la cession de créance, ou, du moins, que l'endossement ne ressemble à la cession de créance qu'en ce que, comme elle, il est translatif de propriété, mais qu'à tous autres égards il en diffère complètement, et qu'il produit des effets spéciaux, tout à fait en dehors de la théorie de la cession.

2° Que la clause à ordre, qui rend le titre transmissible par un simple endossement, semble exclusivement faite pour les titres dits *de circulation,* auxquels elle convient à merveille, puisque tous ses effets concourent à faciliter la rapide circulation du titre.

Ceci rappelé, demandons-nous :

1° Si c'est bien l'endossement véritable, c'est-à-dire cette opération si différente do la cession, que les parties (l'assureur et l'assuré) ont en vue, lorsqu'elles conviennent que la police d'assurance sur la vie sera transmissible par endossement ;

2° Si la police d'assurance sur la vie doit être rangée dans la catégorie des effets de circulation auxquels s'adapte si bien la clause à ordre.

Nous espérons pouvoir démontrer :

16. — 1° Sur le premier point : que les parties, qui créent une police à ordre, n'entendent pas que l'endossement de cette police produira tous les effets spéciaux qui découlent de la clause à ordre et que nous avons décrits au chapitre précédent ; notamment, il n'entre pas dans l'intention des parties que le cessionnaire sera à l'abri de toutes les exceptions qui ne lui sont pas personnelles, — que le cédant sera garant non seulement de l'existence du droit, mais du paiement effectif à l'échéance, — que dans la mention d'endossement, la valeur fournie devra, nécessairement et dans tous les cas, être énoncée. Nous verrons en effet, que les parties, qui créent ou qui endossent une police à ordre, ne portent leur pensée vers aucun de ces résultats. Ce qu'elles veulent, c'est affranchir l'assuré et les porteurs successifs de la police, de la formalité de la signification prescrite par l'art. 1690 C. civ., et leur éviter les frais qu'entraîne cette formalité ; c'est aussi, quelquefois, réserver à l'assuré et aux porteurs successifs le moyen d'effectuer clandestinement le transfert de la police sans divulguer le secret de leurs opérations. Les parties, en insérant dans la police la clause à ordre, n'ont-elles pas voulu aussi faire échec aux droits des créanciers et rendre toute saisie-arrêt impraticable et inutile ? Pendant longtemps on ne parut pas songer à utiliser à cette fin la forme à ordre de la police. Mais un jour on s'est avisé qu'en donnant à la police la forme d'un titre à ordre, on arrivait, par un moyen détourné, à rendre cette police in-

saisissable. Nous verrons ce qu'il faut penser et de l'insaisissabilité de l'assurance sur la vie et du moyen qui consiste
pour obtenir ce résultat à insérer dans la police la clause à
ordre.

Dans l'intention des parties, le transfert réalisé par voie
d'endossement ne devra donc pas être un véritable endossement
entraînant toutes les conséquences que nous connaissons; ce
sera, suivant les cas, soit une simple cession ordinaire, soit
quelqu'opération analogue, telle qu'une dation en paiement,
soit une simple attribution du bénéfice de l'assurance qui n'est
autre chose qu'une stipulation pour autrui (1);

47. —2° Sur le second point, nous espérons pouvoir établir :

Que la police d'assurance sur la vie n'est pas un effet de
circulation. Nous verrons en effet que la police d'assurance
sur la vie n'est jamais l'objet de négociations bien nombreuses
et qu'elle ne saurait, à ce point de vue, être comparée aux
effets circulatoires qui passent de main en main comme du
papier-monnaie, ou plutôt même comme une sorte de monnaie
de papier (à).

48. — Si on veut bien nous faire crédit pour un instant, en
tenant par avance pour démontrées les deux propositions qui
précèdent, on pourra s'expliquer immédiatement les divergences que présentent soit les auteurs, soit la jurisprudence,
sur les effets de l'endossement appliqué aux polices d'assurance
sur la vie. En effet, nous venons de dire et nous établirons
plus loin, que le moyen employé par les parties n'est pas approprié au but cherché, qu'alors que les parties veulent faire
une simple cession, ou quelque opération analogue, elles font,

----

(1) V. notamment, Trib. civ. Montpellier, 11 fév. 1831 (B. de M. 3. 265).

(2) V., sur le papier-monnaie et sur la monnaie de papier, Courcelle-Seneuil,
Traité des opérations de Banque (3ᵉ édit.), p. 398 et suiv.

parce qu'elles choisissent, pour cela, le moyen de l'endossement, une opération qui ne ressemble à une cession qu'en ce
qu'elle est, comme une cession, translative de propriété, mais
qui diffère, à tous autres égards, d'une cession proprement
dite. Et alors qu'arrive-t-il? Quand il s'agit de déterminer les
effets de cet endossement employé mal à propos, on est placé
dans cette alternative : ou méconnaître l'intention des parties
pour laisser l'endossement produire ses conséquences logiques
et nécessaires, « conséquences qu'il faut bien admettre, dit
M. Beudant (1), dès qu'on souscrit au principe qui les entraîne,
car toute décision contraire serait entâchée d'un défaut de logique, » — ou se conformer à l'intention des parties, en ne re-
tenant qu'un seul effet de l'endossement, l'effet translatif de
propriété, et en rejetant tous ses autres effets, contrairement
à la logique.

La jurisprudence et la doctrine oscillent entre ces deux solutions.

Des auteurs, comme Vibert (2), décident que « la stipulation qui autorise la cession d'une police d'assurance par voie
d'endossement doit donner à l'endossement régulier toute la
force d'un endossement ordinaire... ». « Cette opinion, ajoute
Vibert, nous amène forcément à décider que les art. 149, 152,
162 et suiv., 189 du Code de commerce (3), sont applicables

---

(1) Note, dans Dalloz, sous Cass., 8 mai 1858. D. 18. 1.211.

(2) *Junge* Tissier (*Thèse* 1870) qui s'exprime ainsi (p. 50) : « Il est logique
« de donner à l'endossement (des polices d'assurance sur la vie), tous les
« effets de l'endossement appliqué à la lettre de change, au billet à ordre,
« effets relatifs aux parties, effets relatifs aux tiers, effets relatifs à la con-
« duite à tenir en cas de perte de la police. »

(3) On voit que Vibert assimile à la lettre de change la police d'assurance
à ordre, puisqu'il applique à celle-ci les art. 152 et 189 C. com., qui sont
des dispositions spéciales à la lettre de change, et qui ne découlent pas
nécessairement de la clause à ordre insérée dans le titre. Cette confusion
entre d'une part, les effets inhérents à la clause à ordre, qui sont par consé-

a la cession de la police d'assurances par endossement; ainsi
aucune opposition ne peut être faite au paiement de la police
endossée, et le porteur à un recours solidaire contre tous les
endosseurs ».

D'autres auteurs, comme Herbault, enseignent l'opinion diamétralement opposée ; d'après ces auteurs, l'endossement
d'une police d'assurance sur la vie ne produit d'autre effet que
de faire passer du patrimoine de l'endosseur dans celui de
l'acquéreur la créance résultant de la police, exactement
comme ferait une cession ordinaire. Nous savons déjà
(V. *suprà* n° 33) qu'Herbault n'a pas vu que l'endossement
a des conséquences logiques, nécessaires et inévitables, conséquences qu'on est obligé d'admettre avec *tous* les titres à
ordre ; nous savons aussi que cet auteur n'a pas distingué les
effets spéciaux de la clause à ordre, qui se produisent avec
tous les titres endossés, et les effets particuliers de la lettre de
change et du billet à ordre. Nous ne reviendrons pas sur ce
point (1).

----

quent de l'essence de *tous* les titres à ordre, et d'autre part les dispositions
spéciales à la lettre de change, n'a pas peu contribué, selon nous, à compliquer la difficulté que présente la détermination des effets de l'endossement
appliqué aux polices d'assurance sur la vie. — V. ce que nous avons dit plus
haut, sur ce point, n° 33.

(1) Voici d'ailleurs, intégralement, le passage d'Herbault auquel nous faisons allusion et dont nous avons donné déjà des extraits (n° 33) :

« 216. — Quoique l'assuré ait, aux termes de la police, la faculté de trans
« mettre son contrat par un endossement conforme aux dispositions des
« art. 137 et 138 C. com., faut-il assimiler les polices d'assurance, ainsi endos
« sées, aux billets à ordre? Aucune opposition ne pourra-t-elle être faite au
« porteur de la police endossée, sauf en cas de perte, de la police ou de faillite
« du porteur (art. 119 C. com.)? En cas de perte le perdant aura-t-il le droit
« de réclamer le paiement immédiat, en fournissant caution (art. 132 C. com.)?
« La prescription de cinq ans est-elle applicable aux polices endossées
« (art. 189).

« Dès qu'on admet que les polices d'assurance peuvent être cédées par
« voie d'endossement, conformément aux art. 136, 137, 313, C. com., il paraît
« assez logique de donner à l'endossement ainsi effectué, tous les effets de

La jurisprudence offre la même variété de solutions. Nous verrons plus loin qu'elle décide, tantôt, que l'endossement d'une police sur la vie doit produire tous les effets que la loi attache à l'endossement d'une lettre de change, tantôt, qu'il ne doit produire aucun de ces effets, tantôt enfin, qu'il doit produire quelques-uns seulement de ces effets.

Or, nous le répétons, ces hésitations de la doctrine et de la jurisprudence, ces divergences d'opinions sont dues à ce que l'endossement entraîne des conséquences que les parties n'ont pas voulues, à ce que — en autres termes — il y a défaut de concordance entre le but poursuivi et le moyen employé.

« l'endossement appliqué à la lettre de change et au billet à ordre. Il faut
« décider que :

« 1° Aucune opposition ne pourra être faite au porteur de la police endos-
« sée, sauf en cas de perte ou de faillite du porteur;

« 2° Que le porteur aura un recours solidaire contre tous les endosseurs;

« 3° Qu'il sera déchu de tous ses droits contre eux faute de protêt ou de
« dénonciation;

« 4° Qu'en cas de perte il pourra réclamer le paiement immédiat, en four-
« nissant caution;

« 5° Que la prescription de cinq ans est applicable aux polices endossées.

« 217. — Cependant nous n'admettrions pas cette opinion. Il n'y a pas un
« rapport nécessaire, intime entre la faculté d'endossement et les effets que
« le Code a cru devoir y attacher. Ces effets s'expliquent par des motifs tout
« spéciaux qui ne se rencontrent plus ici. La sécurité commerciale exigeait
« que le paiement des lettres de change et des billets à ordre fut entouré
« des plus sérieuses garanties et que la responsabilité des signataires fut
« promptement dégagée. Nous n'avons plus ici les mêmes motifs. Le carac-
« tère exceptionnel des dispositions que nous venons d'indiquer, ne permet
« pas de les étendre par voie d'analogie. Avec la Cour de Paris, dans son
« arrêt du 13 décembre 1851, confirmant un jugement du Tribunal de com-
« merce de la Seine, notre conclusion est que l'endossement de la police,
« conformément aux règles du Code de commerce, ne peut pas avoir pour
« résultat d'assimiler entièrement la police d'assurance à la lettre de change,
« ou au billet à ordre, quant aux effets que la loi commerciale a cru devoir
« leur faire produire. »

49. — Pour notre part, nous tenons pour certain que l'endossement d'une police d'assurance doit produire tous les effets inhérents à la clause à ordre, tous les effets qui sont de l'essence même de l'endossement, quelle que soit la nature du titre endossé. En effet, toute solution qui restreint les effets de l'endossement d'un titre à ordre, non seulement est illogique, mais, de plus, dangereuse. Quand, en effet, on offre à une personne de lui transmettre une police à ordre, par un endossement « conforme, disent les conditions générales de cette police, aux art. 137 et 138 C. com. », il ne peut pas venir à l'idée de cette personne que l'endossement ne produira pas au moins tous les effets qui découlent logiquement de la clause à ordre. Si donc cette personne accepte ce titre et qu'ensuite on vienne lui dire qu'il s'agissait d'un endossement qui ne produit qu'un seul des effets de l'endossement, cette personne pourra se dire trompée, et, à bon droit, se plaindre que la faculté d'endossement stipulée dans la police, a été pour elle un véritable piège.

50. — Revenons aux deux propositions que nous avons formulées plus haut et qu'il s'agit maintenant de justifier, savoir :

1° Quand les parties (l'assureur et l'assuré) conviennent que la police sera négociable par endossement, elles n'entendent pas que la transmission ainsi opérée produira tous les effets que la loi ou l'usage attachent à l'endossement des titres à ordre.

2° La police d'assurance sur la vie ne saurait être rangée dans la catégorie des effets de circulation pour lesquels seuls, se comprennent bien la clause à ordre et l'endossement.

Reprenons :

I

*Les parties qui stipulent que la police est endossable, n'en-
tendent pas que l'endossement de cette police produise tous les
effets que produit nécessairement l'endossement de tout titre à
ordre quel qu'il soit.*

51. — Nous allons passer en revue les effets que produit nécessairement tout endossement; effets que nous avons déjà
décrits plus haut (V. n°s 33 à 43), et rechercher pour chacun
d'eux distinctement, s'il répond au but qu'ont voulu atteindre
les parties, soit lorsqu'elles ont stipulé que la police serait
transmissible par endossement, soit lorsqu'elles ont endossé
cette police.

52. — Mais, auparavant nous devons nous demander si les
cinq effets, décrits plus haut, sont bien les seuls que produira
l'endossement d'une police d'assurance sur la vie établie à
ordre. Cette question n'est qu'une des faces de la question
générale, de savoir quels sont exactement les effets de l'endossement d'un titre auquel les parties appliquent le régime
de l'ordre, par extension des règles édictées au Code de commerce pour la lettre de change et le billet à ordre. Malheureusement, ici, tout est matière à discussion. Remarquons d'abord,
que quand il s'agit d'un titre (autre qu'une lettre de change),
dont la négociation par voie d'endossement est prescrite ou
autorisée par la loi elle-même, la question est, en général, facile
à résoudre, car le législateur a pris soin de poser des règles.
Ainsi, en matière du contrat à la grosse, l'art. 313 dispose
que la négociation de ce contrat a les mêmes effets et produit
les mêmes actions de garantie que celle des autres effets de
commerce. On a conclu de là, que les art. 118, 161, 162, 165,
168 C. Com. sont applicables (1). De même, la loi du 11 juin

____

(1) Laurin, t. II, n° 316 et suiv. — Dalloz, v° *Droit maritime*, n° 1279.

1858, celle du 11 juin 1865, modifiée par celle du 19 février 1871, ont tracé certaines règles relatives, notamment, aux droits et devoirs du porteur du warant, du récépissé et du chèque. Quant aux titres auxquels l'usage seulement a étendu le régime de l'endossement, deux points nous paraissent hors de doute. D'une part, il est incontestable que l'endossement de ce titre, quel qu'il soit, produira, au maximum, les cinq effets que nous avons énumérés au chapitre précédent, et qui sont, comme nous l'avons vu, les conséquences logiques et nécessaires de la clause à ordre (1). D'autre part, on ne doit pas hésiter à déclarer inapplicables les règles de la lettre de change qui font exception au droit commun (notamment celles concernant la prescription), et qui, d'ailleurs, ne découlent pas nécessairement de la clause à ordre. Mais, parmi les règles de la lettre de change qui sont conformes au droit commun, ne pourrait-on pas appliquer celles auxquelles les parties ont dû naturellement songer, lorsqu'elles ont créé le titre à ordre, parce que ces règles sont sinon de l'essence, du moins de la nature de tous les titres à ordre.

Voilà la question.

La même difficulté se présente quand une lettre de change ou un billet à ordre dégénèrent, par suite d'omission, ou (art. 112 C. Com.) par suite de supposition, en simples promesses : quels seront les effets de l'endossement de ce titre qui n'est plus une lettre de change ou un billet à ordre, et qui, par suite, ne peut être soumis aux règles spéciales qui régissent ces sortes d'effets? Il n'y a pas, dans la jurisprudence, une théorie générale bien établie, mais seulement des décisions d'espèces relatives à la prescription, aux exceptions du chef d'un endosseur. etc... (2). Cependant on est, en général,

---

(1) V. Beudant, note sous Cass. 8 mai 1878, D. 78 1. 211 ; Lyon-Caen et Renault, *Traité*, t. IV, n°° 156, 157 et 162; Huc. *Traité de la Cession de créance.*

(2) V. Lyon-Caen et Renault, *Traité*, t. IV, n° 163, 411, 176, 531.

d'accord pour décider que les cinq effets que nous avons décrits au chapitre précédent, se produiront, parce que ces effets
se rattachent directement à la clause à ordre et sont, par conséquent, communs à tous les titres à ordre (1). D'autres part,
on exclut l'application des règles qu'on considère comme
spéciales à la lettre de change ou au billet à ordre : ce sont
les règles relatives à la compétence, à la prescription, au protêt, et, en général, aux droits et devoirs du porteur, obligation
pour le tireur et l'endosseur de garantir l'acceptation du tiré,
droit exclusif du porteur sur la provision (2). Pour les autres
règles, on décide qu'on les appliquera, ou non, selon la nature
du titre.

Si nous transportons ces solutions dans la matière de l'endossement des polices d'assurance sur la vie établies à ordre,
nous voyons bien que l'endossement de ces polices devra produire les cinq effets énumérés au chapitre précédent, puisque
ces effets sont communs à *tous* les titres à ordre : mais faut-
il décider qu'aucune autre règle concernant l'endossement de
la lettre de change ne doit, d'après l'intention présumée des
parties et les conditions d'existence du contrat d'assurance sur
la vie, être appliquée à l'endossement d'une police ? Question délicate. En effet, d'une part, la nature du contrat résiste à l'application des règles relatives à la provision, à l'acceptation du tiré

---

(1) Lyon-Cœn et Renault, *Traité*, t. IV, n° 162. — Voir, cependant, Garsonnet
op. cit., § 4 *in fine.*

(2) *Id. ibid.*, n°ˢ 161, 162 et 531. — Nous avons vu (n° 37) que l'endossement
de *tout* titre à ordre, quel que soit ce titre, produit nécessairement cet effet,
que le cédant-endosseur garantit de plein droit, non seulement l'existence
de la créance, mais son paiement effectif à l'échéance. Cette garantie accordée au porteur, ne devrait-elle pas avoir pour contre-partie le devoir pour
ce dernier d'exiger le paiement à l'échéance (art. 161 C. com.), et, en cas de
refus, de protester et d'assigner dans les délais des art. 162 et 165, sous
peine de déchéance (art. 168) ? L'affirmative nous semblerait assez logique.
(V. Laurin, t. II, n° 316 à 322, Bravard, t. III, p. 29). Aussi conseillons-nous
au porteur de protester, en cas de refus de paiement par la Compagnie, s'il
veut conserver son recours. V. *infrà*, n° 97.

(qui est ici la Compagnie), à la saisie-conservatoire, à la retraite,
au paiement par intervention. Quant aux règles relatives au protêt, aux droits et devoirs du porteur, dont la raison pourrait,
comme nous le dirons plus loin, admettre quelques-unes, on
décide, comme nous venons de le dire, qu'on les exclut, parce
que ces règles sont considérées comme spéciales à la lettre de
change Cependant nous verrons qu'il sera plus prudent de s'y
conformer. Nous appliquerons aussi quelques règles relatives
au paiement de la lettre de change.

La jurisprudence a plusieurs fois décidé, qu'on ne pouvait
pas appliquer à l'endossement des polices d'assurances sur la
vie, toutes les règles relatives à l'endossement des lettres de
change. Toutefois elle n'a fait, à notre connaissance, quelque
précision sur ce point, que dans les décisions suivantes :

Le Tribunal de commerce de la Seine, par son jugement du
2 décembre 1850, confirmé sur les points dont il s'agit par un
arrêt de la Cour de Paris du 13 décembre 1851 (1), a décidé que :

« On ne saurait admettre : 1° qu'aucune opposition puisse
être faite au paiement de la police endossée, conformément à
l'art. 149 C. com. (nous verrons que le contraire a été décidé
plus tard par le même tribunal); 2° que le porteur, en cas de
transmissions successives, ait un recours solidaire contre tous
les endosseurs; 3° qu'il soit déchu de tous droits contre eux,
faute de protêt ou de dénonciation (art. 162 à 165 C. com.);
4° qu'en cas de perte, il ait le droit de réclamer, aux termes
de l'art. 152 C. com., le paiement immédiat, en fournissant
caution; 5° que la prescription de cinq ans soit applicable
aux polices d'assurance endossées (art. 189 C. com.) ».

Dans un arrêt de la Cour de Riom du 23 janvier 1839, on
lit :

____

(1) Bonneville de Marsangy, II, 138.

« Considérant, d'ailleurs, qu'on ne saurait prétendre que
toutes les règles applicables à l'endossement des effets de
commerce, le soient également à la transmission des polices
d'assurance sur la vie, stipulées payables à ordre : qu'entre
autres exemples, cette dernière matière, résiste, notamment à
l'application des art. 149, 152 et 189 C. Com. (1). »

Cette observation faite sur l'étendue des conséquences de
l'endossement appliqué aux polices d'assurance sur la vie,
nous arrivons à l'exposé des considérations qui tendent, suivant nous, à démontrer que la plupart des effets de l'endossement sont contraires au but et à l'intention des parties qui
créent une police à ordre. Examinons donc, conformément au
programme que nous nous sommes tracé (v. *suprà*, n° 51), chacun de ces effets

53. — 1° **La cession sera opposable aux tiers, à la date de l'endossement, et indépendamment de toute signification ou acceptation.**
(V. *suprà*, n° 55.)

Ce premier effet de l'endossement est bien conforme à l'intention des parties, nous le reconnaissons. C'est même là,
sinon l'unique, du moins le principal résultat que les parties
ont voulu obtenir en créant la police à ordre. Aussi, n'est-ce
pas à cet effet de l'endossement que nous faisons allusion,
quand nous disons que ce mode de transfert ne répond
pas à l'intention des parties. Si l'endossement n'entraînait
pas d'autres conséquences, on ne concevrait même pas
qu'il pût venir à l'idée des parties d'employer le mode de
cession du droit commun, non seulement dans la police

---

(1) *Annales du droit commercial*, 1889, p. 160 et la note ; *Gaz. du Pal.*, 1889,
1. 361. — Cet arrêt a été cassé par arrêt de la Chambre civile du 6 mai 1891
(*Gaz. des Trib.* du 7 mai 1891 ; *Pand. franç., Rec. mens.*, 1891, 1. 427) ; mais la
décision de la Cour de cassation repose sur des motifs complètement différents de ceux sur lesquels s'était appuyée la Cour de Riom ; on peut donc dire
que l'arrêt de Riom n'a pas été cassé sur les points qui nous intéressent. Consulter la note de M. Dupuich placée sous cet arrêt (Dalloz, 1893, 1re partie, p. 177).

d'assurance sur la vie, mais dans tous les titres de créance quelconques, civils ou commerciaux. En effet, tandis que la cession d'une police d'assurance sur la vie, selon le mode du droit civil, entraîne des frais relativement considérables, le transfert, opéré par voie d'endossement, ne donne lieu à aucun frais.

Nous devons insister sur cet avantage qui mérite d'être connu exactement.

54. — Si la police est transférée par un endossement *conforme aux art.* 136 *et* 137 *du Code de commerce*, cet endossement doit être assimilé à celui des effets à ordre, et par suite n'est passible d'aucun droit particulier.

D'une part, il peut être écrit, sans contravention au *timbre*, à la suite de la police. (*Solution de la Direction générale de l'enregistrement*, du 1ᵉʳ avril 1878.)

D'autre part, l'art. 70, § 3, n° 15, de la loi du 22 frimaire an VII, exempte de la formalité de *l'enregistrement* l'endossement de tous les effets négociables, par conséquent, l'endossement des polices à ordre. (Comp. *solution* du 5 avril 1880, *Rép. pér.* de Garnier, n° 5966.) (1).

Ainsi, en cas d'endossement, pas de consommation de timbre, pas de droit d'enregistrement, et, bien entendu, pas de frais d'acte de cession, pas de frais de signification.

Au contraire, la cession du bénéfice de l'assurance, selon le mode du droit civil, s'opère par une signification, dont le coût est celui des actes ordinaires des huissiers.

---

(1) *Du contrat d'ass. sur la vie en dr. civ. et en dr. fiscal*, par Ch. Dumaine, n° 277 (2ᵉ édit.), Cf. *Rép. général alphabétique du droit français* de Fuzier-Hermann, v° *Ass.*, n° 1172, *Contrà*, Dictionnaire de l'Enregistrement, v° *Ass.* n°ˢ 147, 208, 218.

De plus, la cession que cette signification a pour objet de porter officiellement à la connaissance du débiteur cédé, qui est ici la compagnie d'assurances, est relatée dans un acte qui doit nécessairement être soumis à la formalité de l'enregistrement, non seulement quand il est passé en la forme authentique, mais aussi quand il est fait sous signature privée, puisqu'il est mentionné dans un acte d'huissier (art. 42 de la loi du 22 frimaire an VII).

Or, sur cet acte de cession, le fisc perçoit le droit de cession de créance, fixé à 1,25 0/0 (déc. compris), qui est dû sur le *capital qui fait l'objet de la cession* (L. 22 frimaire an VII, art. 14, n° 2). Ce capital est ici, non pas le capital assuré, mais seulement une valeur qui comprend à la fois la *valeur de rachat* et la *valeur de réduction* de la police, et qui est représentée par le prix stipulé dans l'acte de cession (1).

Ce n'est pas tout. Dans cet acte de cession, on sera souvent obligé de désigner de façon précise la police d'assurance cédée, de telle sorte que l'administration de l'enregistrement exigera que cette police soit enregistrée avec l'acte de cession. Or, ainsi que nous l'avons vu plus haut (n° 6), le contrat d'assurance sur la vie renferme une seule opération si l'assurance est faite au profit de l'assuré lui-même, de ses héritiers ou ayants cause, de personnes incertaines et indéterminées, — et *deux* opérations lorsqu'elle est faite au profit d'un tiers déterminé. Dans le premier cas, la police soumise à l'enregistrement est passible, d'après l'art. 69, § 2, de la loi du 22 frimaire an VII, modifié par l'art. 51, n° 2, de la loi du 28 avril 1816, du droit de 1,25 0/0, exigible « sur la valeur de la prime, » dit

---

(1) V. Dumaine, *op cit.*, n° 113. Nous supposons au texte qu'il s'agit d'une véritable cession de créance, faisant passer définitivement la créance du patrimoine du cédant dans celui du cessionnaire. S'il ne s'agissait que d'une cession à titre de garantie, c'est-à-dire d'un simple nantissement, il n'y aurait lieu qu'à la perception du droit fixe de 3 fr. 75 c. (déc. compris).

la loi (1). Dans le second cas, l'enregistrement de la police
donne lieu (2) au paiement du même droit, et, en outre, au
paiement d'un droit fixe de 7 fr. 50 c. (art. 68, § 3, n° 5, de la loi
du 22 frimaire VII, et 15, n° 4, de la loi du 28 avril 1816,
modifiés par l'art. 4, de la loi du 28 février 1872).

Si, dans l'acte de cession, la police cédée a été mentionnée
en termes vagues qui n'ont pas rendu obligatoire l'enregistrement de cette police, l'exploit de signification de la cession
nécessitera-t-il l'accomplissement de cette formalité fiscale?
Il ne paraît pas (3).

L'endossement présente donc sur la cession, accomplie selon
le mode du droit civil, le très grand avantage de permettre aux
parties de faire l'économie de tous les frais que nécessite la
cession, et nous venons de voir que ces frais sont très importants.

55. — L'endossement d'un titre que les parties soumettent
conventionnellement au régime de l'ordre, par extension des
règles relatives à l'endossement de la lettre de change, notamment, l'endossement d'une police d'assurance sur la vie créée
à ordre, est-il parfait par lui-même, et produit-il ses effets
erga omnes, sans qu'il y ait lieu d'accomplir les formalités
des art. 1690 et 1691 du Code civ., — ou bien, au contraire,
l'endossement d'une police d'assurance ne transfère-t-il la
propriété qu'entre les parties (le cédant et le cessionnaire) seulement, les formalités du droit civil étant nécessaires pour que
le transfert soit parfait à l'égard des tiers? Cette question est
celle de savoir si les parties peuvent, par dérogation aux art.

---

(1) V. Dumaine, *op. cit.,* n°* 169 et suiv. sur la manière de calculer la « valeur
de la prime » en matière d'assurance sur la vie.

(2) V. *Dictionnaire de l'Enregistrement,* V. Ass., n° 232.

(3) V. Dumaine, *op. cit.,* n° 166, qui renvoie au Rép. de Garnier, n° 1093,

1690 et suiv. C. civ., créer des titres à ordre, transmissibles par voie d'endossement, en dehors des cas où la loi a permis ou prescrit ce mode de transfert. Nous l'examinerons dans un des chapitres suivants (n°s 146 et s.). Nous raisonnons, en ce moment, dans l'hypothèse que l'endossement se suffit à lui-même, non seulement entre les parties, mais à l'égard des tiers.

56. — Le transfert d'une police à ordre étant opéré par une simple mention apposée au dos du titre, il semble que d'une part, l'endossement pourra être réalisé sur-le-champ, et que, d'autre part, l'opération pourra rester secrète entre les parties. Si cela était, l'endossement présenterait un nouvel avantage sur la cession du droit commun, car celle-ci nécessite des formalités dont l'accomplissement demande un certain temps et qui, de plus, révèlent l'opération au public.

Mais cet avantage n'existera pas toujours.

En effet, la police pourra bien être endossée instantanément et sans que personne le sache, lorsque le cédant est l'assuré lui-même.

Mais lorsque le cédant n'est pas l'assuré (ce qui arrivera : 1° quand le souscripteur du contrat, qui cède la police n'est pas la personne sur la tête de laquelle repose l'assurance; 2° quand, la police ayant déjà été cédée, le cédant est un 1er, 2e..... cessionnaire), le cessionnaire devra prudemment, avant d'accepter la police, exiger qu'on lui rapporte le consentement de l'assuré au transfert (1).

D'autre part, lorsque les primes de la police à transférer ne

---

(1) Nous examinerons plus loin la question de savoir si le consentement de l'assuré est une condition essentielle de la validité du transfert (n° 133, note 1).

sont pas payées par le cédant (ce qui pourra arriver, notamment, quand le cédant sera lui-même un 1er, 2e... cessionnaire), la police ne pourra pas être endossée instantanément. En effet, nul ne voudra recevoir une police sans s'assurer que toutes les primes échues sont bien payées, et que, par suite, la police n'est ni annulée, ni réduite. Or, dans le cas que nous considérons, le cédant ne sera pas à même de justifier que toutes les primes sont bien payées; il faudra qu'on s'adresse à celui qui paie les primes et le prier de communiquer les quittances. Tout cela ne se fera pas en quelques minutes. Plusieurs jours seront quelquefois nécessaires pour se procurer les quittances de primes.

On voit donc qu'en matière d'assurances sur la vie, l'endossement ne pourra pas toujours être le mode de transfert rapide, instantané qu'on s'imagine. Quand on énumère les avantages de l'endossement appliqué aux polices d'assurance sur la vie, on doit donc glisser légèrement sur la célérité du transfert réalisé par cette voie.

57. — 2° **Le cessionnaire sera à l'abri de toutes les exceptions qui ne lui sont pas personnelles, et qui ne résultent pas de la teneur du titre. (V.** *suprà*, n° 36.)

Cette conséquence est, nous l'avons dit (n° 36), la plus grave conséquence que produise l'endossement, celle qui est le plus contraire à la théorie de la cession, d'après laquelle le cessionnaire est l'ayant cause du cédant.

58. — L'intention des parties (l'assureur et l'assuré) qui conviennent que la police sera transmissible par voie d'endossement, est-elle bien que le porteur aura un droit propre et personnel au bénéfice de l'assurance, un droit indépendant de celui de l'assuré? Entre-t-il dans la pensée de la Compagnie qu'elle devra, à tout évéuement, payer au porteur le capital assuré, sans pouvoir lui opposer les causes de déchéance qu'elle pourrait opposer à l'assuré s'il n'avait pas endossé son titre? Voilà bien le cas de dire que poser la question c'est la résoudre. Non, dirons-nous : les parties n'ont pas voulu ce résultat (1). Que le porteur soit à l'abri des exceptions du chef des endosseurs successifs, c'est là une condition qui s'impose, ou du moins qui se comprend très bien quand il s'agit d'un véritable effet de circulation *que la personne à laquelle il est offert doit pouvoir prendre, sans examen, pour ce qu'il paraît être*, sans avoir à s'enquérir des causes de nullité qui peuvent l'affecter du chef des personnes entre les mains desquelles il a passé. Mais on ne peut pas invoquer une considération semblable, lorsqu'il s'agit de polices d'assurance sur la vie, lesquelles, nous le verrons plus loin, ne sont pas des effets de circulation, et ne sont pas destinées à faire office de papier-monnaie.

Mais voici ce qui est arrivé. De ce que le porteur ne peut se voir objecter les exceptions opposables aux endosseurs, de ce qu'il a un droit propre et personnel au capital assuré, comme si l'assureur s'était engagé directement envers lui, il résulte aussi (V. *suprà*, n° 37) que la loi n'admet pas les saisies-arrêts sur un titre endossable (art. 149 C. com.). Ah! cette conséquence-là les compagnies l'ont acceptée, car non seulement elle ne peut leur nuire, mais elle est au contraire de nature à favoriser le développement de l'assurance, on le prétend du moins. Mais le malheur est qu'il n'est pas loisible aux parties de faire de distinction dans les effets logiques de l'endossement, de choisir ceux qui plaisent et de laisser les autres de côté; le bon sens veut qu'on les admette tous, sans exception, dès qu'on souscrit au principe qui les entraîne.

Il faut ici faire quelque précision, et définir exactement

---

(1) V. Couteau, t. II, n° 480.

les conséquences de l'application aux polices d'assurance sur
la vie du principe que le débiteur ne peut faire valoir contre
le porteur tous les moyens de défense qu'il eut pu invoquer
contre l'endosseur.

59. A. — Examinons d'abord la question de savoir si le
porteur d'une police d'assurance sur la vie endossable peut
se voir opposer par la compagnie les exceptions qui étaient
opposables à l'assuré, telles par exemple que les déchéances
encourues par cet assuré en cas de réticences ou fausses déclarations (art. 348 C. com.), en cas de mort par suite de duel,
suicide, condamnation à la peine capitale, en cas de mort
au cours d'un voyage entrepris, sans autorisation de la compagnie, dans un pays situé en dehors de l'Europe ou de l'Al-
gérie, etc...

Nous croyons que cette question est absolument neuve en
doctrine et en jurisprudence. (Voir cependant jug. Trib. de la
Seine, du 7 juin 1888, qui sera examiné plus loin). Mais, en
matière d'assurances maritimes, où elle se présente aussi et
dans les mêmes termes, cette question a donné lieu à deux
systèmes, qu'il est utile de connaître, car les principes qu'elle
met en jeu sont les mêmes, soit qu'il s'agisse d'assurances
maritimes, soit qu'il s'agisse d'assurances sur la vie, de sorte
qu'on peut raisonner par analogie d'une matière à l'autre.

60. — *1er système.* — Sans doute, dit-on, dans les polices
d'assurances maritimes à ordre, le principe est, comme dans
tous les titres à ordre, quels qu'ils soient, que le débiteur
cédé (ici la compagnie d'assurance) prend un engagement
direct envers la personne à l'ordre de laquelle le titre aura été
endossé et qui se présentera, porteur de ce titre, pour être
payée (1). Mais, en matière d'assurances, le débiteur ne prend

---

(1) Guillouard, *Traité de la vente*, t. II, n° 826 et les notes ; Larombière sur
l'art. 1295, n° 14.

pas un engagement ferme ; son engagement est soumis à la condition que l'assuré fera des déclarations complètes et exactes. Comme cette modalité ressort de la teneur du titre, le porteur ne peut se plaindre lorsque l'assureur refuse de payer parce que la condition à laquelle était soumis son engagement a défailli.

M. le conseiller Cotelle, au rapport duquel a été rendu un arrêt de la Chambre des Requêtes du 19 décembre 1892, expose comme suit les considérations sur lesquelles est basé ce système (1) :

« ... Je n'entends pas m'associer, bien entendu, à la distinc-
« tion proposé par la Cour de Paris entre les exceptions *libé-*
« *ratoires*, et les *nullités originelles* des contrats, lesquelles se-
« raient toujours opposables par le débiteur même aux tiers
« de bonne foi devenus porteurs de titres créés dans une
« forme circulatoire.

« Il me paraît plus exact de dire que les tiers investis d'une
« valeur négociable par endossement ou simple tradition,
« sont uniquement passibles des exceptions dont la cause ré-

(1) D. 1893, 1. 115. Dans l'espèce de cet arrêt, il s'agissait d'une police circulatoire *pour le compte de qui il appartiendra*, non d'une police à ordre.
Mais M. le conseiller Cotelle déclare que la question qui nous occupe doit
recevoir la même solution, soit que la police ait été souscrite à ordre, soit
qu'elle ait été souscrite *pour compte*, parce que, comme on le verra en lisant
son rapport, il y a mêmes raisons de décider dans les deux cas. Cependant il
est bon de remarquer que quand on est en présence d'une police *pour compte*,
la solution que défend M. le conseiller Cotelle se justifie mieux que quand la
police est dans la forme à ordre. « J'incline à croire qu'il en serait ainsi (c'est-
« à-dire que la compagnie pourrait opposer au porteur la déchéance pour cause
« de réticences ou fausses déclarations commises par l'assuré), dit le savant
« magistrat, même dans l'hypothèse où la police eût été souscrite dans la
« forme d'un effet négociable par endos ou au porteur ; *la solution est rendue*
« *beaucoup plus certaine par la clause d'assurance pour compte*, qui diffère
« de celle au porteur en ce que, etc.... » Quant à la Cour de cassation elle s'est
appuyée, dans l'arrêt susvisé, sur ce que le bénéficiaire de l'assurance *pour*
compte n'est pas un tiers, mais un créancier direct de l'assureur.

« side dans leur personne, ou des nullités *rendues apparentes*
« *par l'aspect extérieur du titre*. Le simple bon sens me permet
« toutefois d'ajouter qu'en dehors de toute nullité, les tiers
« porteurs, comme le bénéficiaire primitif, subissent les res-
« trictions *apportées à la créance par le libellé même de ce titre*,
« auquel le souscripteur ne se doit que dans la mesure qu'il
« a mise ostensiblement à ses engagements.

« Un billet à ordre, une acceptation de lettre de change, sont
« des promesses de payer pures et simples, sans autre moda-
« lité que le terme qui en suspend l'échéance. Le tiers qui les
« reçoit n'en vérifie que la signature; il n'a point à s'enquérir
« de la sincérité de leur cause dont les vices ne sauraient lui
« être opposés, d'après votre jurisprudence, à moins que le titre
« lui-même ne les ait fait ressortir, en assignant à la valeur
« fournie un caractère illicite ou contraire aux bonnes mœurs;
« mais vous estimerez peut-être que le pourvoi se trompe
« gravement, lorsqu'au billet à ordre souscrit, à la lettre de
« change acceptée, pour une cause simulée ou qui, de fait, ne
« s'est point réalisée, il prétend assimiler une police d'assu-
« rance contractée en vue d'un risque auquel il est constant,
« en fait, que la marchandise n'a pas été exposée dans les
« mêmes conditions que le contrat avait prévues et spécifiées.
« Une police d'assurance n'est pas, comme un billet à ordre, un
« engagement pur et simple; la responsabilité qu'assume l'as-
« sureur est subordonnée, de la manière la plus manifeste, à
« la condition d'un risque auquel l'assuré s'exposera dans les
« circonstances dont il a fait la déclaration. Cette police fait
« foi de l'engagement de subir l'éventualité du naufrage, mais
« seulement au cours d'une navigation déterminée par les pré-
« cisions en usage. L'assuré ne saurait effectuer l'embarque-
« ment en dehors de ces précisions, sans qu'il en résulte une
« aggravation de risques, à raison de laquelle l'assureur est
« déchargé, non seulement vis-à-vis de son créancier origi-
« naire, mais encore vis-à-vis des tiers porteurs de la po-
« lice, qui ne lui est plus opposable, du moment où les con-

« ditions n'en ont pas été observées quant au mode de naviga-
« tion.

« Un sinistre survenant, il appartient aux compagnies d'as-
« surances de discuter avec les réclamants, quels qu'ils soient,
« si, notamment, quant à la nature, à l'âge, à la solidité du na-
« vire employé, les chargeurs de la marchandise ont agi d'une
« manière conforme aux déclarations prises pour base du con-
« trat. Sous quel prétexte les tiers porteurs de la police se-
« raient-ils admis à décliner ce débat? Plaideront-ils, qu'étran-
« gers au fait de l'embarquement, ils n'ont pas été en mesure
« d'influer sur la manière dont l'assuré s'est acquitté de ses
« engagements? La compagnie, dans beaucoup de cas, n'aura
« pas été mieux placée, elle-même, soit pour contrôler *a priori*
« la sincérité des déclarations qui lui étaient faites, soit pour
« exiger que le chargeur agit en conformité de ces déclarations.
« On fait assurer, par correspondance, sur les places de Paris
« et de Londres, des marchandises qui s'expédient des régions
« les plus lointaines, sans qu'il y ait possibilité, pour la com-
« pagnie, de vérifier au préalable comment s'effectuera en réa-
« lité la navigation; mais les circonstances de celle-ci, consi-
« gnées dans la police, d'après l'annonce qu'en a faite le
« déclarant, marquent d'une manière ostensible aux yeux de
« tout tiers porteur, les conditions desquelles dépend l'obli-
« gation de l'assureur, et la défaillance de ces conditions est
« opposable même à ces tiers comme une éventualité à la-
« quelle ils se sont soumis en recevant un titre dont la teneur
« leur révélait la mesure exacte de l'engagement de la com-
« pagnie.

« ... Déclarer ce dernier intéressé (le porteur) non respon-
« sable de ce que l'embarquement n'a pas été conforme aux
« conditions énoncées dans le contrat, ce serait, si je ne me
« trompe, exposer les assureurs aux plus graves déceptions,
« et leur retirer la protection si nécessaire de l'art. 348 qui ne
« serait plus qu'une lettre morte, puisqu'il suffirait de recourir

« à l'assurance pour compte(1) pour destituer les compagnies
« de tout recours, quelque écart qui pût exister entre les décla-
« rations reçues et les circonstances vraies de la navigation.

« ... Bref, les compagnies ne sont nullement liées par les
« déclarations qu'elles ne reçoivent que sous toute réserve du
« droit d'en constater, le cas échéant, l'exactitude. D'une ma-
« nière générale, on peut dire que les cessionnaires des po-
« lices doivent s'en rendre compte, et n'attribuer à ces titres
« qu'une valeur éventuelle subordonnée à la condition que
« l'assuré primitif aura satisfait à ses obligations telles que le
« contrat les déterminait. »

Ces considérations semblent bien s'appliquer à toute espèce
d'assurances, par conséquent, aux assurances sur la vie aussi
bien qu'aux assurances maritimes. Cependant, il ne faudrait
pas trop se fier à cette apparence. M. le conseiller Cotelle paraît en effet disposé à faire, au point de vue qui nous occupe,
entre les assurances terrestres et les assurances maritimes une
distinction basée sur ce qu'en matière d'assurances terrestres
l'assureur aurait certains moyens de contrôler et de vérifier
l'exactitude des déclarations de l'assuré, tandis que ces
moyens de contrôle n'existent pas quand il s'agit d'assurances maritimes. « Même en matière d'assurances terres-
« tres, dit M. le conseiller Cotelle, tout le monde sait com-
« bien peu les compagnies s'attachent à contrôler, tant qu'il
« ne survient pas de sinistre, l'exactitude des déclarations qui
« leur sont faites. Il y a là peut-être quelque abus, car il en
« résulte les surprises les plus fâcheuses pour des gens d'une
« entière bonne foi, qui, se croyant bien couverts par leur
« assurance, en voient les effets compromis, tantôt parce
« que leurs évaluations ont été trop élevées, tantôt parce

---

(1) « Ou », ajouterons-nous, « d'endosser la police », quand, au lieu d'une
assurance pour compte, il s'agit d'une police à ordre.

« qu'elles ne l'ont pas été suffisamment (1); mais en matières
« d'assurances maritimes, un contrôle ne serait pas toujours
« possible. »

M. le conseiller Cotelle fait remarquer, en terminant qu' « à
« supposer (2) que nonobstant la fausse déclaration, les assu-
« reurs doivent être responsables envers les tiers porteurs,
« au moins conservent-ils un recours contre l'assuré primitif,
« dont ils ont pu mesurer la solvabilité lorsqu'ils ont traité
« avec lui; la doctrine qui tendrait à considérer l'art. 348
« comme non opposable aux tiers porteurs, ne paralyse-
« rait donc pas d'une manière totale et absolue l'effet de
« ces dispositions, si nécessaires à la sécurité des compa-
« gnies. »

Cette dernière observation nous paraît parfaitement juste
et conforme aux principes généraux : « Si le débiteur cédé, dit
« Guillouard (3), ne peut opposer au cessionnaire les excep-
« tions qu'il pouvait opposer au cédant, soit parce qu'il s'agit
« d'un billet à ordre, soit parce qu'il aurait pris l'engagement
« personnel de payer le cessionnaire, il conserve du moins son
« recours contre le cédant. Les rapports du cédant et du cédé
« sont en effet toujours régis par l'obligation primitive, et, si

---

(1) Le rapporteur fait ici allusion à la *règle proportionnelle* qui est appliquée en matière d'assurances contre l'incendie. Quant à l'exagération des
évaluations faites par l'assuré au moment de la souscription du contrat, elle
ne compromet pas les effets de l'assurance; elle aura seulement pour résultat de faire payer à l'assuré une prime trop élevée. Seule, l'exagération des
pertes causées par le sinistre peut entraîner la déchéance des droits de l'assuré, quand elle est frauduleuse.

(2) On voit que la solution préconisée n'est pas très ferme, surtout dans le
cas, qui est celui qui nous intéresse, où la police n'est pas faite *pour compte*,
et où, par suite, le cessionnaire est un tiers vis-à-vis de l'assureur. V. le rapport de M. le conseiller Cotelle à l'endroit cité.

(3) *Traité de la vente et de l'échange*, t. II, n° 826 et la jurisprudence citée
en note.

« la cession qu'il a faite de cette obligation cause un préjudice
« au débiteur, il doit l'indemniser. »

Le système que nous venons d'exposer est suivi par Laurin,
professeur à la Faculté de droit d'Aix (continuateur de l'ouvrage de Cresp), qui s'exprime ainsi : « Si par cela seul que
« l'assuré endosserait ou remettrait à un tiers sa police, toutes
« les exceptions de l'assureur s'évanouissaient, que devien-
« draient l'assurance et sa légitimité ? On tomberait dans les ga-
« geures, les fraudes, les suppositions, les rélicences, etc...(1) »

Après Laurin, ce système a été adopté par M. Desjardins,
avocat général à la Cour de cassation (2).

Enfin, ce système paraît être celui de la jurisprudence : Voir
Trib. com. Seine, 1ᵉʳ avril 1882. — C. de Paris, 22 février
1881, Ass. Droche-Robin c. Assureurs, *Journ. de jurisprudence de Marseille*, 1882, 2. 180 et 1884, 2. 61. — (V. même
Recueil, Table générale, vᵉ *Ass. marit.*, n° 1039.) — C. de Paris
(2ᵉ Ch.), 3 févr. 1891, *Gaz. des Trib.* du 3 avril 1891 ; Cass.,
19 décembre 1892, Dall. 93, 1. 145, et Cass., 31 juillet 1893.
Gaz. des Trib. du 1ᵉʳ août 1893.

61. — *2ᵉ système.* — Ce système est soutenu notamment par
M. Lyon-Caen, professeur à la Faculté de droit de Paris, qui
réfute comme suit le premier système que nous venons d'ex-
poser(3) :

---

(1) *Cours de droit maritime*, t. III, p. 405 et suiv. V. aussi t. IV, p. 230.
Cet auteur décide, en sens inverse, qu'en matière de contrat à la grosse, le
débiteur ne peut pas opposer au cessionnaire les exceptions du chef du cédant, t. II, p. 251, note 40, et t. III, p. 407.

(2) *Traité de dr. com. marit.*, t. VII, n° 1151, p. 25, notes 1 à 3 et n° 1597.
Junge Bedarride, *Du commerce maritime*, t. III, n° 1079.

(3) *Rev. crit. de législ. et de jurispr.* 1893. p. 161 et suiv. Cf. Lyon-Caen et
Renault, *Traité*, t. IV n° 131.

« Nous ne pouvons approuver ce système qui nous paraît
« absolument arbitraire. Si une police d'assurance maritime
« est au porteur ou à ordre, elle doit être traitée comme tout
« titre de cette sorte. On fait bien cette assimilation quand il
« s'agit des formes de la transmission, ainsi, on applique à l'en-
« dossement, dès l'instant où le titre est à ordre, les disposi-
« tions des art. 136 à 138 du Code de commerce. Pourquoi
« repousserait-on l'assimilation au point de vue des effets de
« la transmission par endossement, effets parmi lesquels il
« faut ranger le refus fait au débiteur du droit d'opposer au
« dernier porteur les exceptions qui étaient opposables aux
« porteurs précédents? Il nous est impossible de l'apercevoir.

« Quand il s'agit d'une lettre de change ou d'un billet à
« ordre, il n'est pas douteux que les exceptions de nullité,
« tirées, par exemple, du défaut de cause réelle ou du caractère
« illicite de la cause, qui auraient été opposables au bénéfi-
« ciaire, ne le sont pas au porteur actuel. Pour ces titres, qui
« sont en quelque sorte le type des titres à ordre, on ne dis-
« tingue pas entre différentes catégories d'exceptions. Il est
« arbitraire de faire des distinctions quand il s'agit d'un autre
« titre à ordre ou d'un titre au porteur, comme une police
« d'assurance maritime (1).

« Il faut ajouter qu'il importe au crédit que les polices d'as-
« surances maritimes qui sont souvent jointes aux traites accom-
« pagnées du connaissement ou traites documentaires endos-

---

(1) M. Lyon-Caen réfute ici la doctrine de l'arrêt susvisé de la Cour de Paris
du 3 février 1891, qui distingue entre les exceptions qui n'ont pas leur cause, au
fond, dans les vices originaires du contrat lui-même et susceptibles d'en
entraîner la nullité, et celles qui, par exemple, comme celle tirée de la réticence, des dissimulations, ou fausses déclarations de l'assuré, ont leur cause
dans un fait qui doit faire réputer le contrat inexistant. Suivant la Cour de
Paris, le tiers porteur par voie d'endos, « qui est toujours *un cessionnaire* »,
ne saurait prétendre à l'exécution du contrat quand l'assureur oppose une
exception de la seconde catégorie.

« sées pour la mise en gage des marchandises, puissent cir-
« culer avec facilité. Autrement les capitalistes, déjà, en géné-
« ral, peu disposés en faveur du commerce de mer, refuseraient
« presque toujours de prêter sur des marchandises transpor-
« tées par mer. Ils craindraient qu'en cas de perte de celles-ci,
« le bénéfice de l'assurance ne leur échappât par suite d'une
« exception de nullité dont ils ignoraient la cause.

« La doctrine que nous défendons n'offre pas d'inconvénients
« et n'est pas en contradiction avec des solutions incontes-
« tées.

« On pourrait être tenté de dire qu'avec cette doctrine, il
« pourra dépendre de l'assuré de faire en quelque sorte dispa-
« raître la nullité de l'assurance, au grand détriment de l'as-
« sureur, en transmettant la police à un tiers avec lequel il
« sera de connivence (1). Mais le danger n'existe pas réelle-
« ment; tout le monde reconnaît qu'en cas de fraude du tiers
« porteur, les exceptions opposables au porteur précédent
« subsistent contre le porteur nouveau (2). »

M. Lyon-Caen dans son *Traité de droit commercial*, fait en
collaboration avec M. L. Renault, son collègue à la Faculté de
droit de Paris, persiste dans cette opinion (V. t. IV de la 2ᵉ édition publiée en 1893, nᵒ 157).

62. — Des deux systèmes que nous venons d'exposer le
second nous paraît seul logique. Mais le résultat auquel il
aboutit est, nous le reconnaissons, contraire à l'intention des
parties. Nous constatons donc ici l'antagonisme que nous
avons annoncé (nᵒˢ 16 et 58). Nous le retrouverons plus
loin.

---

(1) Nous avons vu que c'est là un des arguments qu'on fait valoir dans le
premier système. V. notamment la citation de Laurin.

(2) Lyon-Caen et Renault, *Traité*. t. IV. nᵒ 151.

Nous devons faire une autre observation. S'il suffit de donner à la police la forme à ordre et de l'endosser, pour mettre le porteur à l'abri de la déchéance tirée : soit des réticences ou fausses déclarations de l'assuré relatives à son état de santé, aux maladies dont il a été atteint, à ses antécédents héréditaires, aux refus qu'il a éprouvés auprès des compagnies, etc..., soit de ce que la mort de l'assuré est arrivée par suite de duel, suicide, condamnation à la peine capitale, soit de ce que la mort de l'assuré est survenue au cours d'un voyage accompli, sans autorisation de la compagnie, dans les régions où l'assuré ne peut se rendre sans en donner avis à la compagnie et sans payer une surprime, si, disons-nous, pour faire cesser toutes ces causes de déchéance, il suffit de donner à la police la forme à ordre et de l'endosser à un tiers, on verra se produire des spéculations par l'assurance sur la vie qui discréditeront l'institution. Sans doute la compagnie aurait, comme nous l'avons vu, la ressource de prouver que l'assuré s'est entendu avec un compère auquel il a endossé la police et qui se présente à la compagnie pour se faire payer, calculant que celle-ci ne pourra lui opposer la déchéance encourue par l'assuré endosseur. Mais, il serait souvent bien difficile à la compagnie, de prouver la connivence du tiers auquel la police aurait été endossée et sa participation à la fraude de l'assuré (1).

63. — Notons que le droit qu'aurait le porteur, dans le système de MM. Lyon-Caen et Renault, de se faire payer le montant du titre endossé, sans que l'assureur puisse lui opposer les exceptions du chef d'un endosseur, cesse, quand ce porteur est l'ayant-cause à titre universel de l'assuré. On sait, en effet, que, dans notre droit, on contracte pour ses successeurs uni-

---

(1) Il est à remarquer que les compagnies, du moins le plus grand nombre d'entre elles, comme nous le verrons plus loin, déconseillent de donner aux polices la forme à ordre.

versels activement et passivement (art. 724, 1009, 1012, 1122
C. civ.); le porteur d'une police qui serait l'héritier légitime
ou testamentaire, le donataire universel ou à titre universel
de l'assuré, serait donc incontestablement tenu des exceptions
que l'assureur pouvait opposer à l'assuré (1).

64. — Nous venons de voir que, suivant un système (système de M. Lyon-Caen) qui paraît applicable aux assurances sur

---

(1) Nous avons dit que la question de savoir si les exceptions, du chef d'un
endosseur, sont opposables au porteur d'une police d'assurance, se présente
dans les mêmes termes et comporte la même solution, soit qu'il s'agisse
d'assurances maritimes, soit qu'il s'agisse d'assurances sur la vie; c'est sous
l'empire de cette idée que nous avons exposé la controverse, à laquelle cette
question donne lieu en matière d'assurances maritimes. Cependant nous nous
demandons si le contrat d'assurance sur la vie ne présente pas une particularité, sur laquelle l'assureur pourrait se fonder pour soutenir que, *lorsque la
police est souscrite au profit d'un bénéficiaire déterminé*, les exceptions nées
du chef de l'assuré (ou d'un précédent endosseur) sont opposables au porteur.

« Sans doute, dirait l'assureur, le principe est, en matière de titres à ordre,
« que le débiteur s'oblige directement envers le porteur; mais ce principe,
« qui régit les titres à ordre en général, ne peut pas fonctionner quand le
« titre est une police d'assurance sur la vie. En effet, l'assurance sur la vie
« s'analyse, comme on sait (*suprà*, n° 6), en une stipulation pour autrui, la-
« quelle comprend deux opérations successives : un premier contrat principal
« par lequel le stipulant acquiert pour lui-même; un second contrat acces-
« soire opérant rétrocession par le stipulant (l'assuré) au tiers bénéficiaire.
« Ceci étant, on voit que si le premier contrat (intervenu entre le stipulant
« et le promettant, c'est-à-dire entre l'assuré et l'assureur) est annulé pour
« cause de réticences, fausses déclarations, le second contrat doit disparaître,
« car, ainsi que le fait remarquer Larombière, son existence accessoire est
« elle-même subordonnée au maintien du contrat principal sur lequel elle a
« germé, bien que le tiers ait, par son acceptation, acquis une action directe
« contre le promettant. (Larombière, *Théorie et pratique des obligations*, sur
« l'art. 1121, n° 10. — *Contrà* et en sens divers : Demolombe, *Contrats*, t. I.,
« n°s 257 et suiv.; Aubry et Rau, t. IV, § 313 *in fine*; Laurent, t. XV, § 570). Or si
« le bénéficiaire désigné dans la police n'a jamais eu aucun droit, il n'a pu
« en transmettre aucun à la personne à laquelle il a endossé la police. »

Tel est le raisonnement qu'on pourrait peut-être essayer de faire pour soutenir que le porteur d'une police à ordre peut se voir opposer par l'assureur
les déchéances du chef de l'assuré, nonobstant le principe d'après lequel, en
matière de titres à ordre, le porteur est à l'abri des exceptions nées du chef
des endosseurs.

la vie aussi bien qu'aux assurances maritimes, à la matière desquelles il appartient plus spécialement, les exceptions nées du chef du cédant-endosseur ne seraient pas opposables au porteur de la police.

Il est vrai que ce rai-onnement est conçu dans l'esprit du système qui explique la stipulation pour autrui en la décomposant en deux contrats et que ce système, dit *système de l'offre*, tend aujourd'hui à être abandonné (V. Lefort, *Traité du contrat d'assurance sur la vie*, t. I, p. 520 et s.). Mais la solution proposée ci-dessus nous paraît se justifier tout aussi bien, quoique par d'autres raisons, dans le système qui paraît appelé à prévaloir dans la doctrine et dans la jurisprudence étant conforme à la conception traditionnelle de la stipulation pour autrui. En effet, dans ce système, le droit du bénéficiaire sort du contrat; il naît de l'accord des volontés du promettant et du stipulant; pendant toute sa durée, il conservera la marque et subira l'influence de cette origine; il ne se détachera jamais complètement du contrat dont il est né; ce contrat n'en est pas seulement la source, il en est aussi la mesure. Dans ces conditions, si le contrat originaire était frappé d'une cause de nullité, le droit du tiers bénéficiaire serait affecté de la même nullité. De même, le droit du bénéficiaire n'échapperait pas aux causes de résiliation, étant soumis à toutes les réserves insérées dans le contrat générateur. Il n'y a doute que sur la question de savoir si ce droit peut être atteint par les causes de *résolution* qui, *postérieurement* au contrat valablement formé, ferait disparaître ce contrat. (Lambert, *De la stipulation pour autrui*, thèse 1893, §§ 110, 111, 112, 113. — Cf. Champeau, *De la stipulation pour autrui*, thèse 1893; Coulizou, *De la stipulation pour autrui dans les assurances sur la vie*, thèse 1890, p. 48 à 68). Or si le tiers bénéficiaire désigné dans la police n'a acquis aucun droit, la personne à laquelle ce tiers a endossé la police n'a pu en acquérir aucun, et elle subit ainsi les causes de nullité qui entachent le contrat originaire.

Il existe sur la stipulation pour autrui un troisième système, dit *de l'engagement par déclaration unilatérale de volonté* suivant lequel, la stipulation pour autrui produit deux engagements du promettant (l'assureur) : l'un, contractuel envers le stipulant (l'assuré); l'autre, qui est une pure déclaration unilatérale de volonté, envers le tiers bénéficiaire. On peut se demander si, dans ce système, les causes de nullité sont opposables au porteur de la police à ordre. Nous ne le croyons pas. En effet, dans ce système l'assureur est obligé directement envers le bénéficiaire, et cette obligation, bien que dérivant du contrat, en est distincte. Il semble donc logique de décider que les causes de nullité nées du chef du stipulant (l'assuré) ne sont pas opposables au bénéficiaire ni par conséquent à la personne à laquelle ce dernier a endossé la police (V. dans ce sens Lambert, *op. citat.*, § 46). Toutefois les partisans de ce système ne paraissent pas d'accord sur ce point (V. Worms, *De la volonté unilatérale considérée comme source d'obligation*, thèse, Paris, 1891, p. 113 et suiv., 133 et suiv: Saleilles, professeur à la Faculté de droit de Dijon, *Essai d'une théorie générale de l'obligation d'après le Co le civil allemand*. Paris, 1890, n° 249.

Il convient de remarquer que ce système comporte des tempéraments imposés par la nature des choses. Spécialement, en matière d'assurances sur la vie, si ce système venait à être suivi, on devrait décider que, par dérogation à la règle, sont opposables au cessionnaire comme à l'assuré lui-même :

1° L'annulation ou (si trois primes au moins ont été payées) la réduction de l'assurance pour cause de cessation du versement des primes par l'assuré régulièrement mis en demeure;

2° La compensation que l'assureur pourrait opposer à l'assuré (ou à ses ayants cause universels) entre l'indemnité de sinistre et le montant de la ou des primes encore dues par l'assuré au moment de son décès (ou de l'échéance de la police, s'il s'agit d'une assurance en cas de vie, mixte ou à terme fixe).

Ces deux solutions sont en effet en dehors de la doctrine qui déclare non opposables au cessionnaire par endossement les exceptions nées du chef de l'assuré; elles se justifient par des considérations particulières. Examinons-les séparément :

65. — 1° En ce qui concerne d'abord la première, il faut remarquer que l'annulation ou la réduction de l'assurance, pour cause de cessation du versement des primes, n'a lieu qu'après une mise en demeure restée sans effet, adressée par la compagnie à l'assuré dans le délai et dans les formes fixés dans la police même.

Dans ces conditions, il est facile de comprendre que le principe d'après lequel, en matière de titres à ordre, le débiteur (l'assureur) ne peut opposer au porteur les moyens de défense ou les causes d'extinction de la dette qui eussent été opposables au cédant, que ce principe, disons-nous, doit ici cesser de recevoir son application, et qu'en conséquence le porteur ne saurait l'invoquer pour prétendre que la résolution de la police est nulle et non avenue à son égard. On répondrait en effet très justement à ce porteur que lorsqu'il a accepté en paiement ou en garantie cette police d'assurance sur la vie, il a bien su qu'il ne prenait pas un effet de commerce pur et simple; il n'a pas ignoré que le titre qu'on lui offrait, tout en étant un titre à ordre, se rattachait comme mode d'exécution à un contrat dont les règles ont été mises sous ses yeux, car elles sont imprimées au dos de toutes les polices et elles réservent expressément à l'assureur le droit de mettre fin, dans certaines formes, à l'assurance dont les primes cessent d'être payées. Or, on n'a jamais douté, dit M. Lyon-Caen (*loc. cit.*), que les exceptions ressortant des énonciations mêmes d'un titre à ordre ou d'un titre au porteur ne soient opposables à tous les porteurs successifs. L'intérêt de la circulation libre et facile des titres, revêtant l'une de ces formes, n'est pas en jeu dès que la cause de l'exception est indiquée dans le titre et que, par suite, toute personne, entre les mains de laquelle le titre passe, a la possibilité d'en connaître l'existence.

Le cessionnaire, que la seule inspection de la police a mis en garde contre les conséquences du défaut de paiement des primes par l'assuré, devait surveiller ses intérêts, se préoccuper du paiement des primes en temps voulu, exiger du souscripteur de la police la justification des paiements par la communication des quittances de primes au fur et à mesure des échéances, et prendre, s'il y a lieu, toutes mesures utiles pour sauvegarder ses droits.

Il ne peut donc s'en prendre qu'à lui si la police n'a pas été continuée. Car, que peut-il reprocher à la compagnie qui, elle, au contraire, s'est conformée aux prescriptions de son contrat? Dira-t-il que la compagnie ne devait pas se borner à mettre l'assuré en demeure de payer les primes, qu'elle devait aussi lui réclamer à lui-même le montant de ces primes? La compagnie lui répondrait qu'elle ne le connaissait pas, qu'elle ignorait même que la police eût été endossée, car les cessions par endossement s'opèrent à son insu, sans qu'elle en soit avisée (1).

65 *bis*. — Mais changeons l'hypothèse et supposons que la compagnie a eu *officiellement* connaissance de l'endossement, par exemple, parce que, conformément à une clause qu'on rencontre dans certaines polices, l'endossement a été reproduit sur le double de la police qui est déposé dans les archives de la compagnie, ou parce que, conformément à une autre clause, cet endossement a été enregistré par la compagnie : en pareil cas, dans le système qui déclare non opposables au cessionnaire par endossement les déchéances encourues par l'assuré, ce cessionnaire ne serait-il pas fondé à soutenir que l'annulation ou la réduction de la police, pour cause de cessation du paiement des primes par l'assuré, est non avenue à son égard ? La négative ne nous semble pas douteuse ; en effet, le cessionnaire connaissait les conditions d'existence du contrat, il devait donc en surveiller l'accomplissement.

66. — Cependant, on a jugé quelquefois que, dans cette hypothèse, l'annulation du contrat, pour cause de cessation du paiement des primes par l'assuré, n'était pas opposable au cessionnaire. Mais pour le décider ainsi, on a fait valoir un argument qui n'est pas tiré de la forme à ordre de la police et qui, par conséquent, s'applique, quel que soit le mode selon lequel la police a été transférée. Cet argument consiste à dire que *la compagnie est obligée de mettre en demeure le cessionnaire de payer les primes*, et qu'en conséquence, si elle a annulé la police après avoir mis en demeure l'assuré seulement, elle ne peut pas opposer cette annulation au cessionnaire non mis en demeure.

Bien que cette question ne soit pas spéciale à la matière de

---

(1) Cass., 5 août 1839, *Journ. des Ass.*, 1889, p. 257 ; S. 1891, 1.335.

l'endossement, puisque, comme on le voit, elle se pose aussi bien et même se comprend beaucoup mieux en cas de cession opérée selon le mode du droit civil, qu'en cas de cession par voie d'endossement, nous allons néanmoins l'examiner à cette place.

Notre opinion sur cette question est que la compagnie n'est nullement obligée de mettre le cessionnaire en demeure de payer les primes. Pourquoi, en effet, la compagnie serait-elle tenue de cette obligation ? Est-ce que le simple avis qui a été donné à la compagnie de la cession opérée soit par voie d'endossement (on sait que nous raisonnons ici dans l'hypothèse où la compagnie aurait été officiellement informée de l'endossement), soit selon le mode du droit civil, a pu établir, entre elle et le cessionnaire, un rapport juridique susceptible de créer un lien de droit, d'engendrer une obligation? Assurément non.

En effet, dans notre législation, le transport des créances n'emporte pas le transport des dettes. Il est de principe, au contraire que quand on a un droit mélangé d'obligation, on peut céder son droit, non son obligation. « Cela revient à dire, se-« lon M. Huc (1). que lorsque par l'effet d'un rapport juridique, « on est à la fois devenu créancier et débiteur, on peut bien « céder son droit comme créancier, mais non son obligation « comme débiteur. En d'autres termes, il ne peut pas y avoir « de moyen pour contraindre l'autre partie à s'en tenir au ces-« sionnaire pour les réclamations qu'elle aura à former. Toutes « les tentatives faites dans ce sens seront impuissantes, et « aboutiront, tout au plus, à une simple indication de paiement « (art. 1277 C. civ.). Nous supposons, bien entendu, que le créan-« cier ne donne pas son adhésion (2). La jurisprudence a eu

---

(1) *Traité de la cession*, t. I, n°s 195, 218 et suiv. — *Sic*, Laurent, *Principes*, t. XXV, § 211.

(2) On voit que la solution que nous donnons ici ne serait plus applicable

« bien souvent l'occasion d'appliquer ces principes en matière
« d'assurances, quand il s'agit de ce qu'on appelle les cessions
« de portefeuille. La règle que nous venons de poser n'est, en
« définitive, que l'application aux contrats synallagmatiques,
« parfaits ou imparfaits de la règle générale que, dans l'état
« actuel de notre législation, les dettes ne sont pas cessibles...
« Ce qu'il n'est pas possible de concevoir, c'est le transport en
« bloc sur la tête d'un tiers du rapport juridique envisagé dans
« son ensemble, c'est-à-dire, dettes comprises. »

C'est par application de ces principes qu'on décide, en matière d'assurances maritimes, que la prime est due par l'assuré
contractant et reste due par lui seul, alors même que la police
à ordre ou au porteur se trouve entre les mains d'un tiers auquel elle a été transférée. « La cession de la police, dit M. Des-
« jardins, opère la transmission des droits, non celle des obli-
« gations. » (1). Ailleurs, le même auteur s'exprime ainsi : « La
« transmission même régulière en la forme ne lie pas l'assu-
« reur en tant que créancier des primes, s'il n'a pas déchargé
« le débiteur originaire. L'assuré, envisagé comme créancier
« éventuel de l'indemnité, peut bien transmettre ses droits par
« une simple signification du transport au débiteur cédé ; mais
« il ne peut pas se débarrasser de ses engagements par le
« même procédé (2). »

Ainsi, l'assureur, considéré comme créancier des primes,
n'est lié vis-à-vis du cessionnaire, n'est obligé de l'accepter
pour débiteur des primes, et de le traiter comme tel pour la

---

dans le cas où la compagnie aurait délivré un avenant au cessionnaire. Dans
ce cas, la compagnie devrait mettre le cessionnaire en demeure de payer les
primes, sauf convention contraire.

(1) *Traité du dr. comm. marit.*, t. VII, n° 1451 *in fine.*

(2) *Id.*, t. VI, n° 1328 *quater.* Dans le même sens, Lyon-Caen et Renault
Précis, n° 2219; Hœchster et Sacré, t. II, p. 658; Trib. com. Marseille,
8 août 1865, *Journ. jurispr. Marseille*, 1865, 1. 235, et un jugement du même
Tribunal du 31 août 1825 rapporté dans le *Journ. des Ass.*, 1856, p. 331.

mise en demeure, que s'il y a expressément consenti. En un mot, il faut qu'il y ait eu une délégation parfaite, laquelle, à la différence de la cession, de l'expromission, de la simple indication de paiement, exige le concours de trois personnes : l'ancien débiteur qui disparaît, le nouveau débiteur qui lui est substitué, et le créancier qui accepte le nouveau débiteur à la place de l'ancien (1).

On a fait remarquer avec raison qu'en matière d'assurances sur la vie la nécessité du consentement de l'assureur à cette substitution, se justifie encore par d'autres motifs. « Il ne fau-« drait pas croire, en effet, qu'il soit indifférent à l'assureur « de toucher ses primes de tel ou tel. Le cessionnaire peut ha-« biter à l'étranger ou dans un pays où la compagnie n'a pas « d'agent. La cession peut enfin être faite à plusieurs per-« sonnes, soit conjointement, soit divisément : la compagnie « sera-t-elle tenue de présenter sa quittance à dix ou quinze « personnes ayant des domiciles éloignés et d'accepter des « paiements partiels ? » (2)

67. — Il est donc bien établi que l'assuré qui a souscrit la police est seul débiteur des primes, en l'absence d'une convention formelle, et qu'en conséquence c'est lui seul que l'assureur doit mettre en demeure (3). Mais, pour justifier cette solu-

---

(1) V. Larombière sur l'art. 1275, n° 1. « Le cessionnaire par endossement « d'une police à ordre, dit M. Labbé (note dans Sirey, 1889, 2. 97, sous Paris, « 20 janvier 1888), est, par le seul fait de l'endossement et sans signification, « investi du droit au capital, *sans devenir pour cela débiteur des primes.* »

(2) *Journ. des Ass.*, 1889, p. 510, observations sous un jugement du Trib. civ. de la Seine du 17 mai 1889, qui est contraire à notre opinion.

(3) Sauf le jugement susvisé du Trib. civ. de la Seine du 17 mai 1889 (*Rec. pér.*, 1889, p. 478), toutes les décisions rapportées dans les Recueils sont conformes à la doctrine que nous soutenons au texte. Voir notamment : Trib. civ. de la Seine, 1er juillet 1879, *Journ. des Ass.*, 1879, 400. — Trib. com. de la Seine, 3 nov. 1880, *id.* 1881, 20. — C. Paris, 21 février 1883, *Rec. pér.*, 1881, 33. — Cass. req., 5 août 1889 (*Journ. des Ass.*, 1889, 527 et Sirey, 1891, 1. 335) rejetant un pourvoi formé contre un arrêt confirmatif de la Cour de

tion, quelques auteurs ont encore fait valoir une autre considération qui ne nous paraît pas exacte : « Si la compagnie, a-t-on
« dit, s'adressait au cessionnaire et le mettait en demeure de
« payer, sa procédure aurait pou. . . et de substituer le ces-
« sionnaire aux obligations du souscripteur, de modifier la po-
« lice souscrite, et de la transformer en une police sur la tête
« d'un tiers, sans le consentement de ce tiers, et en violation
« des statuts de la compagnie, approuvés par le gouverne-
« ment..... Les motifs d'ordre public, d'après lesquels nul ne
« peut être assuré sans son consentement, conduisent à dire
« que nul ne peut être assuré contre son gré. Il s'ensuit que
« la faculté de payer les primes au lieu et place du souscrip-
« teur, pour maintenir la police en vigueur, ne peut être ac-
« cordée à un tiers, que par une convention expresse des in-
« téressés, enregistrée et acceptée par l'assureur. » (1)

Cette doctrine, disons-nous, nous paraît inexacte. Nous
croyons en effet et nous chercherons à établir dans un instant
qu'elle fait une fausse application du principe d'après lequel
le consentement de la personne sur la tête de laquelle repose
l'assurance est une condition essentielle de la validité de l'assurance. En conséquence, nous laissons de côté l'argument
qu'on en tire, dans le passage sust. . .nscrit, pour soutenir que
l'assureur n'est pas obligé de mett. . . en demeure le cessionnaire.

Paris du 20 janvier 1888 (*Journ. des Ass.*, 1888, 1. . . et Sirey, 1889, 2. 97 et la
note de M. Labbé). — Trib. com. Seine, 1er mai . . . 90, *Rec. pér.*, 1890, 335.
— C. de Paris, 14 avril 1892, *id.* 1892, 520 et les observations à la suite de cet
arrêt.—Trib. civ. Seine, 22 nov. 1892, *id*, 1893, 119.

M. Labbé, en ce qui concerne non plus le cessionnaire, mais le bénéficiaire,
pense que la compagnie doit mettre ce dernier en demeure de payer les
primes, quand l'assurance a été contractée par le souscripteur au nom et
comme gérant d'affaires du bénéficiaire et que ce dernier a signifié à la compagnie sa ratification. (Note dans Sirey, 1889, 2. 97, sous Paris, 20 janvier 1888.)
Contrà, Lambe: . , *De la stipulation pour autrui*, § 110 et 11

(1) *Journ. des Ass.*, 1892, p. 416 et suiv., observations sous un arrêt de la
Cour de Paris du 14 avril 1892.

67 *bis*. — La citation que nous venons de faire nous sert de transition pour passer à l'examen d'une question voisine de celle que nous venons de résoudre, et qui, elle non plus, n'est pas spéciale aux cessions par endossement : c'est la question de savoir si le cessionnaire a le droit de payer les primes au lieu et place du souscripteur sans le consentement exprès de l'assureur et de l'assuré. Non, répond l'annotateur du *Journal des Assurances*, dans le passage rapporté ci-dessus : « La faculté de payer les primes au lieu « et place du souscripteur, pour maintenir la police en « vigueur, ne peut être accordée à un tiers que par une con- « vention expresse des intéressés, enregistrée et acceptée par « l'assureur. »

Cette solution ne nous paraît pas juste. On ne s'en étonnera point, puisque nous venons de dire que la doctrine de laquelle elle découle repose, selon nous, sur une fausse application du principe relatif à la nécessité du consentement de la personne sur la tête de laquelle repose l'assurance. Mais cette solution, qui compte de nombreux partisans, mérite d'être discutée avec soin.

Voyons d'abord l'idée qui lui sert de base.

On fait remarquer que le gouvernement chargé d'autoriser les sociétés d'assurances sur la vie et d'approuver leurs statuts (loi du 24 juillet 1867, art. 66), s'inspirant d'une instruction du Ministre de l'Intérieur, d'un avis du Conseil d'État du 28 mai 1818, d'une ordonnance royale du 12 juillet 1820, enfin de l'esprit de la loi du 11 juillet 1888 portant création de la caisse d'assurances en cas de décès, n'autorise les compagnies à assurer un capital payable au décès d'une personne qu'autant que cette personne agrée, comme bénéficiaire de l'assurance qui doit reposer sur sa tête, le tiers désigné dans la police (on suppose que le souscripteur de la police n'est pas l'assuré, c'est-à-dire celui sur la tête duquel repose l'assurance et dont le décès doit donner ouverture au droit du bénéficiaire)(1).

De cette idée, dont nous aurons à discuter plus tard la valeur juridique, on tire la déduction suivante (2) :

L'assurance sur la vie n'est pas un contrat trouvant dans l'accord des parties contractantes une base immuable et solide; elle doit, pour subsister, être toujours vivifiée par le consentement et la volonté de celui sur la tête duquel elle repose; que si on lui retire cet élément vital, elle tombe immédiatement (3).

On est ainsi logiquement amené à refuser au cessionnaire (4) et aussi au bénéficiaire (5), au syndic (6) de la faillite de

---

(1) Pothier *Contrat d'ass.*, chap. i, art. 1er, § 1, n° 31 et art. 2, § 3, n° 76. — Pardessus, t. II, p. 468 et 469. — Grün et Joliat, n° 373, 377 et suiv. — Quesnault, n°° 50 et 51. — Dalloz, *Jur. Gén.*, v° *Ass. terr.*, n° 318. — Alauzet et *Traité des Ass.*, n°° 515 et 551. — *Petite encyclopédie juridique, Code des Ass.*, de M. Fey, n° 90. — Couteau, t. I, n° 49 et t. II, n° 293. — Mornard, p. 171, 183, 238, 321. — Cass., 14 déc. 1853 (Sirey, 1854, 1. 111 et Bonneville de Marsangy, 1. 51). — Trib. civ. Seine, 5 déc. 1880, B. de M., III, 239. — Voir une note de M. le professeur Labbé dans Sirey, 1886, 2. 201, sous Rennes, 16 juillet 1884.

(2) Nous verrons plus tard que, de cette idée, on a tiré aussi cette conséquence que l'assurance ne peut être *transmise*, ou plus généralement que la personne à qui doit profiter l'assurance ne peut être changée, sans que l'assuré (c'est-à-dire la personne sur la tête de laquelle repose l'assurance, et dont le décès doit donner ouverture au droit du bénéficiaire) ait agréé le nouveau bénéficiaire. C'est pourquoi les statuts des compagnies, approuvés par le gouvernement, contiennent presque tous un article (article reproduit dans les conditions générales imprimées des polices), aux termes duquel la police ne peut être transmise sans le consentement de l'assuré.

(3) Mornard, p. 214.

(4) Mornard, p. 181. Couteau (t. II, n° 455) reconnaît au contraire au cessionnaire le droit de payer les primes à la place du cédant. Quant à Deslandres, il résout la question par des distinctions que nous ferons connaître un peu plus loin.

(5) Mornard, p. 181.

(6) Mornard, p. 312 et 321. *Sic* : Lyon-Caen, note dans Sirey, 1886, 2. 225;

l'assuré le droit de payer les primes sans le consentement de l'assuré.

68. — Nous ne partageons pas cette manière de voir. Il ne nous semble pas que le principe d'après lequel on ne peut pas *contracter* une assurance sur la tête d'un tiers, sans le consentement de ce tiers, fasse obstacle à ce que le cessionnaire (nous ne nous occupons ici que de lui), tout au moins le cessionnaire à titre onéreux, *continue* l'assurance, en payant les primes que l'assuré ne paie pas. Selon nous, c'est exagérer la portée et les conséquences du principe que de refuser au cessionnaire cette faculté. Quel a été le but du Conseil d'État dans son avis de 1818? Empêcher de *souscrire* des assurances sur la tête d'un tiers sans son consentement. Quant aux statuts des compagnies approuvés par le Conseil d'État, ils prohibent, outre la *souscription*, la *transmission* des assurances sur la tête d'un tiers sans son consentement. Cela se comprend. Il a paru dangereux que des individus quelconques pussent avoir intérêt à la mort d'une personne à son insu ou contre son gré. D'autre part, on a voulu empêcher les spéculations par l'assurance. Mais, dans l'hypothèse qui nous occupe, il ne s'agit plus de *souscrire* ou de *transférer* une assurance. Quand le cessionnaire veut *continuer* l'assurance souscrite par le cédant, il n'y a pas à craindre de spéculation par l'assurance; le cessionnaire demande seulement que l'assurance, qui a fait l'objet de sa convention avec le cédant, continue son cours normal, qu'elle ait les suites sur lesquelles il a dû compter et en vue desquelles il a contracté; en un mot, il entend n'être pas trompé dans ses légitimes prévisions; il demande que le sort de sa convention ne soit pas à la merci d'un caprice du cédant, de son mauvais vouloir, ou d'un événement quelconque qui em-

---

Couteau, t. II, n⁰ˢ 205 et 419. — *Contrà*, Deslandres, p. 61; mais cet auteur n'admet pas que les créanciers puissent, en dehors de la faillite, payer les primes, à moins qu'ils ne se présentent comme gérants d'affaire.

pêche ce cédant de payer la prime. Peut-être est-ce un prêteur qui s'est fait transférer, à titre de garantie, la police d'assurance — ou un associé qui a pris la même précaution contre la mort prématurée de son associé, — ou encore un chef de maison, auquel un employé, un caissier, un agent quelconque a cédé sa police en garantie de sa gestion : dans tous ces cas, le cessionnaire, le chef de maison, le créancier gagiste ne pourront donc pas payer la prime? Qu'on suppose que l'assuré tombe subitement très malade, qu'il perde la raison, qu'il devienne pour une cause quelconque incapable, et qu'il ne puisse par suite ni payer sa prime lui-même, ni autoriser valablement la personne à laquelle il a transféré la police à payer cette prime : cette personne sera donc impuissante à effectuer le paiement qui empêcherait l'annulation de la police, bien que l'événement en vue duquel elle s'est fait transférer cette assurance, savoir le décès prématuré de l'assuré, soit peut-être très prochain! Voilà ce que nous ne pouvons admettre. Car, dans notre hypothèse, la continuation de l'assurance n'intéresse pas à la mort de l'assuré des étrangers, des personnes quelconques, inconnues de lui; elle maintient seulement l'intérêt que son cessionnaire ou son créancier gagiste avait auparavant à sa mort, intérêt qui ne l'avait pas effrayé puisqu'il l'avait créé en cédant sa police ou en la transférant en garantie. Le paiement de la prime par le cédant a pour but simplement la continuation d'une situation que l'assuré a voulu, à laquelle il a consenti, il ne renferme pour lui aucun danger nouveau; nous ne voyons donc pas de cause légitime pour y mettre obstacle.

Mornard résoud cette question, d'après les considérations suivantes : L'assuré doit toujours rester libre de retirer son consentement, parce que la liberté est inaliénable. Le droit qu'aurait le bénéficiaire de l'assurance (et de même le cessionnaire) de continuer le contrat sans le consentement de l'assuré serait le droit du maître sur l'esclave. « J'ai un es-« clave, continue Mornard; cet esclave qui est ma propriété, « ma chose, a une valeur : c'est cette valeur que j'assure con-

« tre sa destruction par la mort. Oui, mais la loi française ne
« reconnaît pas l'esclavage et refuse de sanctionner de pareils
« droits. Dans la législation primitive de Rome, l'homme li-
« bre pouvait constituer des droits sur sa personne ; le débi-
« teur d'une somme d'argent pouvait s'engager à travailler
« comme esclave, pour le compte du créancier, jusqu'au plein
« acquittement de son obligation. Ce contrat, connu sous le
« nom de *nexum*, fut prohibé en l'an 429 ou 440 de Rome, par
« une loi *Petilia*. Il est inutile de dire qu'il n'a pas été rétabli
« par notre législation. »

Sans attendre que le législateur rétablisse le *nexum*, il est
permis de décider que le cessionnaire d'une police peut payer
les primes que le cédant ne paie pas. Il suffit pour cela de considérer les résultats injustes auxquels aboutit la solution contraire. D'ailleurs, ne peut-on pas supposer qu'en cédant la
police, ou en autorisant la cession de la police, l'assuré a tacitement consenti à ce que le cessionnaire paie lui-même la
prime, s'il y a lieu.

68 *bis*. — Il n'est pas inutile de faire remarquer que la solution qui précède n'est pas en contradiction avec la théorie
que nous avons développée plus haut sur le transfert des
dettes (n° 66). Quand nous disons que la cession de dettes n'est
pas admise, nous entendons que le débiteur ne peut jamais
cesser de l'être sans que le créancier consente à le libérer
(art. 1275 C. civ.); mais nous ne prétendons pas refuser au
débiteur la faculté d'obliger un tiers à le libérer de son obligation, bien au contraire nous lui reconnaissons cette faculté.
En d'autres termes, il est impossible au débiteur de retirer au
créancier le droit qui lui est acquis; mais il peut conférer un
droit nouveau à ce créancier (l'assureur) qui s'en prévaudra
si bon lui semble (1). Or, on doit supposer cette intention chez

---

(1) Telle est du moins la doctrine généralement admise. V. Lambert, *op. cit.*,
§ 199 et s. — Cf. Thaller, *De la manière pratique et commerciale de comprendre*

l'assuré qui cède sa police. D'autre part, du moment que le débiteur peut valablement obliger un tiers à le libérer de son obligation, le créancier (l'assureur) n'est pas fondé à refuser de recevoir de ce tiers la prestation due. Par exemple, en cas de cession de bail (art. 1717 C. civ.), il est bien certain que le bailleur, vis-à-vis duquel le preneur primitif reste toujours tenu, ne saurait refuser le prix du bail qui lui est offert par le cessionnaire, car il n'est pas pour cela tenu de considérer ce cessionnaire comme son débiteur et de le traiter comme tel.

69. — En résumé, notre système, tant sur la question de mise en demeure du cessionnaire que sur la faculté pour celui-ci de payer les primes, est le suivant :

La compagnie n'est pas tenue de mettre le cessionnaire en demeure de payer les primes lorsqu'elle n'a pas accepté ce cessionnaire comme débiteur au lieu et place de l'assuré, car dans notre législation, le transport des droits ne comprend pas le transport des dettes.

Mais le cessionnaire peut, sans le consentement exprès de l'assuré, payer les primes. La compagnie ne saurait donc refuser les primes qui lui sont offertes par le cessionnaire. Toutefois, en raison de la controverse qui s'est élevée sur ce point (1), les cessionnaires devront prudemment se faire autoriser par l'assuré à payer les primes en son lieu et

les recours de change, *Ann. de dr. comm.* 1892, 2° partie, p. 1 et suiv.; Raymond Saleilles, *Essai d'une théorie générale de l'obligation d'après le Code civil allemand*, n°° 103 et s., p. 97 et suiv.

(1) Cette controverse sur le droit pour le cessionnaire (et aussi pour le bénéficiaire et les créanciers de l'assuré failli ou non failli) de payer les primes est très préjudiciable au développement des assurances sur la vie. « L'assurance sur la vie du débiteur, fait à ce propos observer Mornard (p. 180), « est une garantie peu sûre. » Et en effet les compagnies pourront se prévaloir de cette controverse pour refuser de recevoir la prime offerte par le cessionnaire (même solution pour le bénéficiaire, le syndic et les créanciers) et pour mettre fin au contrat, lorsque le risque sera devenu mauvais.

place. Ils éviteront ainsi toute difficulté de ce chef. Si la cession est faite selon les formes du droit civil, cette autorisation sera donnée dans l'acte de cession signifiée à la compagnie d'assurances. Si la cession est opérée par voie d'endossement, cette autorisation pourra être donnée dans une lettre adressée par l'assuré à la compagnie. Si enfin la cession est constatée dans un avenant, cette autorisation sera donnée dans cet avenant même (1).

70. — Pour consolider cette dernière solution (que le cessionnaire peut payer les primes), il importe de réfuter une dernière objection.

On prend pour base cette idée que l'assurance sur la vie comprend une série de contrats d'assurance annuels, que l'assurance est refaite à nouveau chaque année par le paiement de la prime. Lors de la souscription de l'assurance, la compagnie, dit-on, a promis à son client de l'assurer chaque année moyennant le versement de la prime. Promesses d'assurances successives de la part de la compagnie, acceptation de ces promesses par l'assuré, obligation de la compagnie sans qu'il y ait un contrat formé pour toute la vie de l'assuré; telle est la situation . Le droit que possède l'assuré de payer les primes, pour continuer l'assurance a donc pour caractère essentiel la personnalité absolue. Quand il s'agit de payer ces primes il ne s'agit de rien moins en effet que de former un contrat, que de s'emparer de la promesse d'assurance faite par la compagnie, du consentement donné par elle et de réaliser le contrat parfait. Or, le preneur d'assurance seul peut arriver à ce résultat, car son seul consentement peut rencontrer celui donné d'avance par la compagnie et s'unir à lui pour former

_____

(1) L'avenant est préférable aux autres modes de cession, notamment en ce que, la compagnie d'assurances étant partie dans cet acte, le cessionnaire pourra stipuler que la compagnie devra le mettre personnellement en demeure de payer les primes; ainsi, il ne sera pas exposé au danger d'une annulation de l'assurance opérée à son insu.

le lien contractuel définitif, le consentement de la compagnie n'ayant été donné qu'en vue du sien(1).

On tire de cette idée diverses conséquences au point de vue du droit pour le bénéficiaire, pour les créanciers de l'assuré, pour le syndic de sa faillite, pour le cessionnaire de continuer l'assurance en payant les primes. Notamment en ce qui concerne le cessionnaire, le seul de ces intéressés dont nous nous occupions ici, on raisonne ainsi :

« L'assuré, au cours de l'opération, a deux droits bien dis-
« tincts : 1º un droit de créance conditionnel (la compagnie
« devant payer l'indemnité, si l'assuré meurt dans l'année
« commencée), ayant pour objet l'indemnité stipulée au con-
« trat, droit à une somme d'argent acquis par suite du paie-
« ment de la dernière prime; 2º un droit d'une nature spéciale,
« droit de contracter de nouvelles assurances chaque année
« avec la compagnie, en payant les primes convenues; droit
« de s'emparer de la volonté donnée d'avance par celle-ci pour
« former ces contrats successifs.

« Nous avons toujours dit et nous rappelons que le second
« droit était essentiellement personnel à l'assuré, que son con-
« sentement seul pouvait s'unir à celui donné par la compa-
« gnie en vue du sien pour former les nouveaux contrats (2). »

On est ainsi conduit à refuser au cessionnaire le droit de continuer l'assurance en payant, en son propre et privé nom, les primes annuelles. Couteau (3) n'échappe à cette consé-quence qu'en sacrifiant la logique, du moins c'est ce que pré-tendent Mornard (4) et Deslandres (5), lesquels déduisent

---

(1) Deslandres, p. 36.
(2) Deslandres, p. 177.
(3) T. II, nº 433, p. 323.
(4) P. 181.
(5) P. 142.

du principe posé que le cessionnaire ne peut pas payer les primes.

71. — Ce raisonnement nous semble très contestable. Il repose sur une idée mal établie, sur une simple fiction imaginée par des actuaires pour servir de base à certains calculs (1), et qu'on érige, nous ne savons trop pourquoi, en principe fondamental.

En effet, cette idée, que l'assurance sur la vie se décompose en une série de contrats annuels, n'est formulée dans aucun texte de loi. Nous avons vu (*suprà*, n° 19) que le Tribunal civil de la Seine en limite le champ d'application au calcul de la prime uniformisée et au calcul de la réduction. Qu'est-ce à dire sinon que cette idée ne saurait servir à résoudre des questions de droit avec lesquelles elle n'a rien à voir? Pour s'en convaincre, il suffirait, à notre avis, de remarquer l'embarras des auteurs qui, comme Deslandres, acceptent cette idée : ces auteurs sont en effet obligés d'imaginer toute sorte d'échappatoires pour éviter les conséquences injustes et inadmissibles auxquelles ils sont logiquement conduits : n'est-ce pas la preuve que le principe duquel ils partent est faux?

Cette idée est d'ailleurs repoussée par plusieurs auteurs : « La création du fonds de réserve, dit M. Coulazou (2), la faculté de rachat stipulée par l'assuré prouvent que ce dernier « a entendu contracter non pour un an, mais pour la vie entière. »

On a fait remarquer aussi que cette idée est inapplicable au

---

(1) Vermot, *Catéchisme de l'assurance sur la vie*, p. 29 et suiv.

(2) *De la stipulation pour autrui dans les assurances sur la vie*, p. 16 (thèse 1890). — Sic. Clos, *Des assurances sur la vie*, p. 26 (thèse 1891).

cas où la prime, au lieu d'être payable par annuités, est unique, c'est-à-dire lorsqu'elle consiste en une somme une fois payée au moment de la souscription de la police. En effet, dans ce cas, de nouveaux contrats ne pourraient plus se former annuellement, faute d'une prime, cet élément essentiel de tout contrat d'assurance.

Enfin, ce système présente un inconvénient qui, à notre avis doit appeler l'attention. En effet, le nouveau contrat qui, dans ce système, se forme chaque année entre l'assureur et l'assuré, ne peut — c'est de toute évidence — prendre naissance si l'une des parties, notamment l'assuré, est incapable. Il suffira donc que l'assuré ne soit pas en état de donner un consentement valable, au moment de l'échéance de la prime, que, par exemple il ne soit pas sain d'esprit, pour que l'assurance prenne fin, le contrat qui devait la renouveler ne pouvant plus se former. C'est ainsi qu'on décide, en matière de louage, que si l'une des parties est tombée en démence, depuis la confection du bail et avant son expiration, il n'y aura pas de tacite reconduction (1).

Or, c'est là, on le comprend sans peine, une conséquence des plus fâcheuses.

En matière de louage, on peut ne pas s'en préoccuper beaucoup ; en effet, nonobstant l'événement qui a privé une des parties soit de ses droits, soit seulement de l'exercice de ses droits, la tacite reconduction pourra néanmoins s'opérer si la partie devenue incapable a été interdite et si son tuteur a laissé s'accomplir la tacite reconduction. Mais il n'en est pas de même en matière d'assurance sur la vie. En effet plusieurs auteurs refusent au tuteur de l'interdit la capacité voulue pour contracter et par suite pour renouveler une assurance

---

(1) Guillouard, *Traité du louage*, t. I, n° 112 ; Pothier, *Du louage*, n° 343 ; Laurent, XXV, n° 336.

au *profit de l'interdit* (1). Et cette incapacité du tuteur cesserait, à notre avis, de faire doute dans tous les cas où il s'agirait pour ce dernier soit de renouveler une assurance souscrite par l'assuré *au profit d'un tiers*, soit de donner son consentement au renouvellement d'une assurance dans laquelle l'assuré n'a figuré que pour autoriser les parties contractantes à stipuler une assurance sur sa vie, en un mot, que pour prêter sa tête, selon le langage imagé de la pratique. Il est bien évident, en effet, que dans ces cas, où un tiers a intérêt à ce que l'assuré interdit décède le plus tôt possible, la volonté du tuteur ne peut se substituer à la volonté défaillante de l'assuré ; d'où cette conséquence qu'en pareils cas, le changement survenu dans la capacité de l'assuré doit nécessairement mettre fin à l'assurance.

71 *bis*. — Nous terminerons cette étude de la question de savoir si le cessionnaire peut payer les primes par l'examen de la solution proposée par Deslandres.

Tout en posant comme règle générale que le cessionnaire ne peut pas payer les primes, cet auteur fait remarquer que cette règle admet une exception qui doit, au point où nous en sommes arrivés de ce travail, attirer tout particulièrement notre attention, car elle a trait à la matière de l'endossement.

« A-t-on, dit Deslandres (2), inséré dans la police d'assu-« rance une clause *à ordre*, disant que cette police, la propriété « de cette police, pour parler le langage habituel, pourra se « transmettre par endossement? Cela modifie, à notre avis, « les conditions essentielles du contrat passé entre l'assuré et « la compagnie. — Les deux parties ont voulu, en effet, sui-« vant nous, dans cette hypothèse, faire de ce titre quelque

---

(1) Consulter le *Traité du contrat d'assurance sur la vie* de M. Lefort, t. I, p. 271.

(2) P. 173.

« chose d'essentiellement transférable, et de transférable dans
« son entier, pour tous les droits qui en résultent. On a dit, en
« effet, que l'assuré pourrait transférer par endossement *la pro-*
« *priété de la police,* ce sont les expressions des polices même :
« or, la propriété de la police, c'est ce qu'il peut y avoir de plus
« étendu, cela doit signifier le transfert de la situation com-
« plète qui résulte de l'assurance pour l'assuré primitif, de tous
« ses droits ; par conséquent, avec les autres, de son droit de
« renouveler chaque année l'assurance.

« Nous ajoutons que si les parties, en insérant la clause à
« ordre, ont voulu toutes les deux rendre le transfert de ce
« droit possible, elles l'ont pu. Il suffit de dire, pour qu'il en
« soit ainsi, et, par conséquent, il faut dire que la compagnie
« d'assurances, en adhérant au contrat, s'est engagée à rece-
« voir les primes, à passer les contrats annuels, non seulement
« vis-à-vis du souscripteur de la police, mais encore vis-à-vis
« de toutes les personnes auxquelles le titre pourrait être
« endossé. De la sorte, le droit de renouveler le contrat n'est
« plus personnel au preneur d'assurance, le consentement
« donné par la compagnie n'ayant pas été donné en considé-
« ration particulière de sa personne. Et cet engagement de la
« compagnie vis-à-vis des futurs cessionnaires a pu être vala-
« blement pris par la compagnie d'assurance, car c'est le pro-
« pre de la clause à ordre d'engager le souscripteur du titre
« qui en est revêtu, non pas seulement vis-à-vis de son con-
« tractant actuel, mais encore vis-à-vis de quiconque sera
« désigné par endossement. »

Si cette théorie était exacte, la situation serait, au point de
vue qui nous occupe, très dissemblable, selon que l'assurance
a été transférée par endossement, ou suivant que l'on a employé les formalités prescrites par le droit civil, ou enfin, suivant que le transfert a été réalisé par avenant :

« 1° La clause à ordre, et l'endossement de la police, conti-

« nue Deslandres (1), aurait pour effet, à notre sens, de trans-
« férer au cessionnaire le droit à l'indemnité, aussi bien la
« créance actuelle que toutes celles à provenir du contrat, et
« le droit de poursuivre l'assurance.

« 2° L'emploi des formalités du transfert de créance pres-
« crites au Code civil aboutirait à un droit du cessionnaire à
« toutes les créances d'indemnité, l'assuré étant d'abord tenu
« envers le cessionnaire de les faire naître tous les ans en
« payant les primes; mais le cessionnaire ne pourrait pas for-
« cer la compagnie à accepter de lui le paiement de la prime.

« 3° Enfin la souscription d'un avenant dans lequel on dési-
« gnerait le cessionnaire comme devant toucher l'indemnité, le
« placerait dans la posture d'un bénéficiaire, et lui confére-
« rait, suivant le système suivi et la volonté de l'assuré, soit
« seulement un droit aux créances d'indemnité, soit en plus
« le droit de payer la prime à la compagnie, si l'assuré ne
« remplit pas son engagement à ce sujet.

« On voit que le premier procédé (endossement) crée pour
« le cessionnaire une situation définitive, que le second (ces-
« sion signifiée) le laisse à la discrétion de l'assuré qui peut
« suspendre l'assurance et par là ses droits (2); que le troisième
« (l'avenant) dans ses effets se confond avec le premier ou le
« second, suivant que l'on adopte sur la question antérieure
« de la portée de l'attribution du bénéfice tel ou tel sys-
« tème (3). »

---

(1) P. 183.

(2) « La question de dommages-intérêts réservée. »

(3) Deslandres expose ces systèmes pages 78 à 117.

Deslandres croit qu'il existe entre d'une part l'endossement, et d'autre
part la cession, soit par avenant, soit selon le mode du droit civil, une autre
différence. D'après cet auteur, le cessionnaire par endossement aurait incontestablement le droit de céder l'assurance. « La forme même donnée au titre,
« dit-il (p. 186), montre que l'on a prévu et voulu rendre possible une longue

72. — Que faut-il penser de ces différences que présente-
raient, au point de vue du droit pour le cessionnaire de payer
les primes, les trois modes de transfert d'assurance?

Pour notre part, nous croyons que le cessionnaire peut, *dans
tous les cas*, sauf convention contraire, payer les primes (1).
Les distinctions que cherche à établir Deslandres ne nous paraissent pas justifiées.

Voyons, en effet, les motifs qui servent de base à ces distinctions. Deslandres s'appuie d'abord sur ce que la cession de la
police selon le mode du droit civil serait moins compréhensive
que le transfert par endossement; que, notamment, elle ne

« série de transmissions successives. » Mais il serait douteux, que l'assuré,
qui a cédé sa police selon le mode du Code civil, ait entendu permettre au
cessionnaire de retrocéder son droit. On peut croire que, la cession ayant été
inspirée par un sentiment de prévoyance pour le cessionnaire, l'assuré a entendu que la créance d'indemnité resterait toujours dans le patrimoine du
cessionnaire. Ainsi dit Deslandres, nous poserions comme présomption la
volonté de l'assuré contraire à la possibilité pour le cessionnaire de céder son
droit et de même pour l'avenant (p. 187).

Nous ne saurions, pour notre part, accepter ce système : il ferait naître des
questions d'appréciation très délicates. Suivant nous, le cessionnaire a toujours le droit de céder à son tour l'assurance, s'il n'y a interdiction formelle et
expresse de la part du cédant.

(1) Quand la cession résulte d'un avenant, les parties (qui sont le cédant,
le cessionnaire, et la compagnie, débiteur cédé) peuvent convenir expressément que les primes seront payées par le cessionnaire : on a alors nous ne
disons pas une délégation parfaite, afin de ne pas préjuger la question de
savoir si l'avenant opère novation, question que nous examinerons plus tard,
mais enfin une convention qui oblige la compagnie non seulement à accepter
du cessionnaire le paiement de la prime, mais encore à mettre le cessionnaire en demeure de payer la prime échue. L'avenant présente à ce point de
vue un avantage important sur les autres modes de cession, endossement
ou cession selon le mode du droit civil. Il présente aussi deux autres avantages sur l'endossement (V. *Journ des Ass.*, année 1884, p 273) : il permet
aux parties de s'expliquer sur deux questions qui, avec celle de savoir si le
cessionnaire peut payer les primes, donnent souvent lieu à des difficultés, en
cas d'endossement; ces questions sont les suivantes : 1° le cessionnaire a-
t-il le droit de toucher la participation dans les bénéfices de la compagnie
2° a-t-il le droit de racheter la police. (V. Deslandres, p. 184 et suiv.)

s'étendrait pas au droit de renouveler chaque année l'assurance, tandis que ce droit serait au nombre de ceux transférés par endossement. Mais Deslandres ne donne aucun motif à l'appui de cette manière de voir. En second lieu, cet auteur fait remarquer que c'est le propre de la clause à ordre d'engager le débiteur du titre endossé non seulement vis-à-vis de son contractant actuel, mais encore vis-à-vis du porteur quel qu'il soit. L'observation est juste; mais il ne faut pas en exagérer la portée. Il est vrai que le débiteur d'un titre à ordre est obligé directement envers le porteur, mais à quoi est-il obligé envers ce porteur? à *payer à l'échéance le montant du titre*; voilà tout l'objet de son obligation envers le porteur. Décider, comme le fait Deslandres, qu'en vertu du principe sus rappelé la compagnie est en outre obligée vis-à-vis du porteur, de passer les contrats d'assurance annuels, c'est, selon nous, tirer de ce principe une conséquence qui n'en découle pas nécessairement. D'ailleurs, si, comme le veut Deslandres, on déclarait la Compagnie tenue envers le porteur de toutes les obligations dont elle est tenue envers l'assuré, on devrait décider que la compagnie est obligée de mettre non seulement l'assuré, mais aussi le porteur en demeure de payer les primes, et on arriverait ainsi à imposer à la compagnie une obligation impossible, puisque, n'étant pas avisée des endossements, elle ne connaît jamais le porteur du titre et ne peut, par suite, le mettre en demeure.

73. — Pour nous donc, que la cession soit faite conformément au droit civil, ou qu'elle soit opérée par endossement, il y a même raison de décider, dans un cas comme dans l'autre, que le cessionnaire peut continuer l'assurance, en payant les primes, si l'assuré ne les paie pas. Et cette raison est que l'assuré doit être présumé avoir, en cédant sa police, autorisé par avance le cessionnaire à payer les primes s'il ne les payait pas lui-même. Nous avons fait remarquer en effet (n° 68) que si le cessionnaire n'avait pas cette faculté, la cession pourrait souvent ne pas recevoir l'exécution prévue par les parties,

et sortir son plein et entier effet. Or, cette considération s'applique aussi bien en cas de cession selon le droit civil qu'en cas de cession par endossement : il n'existe aucune raison de distinguer entre ces deux modes de cession.

74. — 2° Nous avons dit (n° 61) que, même en adoptant le système qui déclare non opposables au porteur les moyens de défense nés du chef de l'assuré, on devrait faire une exception pour la compensation qu'oppose l'assureur au porteur de la police entre l'indemnité de sinistre et les primes impayées.

Voici, en effet, comment s'exprime M. Lyon-Caen, un des partisans de ce système (en matière d'assurances maritimes) :
« Il est admis sans difficulté que le tiers porteur de la police
« d'assurance qui réclame une indemnité à l'assureur, peut se
« voir opposer par celui-ci la compensation à raison de la prime
« d'assurance encore due par l'assuré » (1).

75. — En équité cette solution ne saurait faire doute.

Mais comment l'expliquer juridiquement?

En matière d'assurances maritimes, M. Lyon-Caen décide, comme on voit, que l'assureur opposera au porteur la *compensation légale*. C'est dans ce sens que se prononcent la plupart des auteurs (2). Cependant cette explication paraît difficile à admettre, car nous avons vu plus haut (n° 66), que le cessionnaire n'est pas débiteur des primes au moins au regard de l'assureur, s'il n'est pas intervenu une convention entre l'assureur, l'assuré et le cessionnaire. Comment donc l'assureur pourrait-il déduire la prime au porteur quand il n'a pas

---

(1) *Revue critique*, 1892, p. 363.

(2. Laurin, IV, p. 230; Lyon-Caen et Renault, *Précis*, n° 2252; Desjardin, t. VII, n° 1137. — V. Lacombière, sur l'art. 1295, n° 10.

le droit de la recouvrer contre lui? Laurin (1) répond que le porteur, se présentant du chef de l'assuré, « n'a pas une per-« sonnalité distincte de la sienne » et que dès lors une compensation du chef de son cédant lui est opposable. On ajoute que le tiers porteur, en agissant contre l'assureur, se soumet par là même à l'obligation de payer la prime. Ces explications ne sont pas très satisfaisantes.

Pour notre part, nous nous demandons si l'assureur· ne pourrait pas tenir au porteur le langage suivant : « Je ne dois « l'indemnité de sinistre que sous la condition que toutes les « primes échues soient payées; or il dépend de vous, porteur, « que cette condition soit remplie, car vous avez le droit de « payer les primes (2): donc payez la prime due, et, de mon « côté, je vous paierai l'indemnité de sinistre, ou, plus sim-« plement, je suis prêt à vous payer l'indemnité de sinistre « sous la déduction du montant des primes dues. »

76. — B. Nous allons examiner une autre application du deuxième effet de l'endossement énoncé ci-dessus (n° 57).

Il s'agit de la règle formulée dans l'art. 149 C. com. ainsi conçu :

« Il n'est admis d'opposition au paiement qu'en cas de perte « de la lettre de change ou de faillite du porteur. »

Cette disposition est en quelque sorte inutile, car telle est l'efficacité propre de l'endossement, qu'il est impossible de concevoir la saisie-arrêt pour un titre à ordre. En effet, la créance se transmettant par une simple mention et sans avertissement au débiteur, le titulaire actuel de la créance est inconnu. La disposition de l'art. 149 C. com., ne doit donc pas

---

(1) IV. p. 230.
(2) V. *suprà*, n° 68 *bis*.

être renfermée dans le domaine du change, puisque, d'après la logique du raisonnement, elle est vraie d'un titre à ordre quelconque. Elle pourrait ne pas exister, l'endossement, par ses effets énergiques, y suppléerait (1).

77. — On discute cependant la question de savoir si l'art. 149 C. com. est applicable en cas d'endossement d'une police d'assurance sur la vie établie à ordre (2).

Nous avons déjà cité les opinions contraires de Vibert et d'Herbault (V. ci-dessus n° 48). Nous n'y reviendrons pas.

Charles Tissier (3) applique l'art. 149 aux polices d'assurance sur la vie établies à ordre.

F. Versigny (4) est d'un avis opposé.

La jurisprudence présente la même variété que la doctrine.

Le jugement du Tribunal de commerce de la Seine du 4 décembre 1850 (5) et l'arrêt de la Cour de Riom du 6 mai 1891, dont nous avons donné des extraits plus haut (n° 52), sont contraires à l'application de l'art. 149 C. com. en matière d'assurances sur la vie. C'est dans le même sens que s'est prononcé le Tribunal civil de la Seine dans son jugement du 16 juillet 1886 (6).

---

(1) Lyon-Caen et Renault, *Précis*, t. I, n° 1208.

(2) En matière d'assurances maritimes, il a toujours été admis sans conteste que l'art. 149 C. com. est applicable quand la police est à ordre. (V. Cass., 21 juillet 1855, D. P. 1855, I. 233. — Trib. com. Marseille, 23 août 1858, *Journ. jurispr. de Marseille*, 1858, I, 313; Lyon-Caen et Renault, *Précis*, n° 1208; Bravard, t. IV, p. 315; Boistel, n° 805; Em. Cauvet, t. II, n° 415.

(3) *Thèse*, Paris, 1870, p. 192 et 193.

(4) *Du droit en matière d'assurances sur la vie*, n° X, p. 15.

(5) L'annotateur du *Journ. des Ass.* (année 1855, p. 211) approuve ce jugement qui a été confirmé par arrêt du 13 décembre 1851.

(6) *Rec. pér. des Ass.*, 1887, p. 586.

Mais la Cour de Paris, par ses arrêts des 12 février 1857
infirmant un jugement du Tribunal de commerce de la Seine
du 17 décembre 1856) et 2 avril 1879 (infirmant un jugement du
Tribunal civil de la Seine du 31 août 1877) (1), a décidé, au contraire, que l'assureur devait payer au porteur de la police endossée le capital assuré par cette police, nonobstant toutes saisies-
arrêts pratiquées par les créanciers d'un endosseur, parce que
ces saisies-arrêts ne sont pas opposables au porteur.

C'est à cette doctrine que s'est rangé le Tribunal de commerce de la Seine dans son jugement du 9 janvier 1893 (2).

Pour notre part, nous croyons que cette dernière solution
s'impose, car elle est virtuellement contenue dans la clause à
ordre. C'est là une de ces conséquences qu'il faut nécessairement admettre, selon la remarque de M. Beudant, dès qu'on
souscrit au principe qui les entraîne, car toute décision contraire serait entachée d'un défaut de logique.

78. — Nous avons entrepris, on se le rappelle (v. n⁰ 46),
de démontrer que plusieurs des effets de l'endossement dépas-
sent le but que les parties veulent atteindre en insérant dans
la police la clause à ordre dont elles comprennent mal le sens
et dont elles calculent mal la portée; que, par suite, l'introduction de cette clause peut aboutir à des résultats imprévus et
à des mécomptes.

L'effet de l'endossement que nous étudions en ce moment

---

(1) V. ces décisions dans Bouneville de Marsangy, 2ᵉ partie, p. 138 et 587.
De ces décisions on peut rapprocher le considérant suivant d'un arrêt de
Paris du 21 décembre 1872 (B. de M., II, 433) : « Considérant que si l'usage et
« la jurisprudence assimilent à un effet de commerce la police d'assurance
« payable à ordre, transmissible par voie d'endossement, auquel cas *le por-*
« *teur, devenu bénéficiaire du contrat, serait à couvert de toute saisie-arrêt de*
« *la part de ses créanciers,* on ne saurait...... »

(2) *Rec. pér. des Ass.,* 1893, p. 239.

(inefficacité des saisies-arrêts pratiquées sur le capital assuré) est-il un de ces effets que les parties n'ont point voulus, ou bien, au contraire, est-il conforme aux prévisions et à l'intention des parties?

Cette question comporte, si nous ne nous trompons, deux réponses différentes selon les époques.

Autrefois, on ne songeait pas, croyons-nous, lorsqu'on établissait une police à ordre, à assurer par ce moyen détourné, à l'indemnité due par la compagnie le bénéfice de l'insaisissabilité. Donc, quand on annule, par application de l'art. 149 C. com., les saisies pratiquées sur des polices anciennes, on s'expose à faire produire à la clause à ordre insérée dans ces polices un effet sur lequel ne s'est pas portée la pensée des parties.

Mais, dans ces derniers temps, quelques personnes ont cherché dans l'insertion de la clause à ordre un biais, un subterfuge pour placer le capital assuré hors de la portée des créanciers. Les débats qui ont précédé le jugement susvisé du 9 janvier 1893, et les commentaires dont ce jugement a été l'objet dans les journaux d'assurances, ne laissent aucun doute à cet égard. « Les compagnies, écrit M. G. Sainctelette à « propos de ce jugement (1), ont cru trouver la solution du « problème dans le mode spécial de transmission établi par « le Code de commerce en faveur des lettres de change et des « billets à ordre, lequel a été ensuite étendu par la jurispru- « dence à d'autres valeurs et même à d'autres titres d'obli- « gations purement civiles, etc. (2)... »

Ainsi, quand on déclare nulles, par application de l'art. 149

---

(1) V. dans le *Rec. pér. des Ass.*, année 1893, le *Bulletin des Assurances*, n° 2, p. 5.

(2) Consulter aussi les observations publiées sur ce jugement du 9 janvier 1893 dans le *Conseiller des Assurances*, du 2 février 1893, sous le titre : *De l'endossement des polices*.

C. com., des saisies-arrêts pratiquées sur des polices à ordre
de date récente, il se peut qu'on ne fasse qu'exécuter la volonté des parties en faisant produire à leur convention un
effet sur lequel elles ont compté.

79. — Que faut-il penser de la clause à ordre considérée
comme moyen de rendre le bénéfice de l'assurance insaisissable?

Pour nous rendre compte du mérite et de l'efficacité de ce
procédé, nous devons nous placer successivement dans les différentes hypothèses où le droit des créanciers peut s'exercer.

82. — 1ᵉʳ cas. — *La police est souscrite au profit de l'assuré,
ou au profit de personnes incertaines et indéterminées (ayants
droit, héritiers, la personne que l'assuré se réserve de désigner,
etc...).*

Pour la clarté de la discussion, précisons d'abord quels
seraient les droits des créanciers, si cette police n'était pas à
ordre.

Pas de doute, que la créance résultant d'une police ainsi
libellée, fasse partie du patrimoine de l'assuré (art. 1122 C.
civ.) (1) et qu'en conséquence les créanciers de cet assuré
puissent agir.

---

(1) Dans les développements qui vont suivre, nous raisonnerons toujours
dans le système de la jurisprudence qui applique au contrat d'assurance sur
la vie les règles de la stipulation pour autrui. Nous nous bornerons à faire
remarquer ici que le système qui voit dans l'assurance sur la vie une gestion
d'affaires (système de M. Labbé) et le système qui explique cette opération
en disant que l'assureur s'engage à offrir l'indemnité, après la mort de l'assuré, au bénéficiaire (système de M. Thaller), que ces deux systèmes, disons-
nous, protègent mieux le bénéficiaire contre les revendications créancières
que le système de la jurisprudence. On peut consulter sur ce point Deslandres,
p. 161 et 165. — Dans un ouvrage publié récemment sous ce titre : *Des assu-*

Mais comment le droit de ces créanciers pourra-t-il trouver à s'exercer?

Distinguons :

a. La police n'a pas été cédée. — Dans ce cas, les créanciers de l'assuré peuvent :

1° Former opposition au paiement de la participation bénéficiaire ;

2° Former opposition sur le prix du rachat que l'assuré peut demander à la compagnie d'opérer ;

3° Demander eux-mêmes, comme exerçant les droits de l'assuré leur débiteur, que la compagnie rachète le contrat et leur en verse le prix. Toutefois ce droit pour les créanciers de revendre eux-mêmes à la compagnie le contrat, est très contesté. Si la doctrine (1) semble fixée en ce sens que le syndic n'a pas le droit de demander à la compagnie de racheter la police et de toucher le prix de ce rachat, il n'en est pas de même de la jurisprudence qui est très divisée sur cette question. Les Cours de Rouen (2) et de Montpellier (3) refusent au syndic le droit de revendre la police à la compagnie. Mais la Cour de Douai (4) et la Cour de Paris (5) ont nettement affirmé la solution contraire. La Chambre des Requêtes ayant admis

---

runces *sur la vie entre époux* (*Thèse*, Paris 1893), M. Claro a fait un exposé très clair des diverses théories juridiques de l'assurance sur la vie au profit d'un tiers : gestion d'affaires, stipulation pour autrui, système Le Villain, système Thaller, système Boistel (v. p. 69 à 81 de cet ouvrage). Consulter aussi le *Traité du contrat d'assurance sur la vie* de M. Lefort où ces divers systèmes sont passés en revue (t. I, p. 223 et suiv).

(1) Couteau, t. II, p. 450 ; Deslandres, p. 63.

(2) 18 janvier 1881, Sirey, 1886, 2. 223 et la note de M. Lyon-Caen.

(3) 15 mars 1886, *J. des Ass.*, 1886, 203.

(4) 23 mars 1887, *Rec. pér.*, 1888, 200.

(5) 14 novembre 1890, *Rec. pér.*, 1890, 216.

le pourvoi formé contre ce dernier arrêt, la Cour de cassation ne tardera pas à se prononcer sur cette importante question (1).

4° Saisir-arrêter la créance que la mort de l'assuré, ou le terme apposé à la police (s'il s'agit d'assurance en cas de vie, mixte ou à terme fixe) rendra exigible (2).

b. La police a été cédée. — Si la saisie-arrêt est postérieure à la cession, elle ne frappe pas, la créance ne se trouvant plus dans le patrimoine du débiteur saisi.

Si, au contraire. elle est antérieure à la cession, elle sera opposable au cessionnaire, et il s'élèvera entre ce dernier et le créancier saisissant un conflit qui, comme on le sait, est difficile à régler.

Remarquons que si l'assuré a été déclaré en faillite, la situation sera simplifiée : d'une part, il n'y aura plus besoin de saisie-arrêt (3) ; d'autre part, le failli, dessaisi de l'administration de ses biens, ne pourra plus ni céder la police (4) ni en toucher le montant.

Tels sont les droits des créanciers sur le bénéfice d'une police non endossable souscrite au profit de l'assuré ou de ses ayants droit.

83. — Revenant maintenant à notre sujet, recherchons si et

---

(1) Consulter sur cette question : *Les assurances sur la vie devant la Cour de cassation en 1892, p. 8 et suiv. par M. Lefort.*

(2) Les créanciers pourraient-ils procéder par voie de saisie-exécution ? Non, ce droit n'est pas admis pour les biens incorporels (Roger, *Traité de la saisie-arrêt*, n° 168; Buchère, *Traité des valeurs mobilières*, 2e édition, n°° 477 et s.). Du reste, le droit de demander à la compagnie de racheter la police, si toutefois on reconnaît ce droit aux créanciers, produira, quand il sera exercé, tout l'avantage que procurerait une saisie-exécution.

(3) V. Roger, *Traité de la saisie-arrêt*, n° 219.

(4) V. sur les distinctions à faire, Roger, *Traité de la saisie-arrêt*, n° 215 et suiv.

dans quelle mesure l'introduction dans cette police de la clause à ordre modifie ces droits.

Notons d'abord que la clause bénéficiaire de la police que nous examinons en ce moment sera ainsi libellée (1) :

..... à mon ordre, à défaut d'ordre, à mes héritiers... à mes ayants droit... aux personnes que je me réserve de désigner, etc.

Ce point fixé, nous distinguerons, comme plus haut, suivant que la police a ou n'a pas été cédée.

81. *a. La police n'a pas été cédée.* — La faculté d'endossement rend, nous le savons, légalement et en quelque sorte matériellement impossible toute saisie-arrêt, puisque, pour s'y soustraire, l'assuré n'aurait qu'à céder, avant comme après l'échéance, la police à un tiers qui aurait les mêmes droits que si la police avait été souscrite originairement à son profit, que si elle avait été créée à son nom et à son ordre (art. 149 C. com.) (V. *suprà*, n° 37 et *infrà*, n° 152 *ad notam*). Ainsi, diront les partisans de l'endossement, par ce moyen détourné, qui consiste à établir la police à ordre, les parties auront réussi à assurer au montant de cette police le bénéfice de l'insaisissabilité.

C'est vrai.

Mais est-ce à dire que, pour obtenir ce résultat, il était besoin de donner à la police la forme à ordre ? Il est permis d'en douter.

On pourrait en effet essayer de soutenir que la faculté qu'a *tout* assuré de transférer sa police *par avenant,* — aussi bien la police qui est à personne dénommée que la police qui

---

(1) Dubois, *Du bénéfice de l'assurance sur la vie. — Instruction pratique,* p 51 et 52.

est à ordre — doit, tout de même que la faculté d'endossement — qui n'existe qu'au profit des assurés dont la police est à ordre — avoir pour résultat de rendre les saisies-arrêts impraticables. On ferait le raisonnement suivant :

Pourquoi les créanciers du porteur d'un titre à ordre ne peuvent-ils pas pratiquer une saisie-arrêt entre les mains du débiteur? C'est parce que, pour faire tomber l'effet de cette saisie, il suffirait au porteur d'endosser le titre à un tiers qui le recevrait purgé, par l'effet de l'endossement, de toutes les exceptions nées du chef des précédents propriétaires, notamment de toutes les oppositions pratiquées par les créanciers de ces derniers. Or, nous allons voir (n° 85 ci-après) que le cessionnaire par avenant est à ce point de vue dans la même situation que le cessionnaire par endossement, c'est-à-dire que le cessionnaire par avenant est titulaire d'un droit originaire tout comme le cessionnaire par endossement; d'où cette conséquence que l'assuré qui cède par avenant sa police rend inefficaces les saisies-arrêts pratiquées à son préjudice aussi sûrement que l'assuré qui endosse sa police établie à ordre. Comme toute police, endossable ou non, est susceptible d'être transférée par avenant, on doit donc décider qu'aucune saisie-arrêt ne peut être pratiquée au préjudice de l'assuré, et cela aussi bien quand la police est à ordre que quand elle est à personne dénommée.

Nous devons reconnaître toutefois que cette thèse est discutable.

85. *b. La police a été cédée, c'est-à-dire endossée.* — C'est dans ce cas que la forme à ordre donnée à la police paraît, au premier abord, devoir être particulièrement utile. Grâce, en effet, à ce que la police est à ordre, le cessionnaire sera à l'abri tout à la fois et des réclamations des créanciers du cédant et des saisies-arrêts que pourraient pratiquer ses créanciers personnels. Il semble donc que les partisans de l'endossement vont, au moins dans ce cas, avoir raison. Mais non ; car il faut remarquer qu'ici encore il n'est pas besoin de donner à la police la forme *à ordre* pour mettre le cessionnaire à l'abri des revendications créancières. Nous venons de dire en effet (n° 84) que la situation d'un cessionnaire *par avenant* d'une police non à ordre, par suite non négociable par endossement, est semblable. du moins au point de vue qui nous occupe, à celle d'un cessionnaire par endossement. En effet l'avenant n'est pas autre chose qu'un acte modificatif de la police dont il devient partie intégrante : tout doit se passer comme si le bénéficiaire nommé dans l'avenant avait été désigné dans la police même, c'est-à-dire que ce bénéficiaire doit être considéré, lorsqu'il a accepté, comme saisi *ab initio* du droit au capital assuré (1). Il en résulte que les saisies-arrêts pratiquées par les créanciers de l'assuré, tombent de plein droit le jour où il dispose par avenant du bénéfice de la police. Cette solution peut choquer, car s'il est vrai que la saisie-arrêt pratiquée sur une créance n'empêche pas celui qui en est propriétaire de pouvoir la céder à un tiers, c'est à la condition toutefois que les droits du saisissant-arrêtant seront réservés (2) ; or, ici, les droits de ce dernier disparaissent. Mais, choquante ou non. cette solution s'impose nécessairement du moment qu'on admet avec la Cour de cassation : 1° que le cessionnaire par avenant a une saisine qui remonte au jour de la souscription de la police, tout comme s'il avait été désigné dans cette police ; 2° que le droit du bénéficiaire désigné dans

---

(1) V. notamment Douai, 14 février 1887 (Sirey, 1888, 2, 49 et la note de M. Labbé), Cass., 7 août 1888 (Sirey, 1889, 1. 97 et la note de M. Labbé) ; Dumaine, 2° édition, n° 55 *in fine*. Nous avons dit (n° 14 et *Rec. pér.* 1890, p. 134 et suiv.) que cette solution nous paraît contestable ; mais, consacrée comme elle l'est par la Cour de cassation, on peut, au point de vue de la pratique, la considérer comme acquise en jurisprudence. Cf. Lefort, *Traité du Contrat d'ass. sur la vie*, t. I, p. 223, texte et note 3.

(2) Aubry et Rau. t. IV, §559, texte et note 10, p. 421 ; Guillouard, *Traité de la Vente et de l'Échange*, t. II, n°° 158 et 351.

la police, quoique sorti d'un contrat passé par l'assuré, est né directement dans la personne de ce bénéficiaire (1).

86. Il résulte de ce qui précède que la faculté de transférer la police par avenant procure une protection peut-être aussi efficace contre les saisies-arrêts que la faculté d'endossement (2). Donc, la clause à ordre, considérée comme moyen de conférer le bénéfice de l'insaisissabilité, apparaît comme un subterfuge d'une utilité douteuse au moins quand on se trouve dans le cas que nous examinons en ce moment (police souscrite au profit des héritiers ou ayants droits) (3).

86 *bis*. Le transfert par avenant constitue même une protection plus sure contre les revendications des créanciers que le transfert par endossement ; et cela pour deux raisons :

1° Le transfert par avenant met, avons-nous dit, le bénéficiaire désigné dans l'avenant à l'abri des réclamations des créanciers de l'assuré. Or, cela est vrai, soit que le transfert par avenant constitue une opération à titre gratuit, soit qu'il

---

(1) Consulter sur l'évolution qui se produit en jurisprudence relativement aux effets de la stipulation pour autrui : Lambert, *De la stipulation pour autrui*, §§ 115, 116, 125 ; Lefort, *Traité du Contrat d'assurance sur la vie*, t. I, p. 220 ; Coulazou (*Thèse*, Paris, 1890), p. 48 à 68 ; Champeau, *De la stipulation pour autrui* (*Thèse*, Paris, 1893).

(2) On objectera peut-être que l'exercice de la faculté qu'a l'assuré de transférer sa police par avenant pourrait bien, en pratique, faire quelque difficulté lorsque la compagnie aura déjà reçu des oppositions au moment où l'assuré viendra lui demander d'établir un avenant de transfert. En effet, n'est-il pas à présumer que la compagnie refusera de délivrer un avenant à une police frappée d'opposition ? Nous répondrons que la compagnie, qui croirait engager sa responsabilité en délivrant l'avenant demandé, mettrait ses intérêts à couvert, en énonçant, dans l'avenant, les oppositions, et en faisant, au besoin, toutes réserves utiles.

(3) Il faut remarquer cependant que, si on assimile une police à ordre à un effet de commerce, on doit, par application de l'art. 446 C. com., déclarer nulle, quand elle est réalisée au moyen d'un avenant, une dation en paiement pour dette échue, postérieure à la cessation des paiements, tandis que, par application du même art. 446, la même dation en paiement serait valable si elle était réalisée par endossement.

constitue une opération à titre onéreux. Quand, au contraire,
il s'agit d'un transfert par endossement, la question se pose
de savoir si le cessionnaire *à titre gratuit*, qui n'a pas fourni
en espèces ou en marchandises la valeur de la police endossée
à son profit, n'aura pas à subir l'effet des saisies-arrêts pratiquées par les créanciers de l'assuré, son cédant. En effet, en
cas d'endossement à titre gratuit d'une police d'assurance,
c'est-à-dire en cas d'endossement n'énonçant pas la valeur
fournie, on peut soutenir que l'endossement ne vaut que
comme procuration (exceptionnellement non révoquée par le
décès, lorsqu'il s'agit d'assurance en cas de décès vie entière)
et que, par suite, l'endosseur est resté propriétaire (V. *infrà*,
n° 119 et s.) : d'où les conséquences suivantes :

a. Au cas de faillite de l'assuré-endosseur, c'est-à-dire du
mandant, la compagnie ne doit pas payer entre les mains du
cessionnaire, c'est-à-dire du mandataire, dont les pouvoirs sont
de plein droit révoqués par la faillite (art. 2003 C. civ.); les syndics de l'assuré auront seuls qualité pour recevoir le paiement.

b. Au cas de faillite du cessionnaire, c'est-à-dire du mandataire, l'assuré-endosseur peut revendiquer contre la masse
la police endossée irrégulièrement dont il est resté propriétaire (art. 574 C. com).

c. Les créanciers de l'assuré-endosseur peuvent faire saisie-
arrêt entre les mains du tiré, sans que le mandataire (qui est
ici le cessionnaire) puisse s'y opposer.

d. La compagnie a le droit d'opposer au porteur de la police
les exceptions du chef de l'assuré-endosseur, mais non les
exceptions du chef de lui, porteur : le mandataire s'efface der-
rière le mandant (1).

---

(1) Sur ces différentes conséquences. V. Lyon-Caen et Renault. *Traité*, t. IV,
n°° 112 et 118; Garsonnet, *op. cit.*, § 1, *in fine*; Roger, *Traité de la saisie-arrêt*,
n° 230. — Cass., 12 nov. 1890. *J. des Ass.*, 1891. 90, et *Gaz. du Pal.* du 21 nov.

2° L'endossement qui n'énonce pas la valeur fournie peut, dans certains cas, s'il s'agit d'assurance en cas de décès vie entière, être considéré comme un testament (1). La conséquence sera, au point de vue qui nous occupe, d'une part que le montant de l'assurance dépendra de la succession de l'assuré et formera le gage de ses créanciers, d'autre part que les créanciers du bénéficiaire, c'est-à-dire du légataire, pouront saisir arrêter le montant de l'assurance. Ajoutons que si l'endos vaut comme testament, le capital assuré devra être compris parmi les valeurs héréditaires pour le calcul de la réserve.

87. Nous venons de voir que l'endossement qui, produira sans aucun doute tous ses effets spéciaux quand il s'agira d'une cession à titre onéreux de la police, ne produira peut-être aucun de ces effets et notamment laissera le cessionnaire exposé aux revendications des créanciers du cédant quand il s'agira d'endossement à titre gratuit n'énonçant pas la valeur fournie (2).

1890 où est inséré le rapport de M. le conseiller Manau; arrêt de la Cour de l'île de la Réunion du 15 janvier 1889, *Gaz. des Trib.* du 10 oct. 1888; Paris, 23 nov. 1889, *Gaz. du Pal.*, 1890, 1. 106 et les nombreuses autorités citées en note sous cet arrêt; Paris, 25 février 1893, *Gaz. des Trib.* du 30 mars 1893.

(1) V. Cass., 6 mai 1891, Dalloz, 1893, 1. 177, V. *infrà*, n° 129.

(2) Qu'à cela ne tienne, dira-t-on, on énoncera mensongèrement dans l'endos qu'une valeur a été fournie et ou se mettra ainsi en règle avec les prescriptions de l'art. 137 C. com.. lesquelles sont d'ailleurs tous les jours élu lées et dont l'observation n'est plus qu'une comédie légale. Nous répondrons que ce moyen n'est pas sûr, car la simulation pourra être prouvée par les créanciers de l'assuré endosseur voulant justifier une saisie-arrêt faite par eux entre les mains de la compagnie (Lyon-Caen et Renault, *Traité*, t. IV, n° 145). D'ailleurs. ce moyen devient impraticable lorsque la police est endossée à une personne incapable de s'obliger, par exemple à un mineur, car on ne peut en ce cas songer à feindre une vente qui est juridiquement impossible. Même observation pour le cas d'une police endossée par un époux à l'autre (art. 1595 et 1099 C. civ.).

Dira-t-on qu'on pourra, au moyen d'un endossement en blanc, éluder la difficulté? Nous renvoyons l'examen de cette question à un chapitre ultérieur où nous traiterons de l'endossement en blanc (n°° 123 et 160).

Or, lequel du cessionnaire à titre onéreux, ou du cessionnaire à titre gratuit est, en matière d'assurance sur la vie, le plus intéressant, le plus digne de protection et de faveur?

C'est incontestablement le cessionnaire à titre gratuit. En effet, ce cessionnaire est soit la femme de l'assuré, soit un ascendant ou un descendant, en un mot une personne à laquelle le prédécès de l'assuré causerait un préjudice. Au contraire, le cessionnaire à titre onéreux n'est le plus souvent qu'un spéculateur de la pire espèce. Ceux qui ont l'expérience des assurances sur la vie le savent bien; voici notamment comment M. de Courcy (1) juge les cessions à titre onéreux :

« Elle (la négociation à titre onéreux) est abusive et très « immorale. Elle ne mérite pas, à mon avis, d'être encoura- « gée..... La morale et la sécurité de l'assuré ne permettent « pas qu'une spéculation de lucre ayant la vie de l'assuré pour « enjeu soit l'objet d'un honteux agiotage, passe de mains en « mains et finisse par tomber dans les mains les plus suspectes. « C'est le crime qui est au bout de cet agiotage, etc..... »

On peut consulter aussi, dans le même sens, le *Journ. des Ass.*, 1887, p. 475.

88. 2e cas. — *L'assurance est souscrite au profit d'une personne nommément désignée dans la police même.*

Distinguons deux hypothèses :

a) *Le bénéficiaire a été partie au contrat d'assurance, dans lequel il est intervenu pour accepter le bénéfice de l'assurance.*

Nous savons (2) que, dans cette hypothèse, la créance ne

---

(1) *Précis de l'assurance sur la vie*, p. 207 et suiv.
(2) V. *suprà*, n° 6 *in fine*.

prend pas naissance dans la personne de l'assuré et ne fait pas, même pendant un instant de raison, partie de son patrimoine. Donc les créanciers de l'assuré ne peuvent pratiquer entre les mains de la Compagnie une saisie-arrêt sur cette créance.

Ainsi, point n'est besoin, dans cette hypothèse, de donner à la police la forme à ordre pour mettre le bénéfice de l'assurance à l'abri des revendications des créanciers de l'assuré. C'est le mécanisme du contrat d'assurance sur la vie, tel que le comprend aujourd'hui la jurisprudence (1), qui place le capital assuré hors de la portée de ces créanciers.

88 *bis*. — Bien au contraire, suivant un système, non seulement la faculté d'endossement serait inutile, mais elle produirait un résultat opposé à celui que l'assuré a voulu atteindre. En effet, suivant le système auquel nous faisons allusion, le principe, d'après lequel le bénéficiaire nommément désigné dans la police acquiert par son acceptation un droit personnel, subirait une exception lorsque le souscripteur de la police s'est réservé le droit de l'endosser : en présence d'une pareille réserve, on devrait décider que le souscripteur a stipulé pour lui-même et que le capital assuré dépend de sa succession et forme le gage de ses créanciers, bien que le souscripteur n'ait pas usé de cette faculté d'endossement (2).

---

(1) V. *Traité du contrat d'ass. sur la vie* de M. Lefort, t. I, p. 219 à 225. On sait que M. Chavegrin soutient au contraire que le bénéfice de l'assurance passe dans le patrimoine de l'assuré avant d'aller dans celui du bénéficiaire. V. *Le Droit* du 4 nov. 1888.

(2) Lyon, 12 août 1885 (*Mon. jud. de Lyon*, 1er mai 1888); Douai, 9 juin 1886 (*Journ. des Ass.*, 1887, 513); *id*, 6 décembre 1886 (*Rec. pér.*, 1887, 19); Caen, 3 janvier 1888 (*Rec. pér.*, 1888, 21, *Journ. des Ass.*, 1888, 207, Sirey, 1888, 2. 97 et la note de M. Labbé sous cet arrêt. Dalloz, 1889, 2. 129 et la dissertation de M. Boistel); Trib. de Marseille cité dans l'*Assurance moderne* du 27 mai 1890, p. 109. — Consulter sur cette question :

Lambert, *La stipulation pour autrui*, § 259 (thèse, Paris, 1893);

L'article de l'*Assurance moderne*, numéro précité du 27 mai 1890;

Il est vrai que cette solution est repoussée par la Cour de cassation qui décide que le bénéficiaire nommément désigné doit être réputé avoir acquis *ab initio* la créance sur la compagnie, et que dès lors les créanciers de l'assuré ne sont pas fondés à prétendre que le montant de l'assurance doit être versé entre leurs mains, alors même que l'assuré se serait réservé la faculté d'endossement (1). Mais les cours d'appel et les tribunaux ne paraissent pas tous vouloir s'incliner devant la solution de la Cour suprême (2).

89. — Reste le danger d'une saisie-arrêt du chef des créanciers du bénéficiaire. Seule, dira-t-on, la forme à ordre don-

---

La *Grande encyclopédie*, v° *Ass., sur la vie*, t. IV, p. 331, col. 1;

De la clause à ordre dans les polices d'assurance sur la vie, dissertation de M. Ollivier, avocat, insérée dans le *Journ. des Ass.*, année 1881, p. 115;

Les notes de M. Labbé dans Sirey sous: Caen, 3 janvier 1888 (S. 1888, 2. 97), Cass., 7 février 1877 (note *in médio*, S. 1877, 1. 393), note *in fine* sous Besançon, 11 mars 1883 (S. 1886. 2. 17), Alger, 29 janvier 1885 (S. 1886, 2. 17). Cour de Justice de Genève, 10 janvier 1887 (S. 1887, 4. 13). Cass., 22 octobre 1888 (1889, 1. 289);

Le rapport de M. le conseiller De lise sous Cass., 22 octobre 1888 (Dalloz, 1889, 1. 161 et la note sous cet arrêt).

Dissertation de M. Mulle, Dalloz, 1877, 1. 337;

Coulazou, *De la stipulation pour autrui dans les assurances sur la vie* (thèse, Paris, 1893), p. 38 et s.

Note de M. Dupuich dans Dalloz, 1891, 2. 57, sous Besançon, 26 oct. 1592.

(1) Cass., 22 oct. 1888 (Sirey, 1889, 1. 288 et la note de M. Labbé) et 22 juin 1891 (*Rec. pér.*, 1891, 356, Dalloz, 1892, 1. 205 et la note, Sirey, 92, 1. 177 et la note de M. Labbé). Remarquons que la Cour de Douai, dans son arrêt du 11 avril 1890 (*Rec. pér.*, 1890, 98), est revenue sur sa jurisprudence antérieure. (V. notamment arrêts des 9 juin et 6 décembre 1886 précités.) V. aussi Dumaine (2° édition), n°° 59, 60 et 61. Saleilles, *Essai d'une théorie générale de l'obligation d'après le Code civil allemand*, n° 251, s'exprime ainsi : « Immédiatement au décès de l'assuré, celui qui est indiqué comme béné- « ficiaire *ou le porteur de la police si elle a été créée à ordre ou au porteur*, « acquiert un droit irrévocable et *indépendant* au capital assuré. »

(2) V. Besançon, 26 oct. 1892, D.P., 1891, 2.57 et la note; Trib. civ. Seine, 26 janv. 1891, *Le Droit* du 16 février 1891. *Contrà*, Trib. civ. Seine, 3 mars 1891 (aff. Apparuti).

née à la police pourra protéger le bénéficiaire contre ce danger.
Est-ce bien vrai? D'abord si l'on admet que le bénéficiaire
peut, comme l'assuré lui-même, transférer la police par avenant, il semble, d'après ce que nous avons dit plus haut (n° 85),
qu'il pourra paralyser l'effet des saisies-arrêts de ses créanciers
en transférant par voie d'avenant la police à un tiers. D'autre
part, le souscripteur de l'assurance pourrait, dans certains
cas et dans une certaine mesure, rendre le bénéfice de l'assurance insaisissable par les créanciers du bénéficiaire en
déclarant dans la police que la somme assurée a un caractère
alimentaire, ou qu'elle est insaisissable (art. 581 C. proc. civ.)
(1). Il est vrai que cet expédient ne pourrait pas être employé
quand le bénéficiaire de la police est un acquéreur à titre
onéreux. Mais nous savons qu'il n'ya aucune nécessité de venir
en aide à cet acquéreur.

90. — *b*) *Le bénéficiaire n'a pas été partie au contrat, et n'a
accepté qu'ultérieurement.*

Dans ce cas encore, il n'est pas besoin de donner à la police
la forme à ordre pour soustraire le montant de l'assurance
aux revendications des créanciers de l'assuré. En effet, que la
police soit à ordre ou qu'elle soit à personne dénommée, les
saisies-arrêts pratiquées par les créanciers de l'assuré tombent
de plein droit le jour où le bénéficiaire accepte. Nous savons

---

(1) Guillouard, *Des contrats aléatoires*, n°s 170 et s. ; Roger; n°s 349 et 356.
Nous ne sommes pas bien sûr toutefois que la condition d'insaisissabilité
serait respectée. En effet, on comprend que le donateur puisse soumettre à
cette condition les biens qui sortent de son patrimoine pour passer dans
celui du donataire. Mais pour les biens qui ne proviennent pas du donateur,
qui sont la propriété personnelle du donataire, la validité d'une clause d'insaisissabilité peut être discutée. Or, nous savons que, dans la théorie qui
prévaut en jurisprudence, le droit au capital assuré prend directement
naissance dans le patrimoine du bénéficiaire nommément désigné, et ne
provient pas du patrimoine du souscripteur de l'assurance. Cf. Orléans, 30
décembre 1893, *Gaz. du Pal.* du 10 février 1891.

en effet que, dans le système qui prévaut aujourd'hui en jurisprudence, l'acceptation du bénéficiaire rétroagit au jour de la stipulation, en sorte que le bénéficiaire qui n'accepte que plus tard, se trouve, dès qu'il a accepté, exactement dans la même situation que s'il avait été partie au contrat : il est réputé bénéficiaire *ab initio*, le montant de l'assurance n'a jamais été dans le patrimoine du contractant (1).

Ainsi, le jeu des principes que la jurisprudence applique au contrat d'assurance sur la vie suffit encore, dans l'hypothèse présente, à mettre le bénéficiaire à l'abri des revendications des créanciers de l'assuré, alors même que la police n'est pas endossable.

Mais le bénéficiaire, dira-t-on, reste exposé, une fois qu'il a accepté, à l'action de ses créanciers personnels. Cette objection a été examinée plus haut, n° 89.

91. 3ᵉ cas. — *L'assuré, qui avait, dans la police, désigné comme bénéficiaire 1ᵉ, désigne plus tard 2ᵉ, avant, nous le supposons, que 1ᵉ ait, par une acceptation, rendu irrévocable la stipulation faite à son profit.*

Est-il nécessaire que ce changement soit opéré par voie d'endossement pour que 2ᵉ soit à l'abri des revendications créancières?

Si 2ᵉ était désigné par avenant, il est certain qu'il n'aurait rien à craindre des créanciers de l'assuré. On peut consulter sur ce point un jugement du Tribunal civil de Nogent-sur-Seine du 11 août 1892 (2), qui nous semble très explicite.

---

(1) V. *suprà*, n° 7 et le § 5 *in fine* de la note de M. le conseiller Crépon sous Cass., 8 février 1888 (Sirey, 1888, p. 125, col. 1). Dans le même sens, Deslandres, p. 192 et 207.

(2) *Rec. pér.*, 1893, 155, p. 132. Remarquons que cette solution ne soulève pas d'objection (V. *suprà*, n° 15, *in medio*).

S'il est désigné par endossement, le résultat sera le même, mais à la condition toutefois qu'il s'agisse d'un endossement à titre onéreux, énonçant la valeur fournie ; car s'il s'agissait d'un transfert à titre gratuit, d'un simple changement d'attribution à titre de libéralité ou d'indemnité, il se pourrait bien que l'endossement n'entrave pas l'action des créanciers de l'assuré. (V. *supra*, n° 86 *bis*.)

92. — En somme, on voit combien sont discutables l'utilité et la valeur du subterfuge imaginé pour rendre insaisissable le bénéfice d'une police d'assurance sur la vie, subterfuge qui consiste à placer cette police sous la protection de l'art. 149 C. com., en y introduisant la clause à ordre.

En donnant à la police la forme à ordre on soustrait nécessairement à l'action des créanciers le bénéfice de l'assurance. Mais cette conséquence, inévitable, selon nous, de la clause à ordre est injuste, et par suite l'insertion de cette clause dans la police est-elle même injustifiable. En effet, l'art. 149 C. com. s'explique par des considérations (1) qui ne s'appliquent nullement aux polices d'assurance sur la vie parce que les polices d'assurance sur la vie ne sont pas des effets de circulation et parce qu'elles ne constituent en aucun cas, ou du moins que dans des cas bien rares, des actes de commerce. Nous reviendrons sur cette question (n°° 131 et 151).

93. — Enfin, que veut-on lorsqu'on cherche à rendre insaisissable le bénéfice de l'assurance ? On veut constituer une ressource suprême que l'assuré ou le tiers bénéficiaire soit toujours certain de trouver intacte en cas de mauvaise for-

______

(1) Sur les motifs de l'art. 149, consulter notamment Bédarride, *Traité de la lettre de change et du billet à ordre*, n°° 406 à 408; Alauzet, *Commentaire du Code de commerce*, t. IV, n°° 1119 et 1120; Massé, *Le droit commercial dans ses rapports avec le droit civil*, t. IV, n° 2088.

tune. Dans ces conditions, on ne devrait pas se borner à rendre le bénéfice de l'assurance insaisissable, on devrait aussi le
rendre incessible (1). Or, il se trouve au contraire que, par une
singulière contradiction, pour rendre la police insaisissable,
on lui donne une forme qui en facilite extraordinairement la
négociation. La protection qu'on voulait établir est donc in-
complète, car elle laisse l'assuré exposé à ses propres entraî-
nements et souvent à des tentatives criminelles (2).

En résumé donc, le moyen qui consiste à donner à la police
la forme à ordre pour la soustraire aux revendications créancières est critiquable à tous les points de vue.

91. — Aussi les jurisconsultes, partisans de l'insaisissabilité
des polices d'assurance, se rendant compte que cette insaisissabilité ne peut être obtenue par aucun artifice ni expédient
juridique, ont-ils demandé au législateur d'intervenir (3).

---

(1) Sur l'incessibilité et l'insaisissabilité, V. Guillouard, *Traité des Contrats
aléatoires*, n⁰ˢ 170 à 177. Cf., loi 11 juillet 1868 sur la création d'une Caisse d'assurance en cas de décès : « Les sommes assurées sont incessibles et insaisissables jusqu'à concurrence de la moitié…… (Art. 4). V. aussi loi du 18 juin 1850,
art. 5 et loi du 20 juillet 1886 sur la Caisse nationale des retraites pour la
vieillesse.

(2) De Courcy, *Précis*, p. 215 et 216.

(3) V. dans les *Annales du droit commercial*, année 1858, p. 100 et 192 les
articles de Thaller. Le système du savant professeur repose sur cette idée
qu'un particulier devrait pouvoir, contrairement au principe de l'art. 2092 C.
civ. qui ne répond plus, dit-on, aux besoins de notre époque, circonscrire la
mesure du gage qu'il procure aux tiers en faisant de son patrimoine deux
parts, l'une avec laquelle il aborde les affaires et qui serait tout entière affectée à l'exécution de ses engagements, l'autre intangible, insaisissable, qui
constituerait une réserve placée en dehors du patrimoine au regard des créanciers. Dans ce système, les assurances, alimentées avec des économies faites
sur les revenus (économies que le débiteur aurait sans doute dissipées s'il ne
les avait pas employées au paiement des primes de son assurance, et qui, par
conséquent, devaient fatalement échapper à ses créanciers) constituent-elles,
à l'exclusion de toutes autres valeurs, la part insaisissable? Ou bien, au contraire, cette part insaisissable comprend-elle non seulement le montant des
assurances, mais *toutes* les valeurs acquises avec des économies faites sur les

Plusieurs auteurs estiment que le conflit d'intérêts qui s'élève entre les créanciers et le bénéficiaire de l'assurance sur la vie doit se résoudre au profit de ce dernier. On veut que l'assurance sur la vie soit non seulement une garantie contre la mort, mais aussi une *garantie contre la mauvaise fortune*. C'est vers cette solution que s'oriente la jeune école qui se flatte de marcher dans le sens du mouvement de la vie et du progrès (1).

Mais les intérêts des créanciers ont trouvé, eux aussi, des défenseurs, notamment dans la personne de MM. Rozy (2) et Chavegrin (3).

M. Labbé a proposé un système mixte dans lequel il cherche à concilier tous les intérêts en présence (4).

Dans le monde des assurances, on paraît pencher vers un système qui consisterait à déclarer insaisissables seulement les assurances qui ont un but familial (5).

D'ailleurs, aujourd'hui, en présence des solutions qui ont

revenus? M. Thaller paraît s'en tenir à la première solution ; on peut remarquer cependant que la seconde semble plus logique étant contenue dans les prémisses du raisonnement sur lequel est fondé le système. — Dans plusieurs états de l'Union américaine, le *Homestead exemption law* soustrait à l'action des créanciers une part du patrimoine du débiteur. (Voir *Recueil de l'Académie de législation de Toulouse*, 1893-1894) : c'est notre art 581 C. proc. étendu à une partie du patrimoine. Cf. proposition de loi déposée par M⁰ Léveillé sur le bureau de la Chambre des députés le 13 Juin 1894.

(1) Coulazou. *De la stipulation pour autrui dans les assurances sur la vie* (Thèse, 1890), p. 50; Lambert, *De la stipulation pour autrui* (Thèse, 1863), § 126; Rehfous, etc... Sic, Lefort, *Traité du contrat d'ass. sur la vie*, t. I, p. 190 en note.

(2) *Revue critique*, années 1872-1873, p. 257 et suiv.

(3) V. *Le Droit* du 4 mai 1883.

(4) V. l'exposé de ce système dans les *Ann. du dr. comm.*, année 1888, p. 192. Consulter aussi les notes de M. Labbé sous Cass. 23 juillet 1889. (Sirey, 1890, 1, 5), Riom, 8 juillet 1890 (Sirey, 1891, 2. 185), Cass.. 22 juin 1891 (Sirey, 1892, 1. 177.)

(5) V. *Journ. des ass.*, 1888, p. 484; *Argus*, 1893, p. 193 et s.

fini par prévaloir en jurisprudence, le bénéfice de l'assurance échappe le plus souvent aux créanciers, sauf le droit pour ceux-ci de demander, dans certains cas, la restitution des primes (1).

94 *bis*. — Avant d'abandonner cette matière, notons encore qu'il a été jugé que les polices des Compagnies d'assurances mutuelles sont insaisissables. Pour le décider ainsi on se fonde sur ce que les primes versées à ces compagnies par le sociétaire doivent aux termes des statuts, être immédiatement employées à l'acquisition d'un titre de rente sur l'État français, et sur ce que l'assuré-sociétaire est créancier vis-à-vis de la Société non pas d'une somme d'argent, mais d'un titre de rente. Cette solution est contestable, le principe de l'insaisissabilité des rentes sur l'État, sur lequel elle repose, étant très discuté (2).

95. — 3° L'endosseur sera garant non seulement de l'existence du droit, mais du paiement effectif à l'échéance.

Nous nous sommes déjà expliqué (n° 37) sur cet effet de la clause à ordre qui fait du cédant un garant du paiement effectif pour le cas où, pour une cause quelconque, le débiteur de l'effet ne paierait pas lui-même.

On rencontre dans la doctrine et dans la jurisprudence, deux opinions diamétralement opposées sur la question de savoir si cet effet doit se produire lorsque le titre est une police d'assurance sur la vie. L'affirmative a été adoptée par le Tribunal de commerce de la Seine (3) dans une affaire où la compagnie

---

(1) Sur cette question de restitution des primes, cons. Dumaine, *op. cit*, n° 79.

(2) Amiens 16 janvier 1894, *Gaz. du Pal.*, 1895, 1° sem., p. 370 et la note. Sur l'insaisissabilité des polices des Sociétés mutuelles cons. les décisions rapportées dans Bonneville de Marsangy, *Tables*, v° *Saisie-arrêt*, n°° 12 et s.

(3) Jugement du 7 juin 1888 (*Rec. pér.*, 1888, p. 190 ; *La Loi*, numéro du

d'assurances avait invoqué avec succès la déchéance parce que
le décès de l'assuré était le résultat d'un suicide.

96. — Cet effet de l'endossement constitue une différence très
caractéristique entre la cession et l'endossement. Quand il s'a-
git d'une véritable cession, le cédant entend transférer seulement son droit tel qu'il existe, avec tous les vices qui l'affectent,
toutes les causes de nullité et de caducité auxquelles il est soumis; la créance sera-t-elle payée à l'échéance? il ne le promet
pas ; il ne garantit qu'une chose, l'existence de la créance au
moment du transport. Au contraire, l'endosseur garantit à
son acheteur qu'à tout événement le titre sera payé à
l'échéance. Pourquoi? c'est que quand il s'agit d'effets de commerce, l'endossement constitue un paiement sur l'irrévocabi-
lité duquel les parties doivent pouvoir définitivement compter ; le preneur accepte le titre passé à son ordre comme il ac-
cepterait un billet de banque ou une monnaie qu'il emploiera
lui-même à faire ses paiements et qui circulera ainsi de main
en main, représentant une valeur indiscutable.

Cet effet de l'endossement entre-t-il dans la pensée des par
ties qui créent des polices à ordre? Non. En matière d'assurances sur la vie, on ne peut imposer à l'endosseur qui transmet un titre payable dans de longues années la garantie exigée de celui qui cède un effet payable dans quelques mois.
Celui qui accepte un effet de commerce se préoccupe uniquement de la solvabilité de son cédant ; il ne peut connaître,
dans la plupart des cas, ni celle du tireur, ni celle du débiteur
originaire. L'acquéreur d'une police d'assurance est au contraire déterminé par la solidité du titre et par les garanties de

---

23 juin 1883 ; *Journ. des ass.*, 1888, p. 182.) *Sic*, Vibert (*Traité*, sect. 2 : cession
de l'assurance); Tissier (*Thèse, loc. cit.*). *Contrà*: Trib. com. Seine, 2 décembre
1850 (B. de M. 2, 128), Herbault, u°° 216 et 217 transcrits, ci-dessus u° 48, en
note.

solvabilité que présente la compagnie d'assurances (1). Qui oserait soutenir sérieusement que la signature de l'endosseur ajoute quelque chose à la sécurité du cessionnaire, qu'elle augmente le crédit de la police ? Il existe, sous ce rapport, entre les effets de commerce et les polices d'assurance sur la vie une différence très significative. Nous avons fait remarquer plus haut (n. 37 *quater*), en reproduisant un passage d'Einert, qu'en matière d'effets de commerce, l'endossement est le seul mode de transmission possible, à cause de l'obligation de garantie qu'il impose au cédant. Si, pour transférer un effet de commerce, on employait la voie ordinaire de la cession, laquelle n'engendre pas d'obligation de garantie, on rendrait ce titre suspect au point qu'on pourrait le considérer comme retiré du commerce. Et en effet, ce que les parties considèrent et apprécient surtout dans l'endossement, c'est l'obligation de garantie qui en découle ; aussi certains auteurs, comme M. Huc, sont-ils allés jusqu'à soutenir qu'il ne faut voir dans l'endossement qu'un cautionnement (*suprà*, n° 29, *in fine*). Voilà du moins ce qui est vrai de l'endossement des effets de commerce proprement dits. Mais quand il s'agit d'endossement de polices d'assurances sur la vie, le point de vue change. Ces sortes de titres se transmettent aussi bien par la voie ordinaire de la cession, ou par avenant, que par endossement, et jamais il n'est venu à l'esprit de personne que le transfert par simple cession rendait le titre suspect et pourrait faire douter de la solvabilité de la compagnie débitrice, dont l'endosseur n'aurait pas voulu se porter garant. A ce point de vue encore on peut dire que la clause à ordre n'est pas à sa place dans une police d'assurance sur la vie, qu'elle n'y a pas sa raison d'être.

L'obligation de garantie est aussi appréciée comme moyen

---

(1) Ce sont des considérations du même ordre qui ont fait décider que le transfert des obligations du Crédit foncier, qui sont cessibles par endossement, ne donnerait pas lieu à la garantie de l'art. 164 C. com. (Buchère. *Traité des valeurs mobilières*, n° 306.)

do faciliter la négociation des valeurs de circulation (V. *suprà*, n° 37 quinq.). Or, en matière d'assurances sur la vie, il n'est pas question de rendre plus nombreuses et plus rapides les transmissions du titre, car, nous le dirons bientôt, les polices d'assurance ne sauraient être considérées comme des valeurs de circulation. Pour cette raison encore, on doit penser qu'en stipulant la faculté d'endossement, les parties n'ont nullement songé à l'obligation de garantie que nous étudions ici. A quoi sert donc de donner à une police d'assurance sur la vie la forme à ordre? A rien dirons-nous encore, en nous plaçant à cet autre point de vue.

97. — Suivant certains auteurs, l'obligation pour le cédant-endosseur de garantir le paiement effectif à l'échéance, a une contre-partie qu'on ne saurait en séparer, sans détruire l'harmonie de la loi, sans manquer à la logique. En accordant au porteur la protection exceptionnelle que constitue cette obligation de garantie, la loi lui a imposé des devoirs rigoureux qu'il est tenu d'accomplir avec une très grande ponctualité, sous peine de perdre son recours contre le cédant, d'être frappé de déchéance. Ces devoirs, qui sont ceux de tout porteur d'effets de commerce en général, incombent nécessairement au porteur d'une police à ordre, du moment qu'on décide que le cédant-endosseur est garant envers lui du paiement effectif à l'échéance; ils constituent, nous le répétons, le corollaire inévitable de ce droit exorbitant à la garantie du paiement effectif. On doit, en conséquence, décider que le porteur d'une police à ordre ne pourra exercer de garantie contre le cédant, en cas de non paiement par la compagnie, qu'à la condition :

1° Qu'il exigera le paiement le jour de l'échéance (art. 161 C. com.).

2° Qu'en cas de refus, il le constatera par un protêt le lendemain de l'échéance (art. 162).

3° Qu'il notifiera cet acte et citera en justice son garant dans les quinze jours qui suivront la date du protêt, augmentés des distances (art. 165).

Faute de quoi, il sera, par là même, déchu de tous droits contre ses garants (art. 168).

Cette opinion, sur laquelle les tribunaux n'ont jamais été appelés, croyons-nous, à se prononcer en matière d'assurances sur la vie (1), est suivie par plusieurs auteurs (2). En matière maritime, notamment en matière de prêt à la grosse, elle est généralement admise (3).

Cependant, on peut objecter contre cette doctrine que la nature même des choses résiste à l'application des art. 161, 162, 165 et 168 du C. com, en matière d'assurances sur la vie. On conçoit un paiement exigé à l'échéance et le protêt le lendemain, quand le risque finit à une époque fixe, connue d'avance; mais quand il s'agit d'assurance en cas de décès, on ne saurait déclarer le porteur déchu de son recours contre son endosseur faute d'avoir protesté dans les vingt-quatre heures du décès qu'il ne connaîtra souvent qu'après un certain temps; d'ailleurs, il ne peut réclamer le capital assuré sans produire certaines pièces qu'il ne pourra pas obtenir immédiatement.

Il est facile de répondre à cette objection : le bénéficiaire ne peut être tenu de réclamer le paiement à la compagnie que *dès qu'il est instruit* du décès, et il ne peut être tenu de protes-

---

(1) Le Trib. de com. de la Seine, dans les motifs de son jugement du 2 décembre 1830 (B. de M. II, 128), émet, sous forme de thèse, l'opinion que le porteur ne serait pas déchu faute de protêt.

(2) Vibert (*loc. cit.*), Tissier (*loc. cit.*). — *Contrà*, Herbault, nᵒˢ 316 et 217 transcrits ci-dessus, nᵒ 18, en note.

(3) Pardessus, p. 493; Bouhy-Paty, p. 99 et 100; Delvincourt, t. II. p. 318, note 10; Dageville, t. II, p. 493; Delaporte, t. II, p. 86; Bédarride, nᵒ 571 ; Caumont, vᵒ *Prêts à la grosse*, nᵒˢ 12, 13, Marseille, 19 avril 1820 (*Journ. Marseille*, t. 1, 138); Laurin, t. 2, nᵒˢ 316 et suiv.

ter que quand, après examen des pièces fournies à la compagnie, celle-ci lui a notifié son refus de payer. Les tribunaux apprécieront, d'après les circonstances, si le protêt est tardif (1).

Les porteurs de polices à ordre, qui se voient refuser par la Compagnie le montant de l'assurance, doivent donc, selon nous, protester, s'ils veulent être sûrs de conserver leur recours contre leurs endosseurs.

98. — 4° Le débiteur ne pourra payer valablement qu'au porteur et sur présentation du titre.

Cet effet de la clause à ordre (v. *suprà*, n° 38) se produit incontestablement lorsque le titre est une police d'assurance sur la vie. On ne rencontre sur ce point aucune divergence, du moins lorsque la police est un véritable titre à ordre et que les parties n'ont subordonné la validité de l'endossement à aucune condition restrictive. Et, en effet, du moment que le titre est à ordre, on ne concevrait pas qu'on pût déclarer le débiteur tenu de payer à une personne qui n'est pas en possession du titre, puisque ce paiement ne le libérerait pas envers le porteur (art. 148 C. com.). (V. *suprà*, n° 40.)

Mais les conséquences de la perte du titre sont bien différentes suivant qu'il s'agit soit d'une lettre de change, soit d'un billet à ordre, ou suivant qu'il s'agit d'une police d'assurance sur la vie.

99. — En effet, lorsqu'une lettre de change ou un billet à ordre (peu importe que le billet ait une cause commerciale ou

---

(1) Telle est la solution que propose Laurin (t. II, n°° 316 et suiv.), en matière de prêt à la grosse. Les motifs qu'il fait valoir à l'appui de son opinion nous paraissent s'appliquer, *mutatis mutandis*, en matière d'assurance sur la vie.

civile) (1) sont perdus, le propriétaire dépossédé trouve dans les art. 113 à 117 C. com. le moyen de remédier aux inconvénients de la situation.

Son premier soin doit être de faire opposition entre les mains du débiteur pour empêcher que celui-ci ne paie entre les mains de celui qui se présenterait avec le titre perdu (art. 145, 149 C. com.).

Quant aux autres mesures à prendre par lui, il faut distinguer :

S'il s'aperçoit quelque temps avant l'échéance qu'il a perdu la lettre ou le billet, il peut s'en procurer un duplicata (art. 151 C. com.) (2).

S'il s'en aperçoit seulement le jour de l'échéance, il pourra (nous raisonnons dans l'hypothèse d'une lettre de change revêtue de l'acceptation du tiré, seule hypothèse qui présente de l'analogie avec le cas de perte d'une police d'assurance qui est toujours signée de l'assureur) obtenir le paiement par ordonnance du juge en justifiant de sa propriété par ses livres et en donnant caution (art. 152). La caution ne sera tenue que pendant trois ans (art. 155). Ensuite, le porteur exigera le

---

(1) Ce n'est qu'aux points de vue de la *prescription* et de la *compétence* qu'on distingue, pour le billet à ordre, suivant qu'il a été souscrit pour une cause civile ou commerciale (V. Lyon-Caen et Renault, t. IV, n** 515, 528 et suiv.); cette distinction ne reçoit pas son application lorsqu'il s'agit du *paiement* du billet à ordre. (*Id.*, n° 522.)

(2) S'il s'agit d'une lettre de change acceptée, le porteur dépossédé ne peut demander au tiré d'apposer sur le duplicata l'acceptation qui existait sur l'exemplaire perdu. Le duplicata délivré prouve donc seulement que le réclamant a été propriétaire de la lettre à un certain moment; il pourra servir à de nouvelles négociations. Mais le porteur ne saurait, avec ce duplicata, se faire payer qu'après avoir obtenu une ordonnance du juge et fourni caution comme dans le cas de l'art. 152 C. com. (Lyon-Caen et Renault, t. IV, n° 328).

S'il s'agit d'un billet à ordre, le porteur dépossédé ne pourra obtenir un duplicata qu'en fournissant caution. (Bravard, t. III, p. 550.)

paiement du tiré et, en cas de refus, fera dresser un acte de protestation (art. 153).

Telles sont, très sommairement résumées, les prescriptions que la loi a édictées pour sauvegarder les intérêts du porteur d'une lettre de change ou d'un billet à ordre qui vient à être dépossédé.

100. — Or il est de jurisprudence constante que ces règles sont inapplicables aux polices d'assurance sur la vie établies à ordre (1) (V. *suprà*, n° 40 *bis*.)

Quelle est donc la situation du porteur d'une de ces polices lorsque son titre a été détruit ou lorsque son titre a été perdu ou volé ?

101. — Autrefois quelques compagnies avaient essayé de soutenir que ce porteur avait perdu son droit en perdant son titre. Se basant sur cette idée qu'en matière de titre à ordre ou au porteur, le débiteur ne doit qu'au titre, elles prétendaient être libérées quand le titre ne pouvait pas être présenté (2).

---

(1) V. notamment Trib. civ. Seine, 26 novembre 1892, *Rec. pér. des Ass.*, 1893, p. 105 et les observations sous le jugement. V. aussi les décisions rapportées dans Couteau, n°* 417 et s. et *Pandectes franc.*, V° *Ass. sur la vie*, n°* 363 et s. Nous ne connaissons qu'une décision en sens contraire, savoir un Jug. du Trib. de com. de Marseille du 13 octobre 1876 (*Jour. des Ass.*, 1877, p. 189), qui est critiqué par Couteau (t. II, n° 118). La doctrine est divisée sur cette question. V. en sens divers : Vibert, Herbault, Tissier dont nous avons donné des extraits ci-dessus (n° 48), Lefort, t. I, p. 312, note 1.

(2) V. les motifs d'un jugement du Trib. com. Seine du 2 décembre 1850 et ceux de l'arrêt de la Cour de Paris du 13 décembre 1851 qui a réformé ce jugement (B. de M., 15, p. 123). Cette argumentation est empruntée à une des théories relatives soit à la nature des rapports existant entre l'émettant d'un titre au porteur ou d'un titre à ordre et le premier porteur (Wahl, *Théorie et pratique des titres aux porteurs*, n° 245 et suiv.), soit à la nature des rapports du porteur avec le titre (Wahl, n° 272).

La question que soulève la nature des rapports entre l'émettant et le premier porteur a donné lieu, comme on sait, à quatre systèmes, savoir :

1° *Théorie de la personnification.*

— 199 —

Les tribunaux ont condamné cette prétention.

Aujourd'hui il est admis sans conteste, au moins en jurisprudence, que le porteur conserve sa créance contre la compagnie soit que le titre ait seulement été égaré ou volé, soit
qu'il ait été détruit. Mais, comme on va le voir, en fait, la si-

---

2° *Théorie de l'engagement unilatéral par la réduction du titre.* Cette théorie
qui a non seulement la prétention de renouveler l'ancienne théorie des obligations, mais de servir de fondement à toute une nouvelle théorie du droit,
est celle d'Einert que nous avons très sommairement analysée plus haut (n° 30).
Quelques auteurs l'emploient aujourd'hui non seulement pour expliquer le mécanisme juridique des titres à ordre ou au porteur, mais aussi celui de l'assurance sur la vie contractée au profit d'un tiers déterminé (Worms, *De la déclaration unilatérale de volonté considérée comme source d'obligations* (Thèse,
1891, p. 121 et suiv.). Très accréditée en Allemagne, admise par plusieurs lé-
gislations des pays d'outre-Rhin, cette théorie a trouvé place dans le projet
du C. civ. allemand et a déjà été en France l'objet d'études très approfondies.
(V. notamment Raymond Saleilles, professeur à la Faculté de droit de Dijon, *Essai d'une théorie de l'obligation d'après le C. civ. allemand*, Paris, 1890.)

3° *Théorie de l'engagement unilatéral par la création du titre.*

4° *Théorie du contrat.*

C'est à l'une des deux premières de ces doctrines que se rattache le
moyen qu'avaient invoqué quelques compagnies pour dénier tout droit
à l'assuré qui ne représente pas son double de la police. Le titre seul est
créancier, dit-on, dans la première théorie; donc la perte du titre entraine la
perte de la créance (Wahl, n° 216). Dans la théorie de l'engagement unilatéral,
contracté au profit de tous les porteurs du titre, on arrive à la même conclusion; en effet, dans ce système, la créance disparaît lorsqu'il devient impossible que le porteur, seul créancier, se présente (Wahl, n° 1222 *in fine*). Aussi
Einert, qui est un des partisans de l'engagement unilatéral, écrit-il (p. 89) :
« Une lettre de change perdue est un titre perdu. » V. dans le même sens,
Brauer, *Commentaire sur la loi allemande* de 1848. Bravard a admis cette solution, t. III, p. 359 note, 1. La première de ces théories est abandonnée, la
deuxième et la troisième très peu suivies.

Le moyen invoqué par les compagnies a pu aussi, disons-nous, être emprunté à la théorie relative à la nature des rapports du porteur d'un titre à
ordre avec ce titre, théorie d'après laquelle le titre est incorporé à la créance
Quelques partisans de cette théorie prétendent en tirer la conclusion que le
propriétaire d'un titre détruit n'a plus aucun droit sur la créance. Mais cette
conséquence est repoussée par d'autres partisans de la même doctrine; sans
doute, disent ces derniers, le titre constitue le droit, mais seulement tant
que le titre existe (Wahl, n° 1222).

tuation de ce porteur dépossédé est, le plus souvent, à peu près la même que s'il n'avait plus aucun droit.

102. — D'une part, il ne peut recourir aux formalités des art. 149 à 152 C. com. pour se faire délivrer un duplicata (1)

(1. *Lorsque la police est à personne dénommée*, c'est-à-dire non à ordre et par suite non endossable, la compagnie contre laquelle un assuré intente une action en remise d'un nouveau titre, au lieu et place de celui qu'il prétend être perdu ou détruit, peut se soumettre sans danger au jugement qui, acceptant la preuve (faite conformément à l'art. 1348 C. civ.) de la destruction de la police, enjoint à la compagnie de délivrer un duplicata. En effet, la compagnie est certaine que la créance n'a pas été cédée à un tiers, puisque la cession ne peut avoir d'effet vis-à-vis d'elle que par la signification du transport (art. 1690 C. civ), la simple tradition de cette police ou même la tradition de cette police revêtue d'un endossement ne pouvant entraîner la transmission de la créance (*nec obstant* art. 1282, 1607 1649, C. civ. V. *Pand. franc.*, v° Don., n°° 1316 et suiv., Bressoles, *Théorie et pratique des dons manuels*, n°° 84 et 85). Postérieurement à la délivrance du duplicata, l'assuré voudrait il céder cumulativement la créance à deux personnes, en se servant de son double faussement prétendu détruit et du duplicata qui lui a été délivré ? Il ne pourrait réussir dans cette tentative, car le cessionnaire ne doit prudemment accepter la cession et payer le prix qu'après s'être renseigné auprès de la compagnie débitrice en lui signifiant son transport conformément a l'art. 1690 C. civ.; or, s'il recourt à cette précaution élémentaire, le second cessionnaire apprendra que l'assuré s'est déjà dessaisi de la créance et il s'abstiendra de consommer l'opération. Pour la Compagnie d'ailleurs peu importe qu'il y ait deux titres; elle ne doit qu'à une personne déterminée, et, en cas de transport, au cessionnaire régulier de la créance qui ne peut agir que comme ayant cause de son cédant (Buchère, *Traité des valeurs mobilières*, 2° édition, n°° 467 et 922). Néanmoins la compagnie devra prudemment, pour avertir en tout que de besoin les tiers, relater dans le duplicata les circonstances qui ont motivé sa création et y mentionner le jugement qui en a ordonné la délivrance. Nous signalerons cependant que la compagnie des chemins de fer Paris-Lyon-Méditerranée ne délivre de duplicata des certificats de ses actions que moyennant caution (Duvert, *Traité du contentieux des transferts*, n°s 484).

Mais si la police est à ordre, par suite transmissible par endossement, la compagnie ne pourrait pas être tenue à délivrer un duplicata, même en vertu de décisions judiciaires, qui enjoindraient au titulaire du titre perdu de fournir une garantie suffisante pour assurer le remboursement intégral de sa valeur, dans le cas où le titre régulièrement transmis par endossement serait représenté par un tiers (Buchère, *op cit.*, n°° 468 et 470). En effet, le titre peut se trouver entre les mains d'un tiers; si ce tiers est de bonne foi, si, en acquérant la police même de celui qui l'a volée ou qui l'a revêtue d'un faux endossement, il n'a commis aucune faute lourde, il ne pourra pas être évincé par celui auqui remplacerait la police perdue et avec lequel il pourrait soit négocier le titre, soit obtenir paiement.

103. — D'autre part, il ne peut agir contre la compagnie

---

quel la compagnie aurait remis un duplicata, car l'art. 2279 est inapplicable en notre matière. Un débat s'engagerait donc entre les deux prétendant droit; la compagnie devrait payer celui qui aurait obtenu gain de cause (Lyon-Caen et Renault, *Traité*, t. IV, n°ˢ 130, 291, 321; Pravard, t. III, p. 317, 351 à 359.) Vain-ment la compagnie opposerait au porteur du primata le jugement qui lui a enjoint de délivrer à l'assuré un duplicata; il répondrait que ce jugement est vis-à-vis de lui *res inter alios acta*, que, porteur d'un titre à ordre, il n'est pas l'ayant-cause du cédant, qu'il a un droit propre et indépendant contre la compagie (*supra*, n° 36). Cependant la compagnie pourrait être obligée d'exécuter également ses engagements vis-à-vis du porteur du duplicata, si ce nouveau titre avait circulé depuis sa délivrance et était arrivé entre les mains d'un tiers. La compagnie refuserait donc, avec raison, de s'exposer à des risques de cette nature.

Il n'y a qu'un cas où la compagnie pourrait être obligée de délivrer un duplicata d'une police à ordre dont le titulaire a été dépossédé; c'est le cas assurément fort rare (V. cependant l'espèce du jugement du Trib. de com. de la Seine du 6 septembre 1861, rapporté dans le *Journ. des Ass.*, 1865, p. 131) où l'assuré pourrait prouver, non plus seulement selon le mode organisé par l'art. 1348, C. civ., mais d'une manière incontestable, que le titre a été détruit (Walh, *Théorie et pratique des titres au porteur*, t. II, n°ˢ 1223, 1221, 1226, 1255; Buchère, *Étude sur les titres au porteur perdus ou volés*, p. 67 à 71, et *Traité des valeurs mobilières*, 2ᵉ édition, n° 1062; De Folleville, *De la possession des meubles*, n° 167, p. 632).

La jurisprudence est conforme. Par son jugement du 17 juin 1873 (B. de M., III, 172, 2ᵉ col. *in medio*), le Trib. civ. de la Seine a bien condamné la Compagnie *Le Phénix* à délivrer un duplicata, mais en expliquant que ce duplicata ne devait servir que pour les transmissions de l'assurance et en réservant à la Compagnie le droit de faire valoir, à l'échéance, toutes fins de non recevoir et exceptions si le titre original n'était pas représenté. Par son jugement du 22 janvier 1876 (*J. des Ass.*, 1876, 111), ce tribunal a montré qu'il persistait dans sa jurisprudence. L'arrêt de Paris du 22 mai 1882 (*J. des Ass.*, 1882, p. 450), qui paraît au premier abord consacrer la solution contraire, s'explique par des circonstances d'espèces. Mais le Trib. civ. de la Seine est il revenu sur sa jurisprudence dans son jugement du 18 mai 1893 (*Rec. pér. des Ass.*, 1893, p. 412 et *J. des Ass.*, 1893, p. 250)? On serait tenté de répondre affirmativement quand on lit les motifs de ce jugement; mais l'examen du dispositif doit faire penser que le Tribunal n'a pas changé son ancienne manière de voir. On a critiqué avec raison, selon nous, les motifs de ce jugement (*Rec. pér. des Ass.*, 1893, V. le *Bulletin des Ass.*, p. 45).

avant l'accomplissement de la prescription trentenaire (1), car
tant que cette prescription n'est pas accomplie, la compagnie
qui peut craindre qu'un tiers, porteur de la police, régulièrement endossée, vienne lui réclamer le paiement, opposera
avec succès au bénéficiaire qui ne représente pas la police,
une fin de non-recevoir absolue. Ainsi les droits du bénéficiaire seront comme paralysés pendant les trente années qui
ont commencé à courir le jour du décès ou de l'échéance de
la police! Mais au moins une fois écoulée cette période de
trente ans, le bénéficiaire sera-t-il sûr d'être payé par la compagnie? Nullement. En effet, la compagnie, après ce laps
de temps, aura prescrit contre lui sa libération; elle pourra
donc refuser de le payer, avec d'autant plus de raison d'ailleurs qu'elle n'est pas sûre d'avoir prescrit sa libération à

---

(1) La jurisprudence décide que ni l'art. 189 C. com. qui fixe à cinq ans la
durée de la prescription des actions résultant des effets de commerce, ni
l'art. 432 relatif aux assurances maritimes, ne sont applicables aux polices
d'assurance sur la vie (Paris, 13 déc. 1851, B. de M., III, 128 et la note. Trib. civ.
Seine, 17 juin 1873, B. de M., III, 171 ; Trib. com. Seine, 23 nov. 1887, *J. des Ass.*,
833, p. 3 0).

On fait en général découler cette solution du caractère civil du contrat
d'assurance sur la vie. On oublie que la règle qui fixe à trente ans la durée de la
prescription, est applicable aux obligations commerciales aussi bien qu'aux
obligations civiles (Massé, t. IV, n° 3017; Lyon-Caen et Renault, *Traité*, t. III,
n° 41). Il est vrai que la loi abrège la durée des actions résultant de certains
contrats commerciaux, la lettre de change (art. 189 C. com.), le contrat d'assurance maritime (art 432), le contrat de société (art. 64 C. com. et art. 10
loi du 24 juillet 1867) le contrat de transport (art. 108 C. com. modifié par la
loi du 11 avril 1888); mais ce sont là des exceptions qui ne font que confirmer la règle qui est, nous le répétons, en matière commerciale comme en
matière civile, que les actions durent trente ans.

Les auteurs sont divisés sur la question de savoir si on doit appliquer aux
polices d'assurance sur la vie établies à ordre l'art. 189 C. com. V. en sens
divers : Vibert, Herbault, Tissier dont nous avons donné des extraits ci des-
sus (n° 48). Montluc (p. 264) applique la prescription de trente ans en se fondant
sur l'opinion d'Alauzet (t. II, 568). M. Dubois, aujourd'hui sous-directeur de
la Compagnie d'*Assurance générales*, a proposé de restreindre conventionnellement à trois ans le temps de la prescription (*J. des Ass.*, 1883, p. 223). V. dans
ce sens un article de M. Graux dans le *J. des Ass.*, 1873, p. 413. V. aussi le
Mon. des Ass., 1880, p. 315, article de M. Vauzanges.

l'égard d'un tiers porteur au profit duquel peuvent exister des causes de suspension ou d'interruption de la prescription. Au surplus, pourquoi paierait-elle, après trente années, le bénéficiaire qui ne peut représenter sa police? Est-ce parce qu'il a acquis, par la prescription, la créance contre la compagnie? Non, car la prescription acquisitive suppose la possession, et ici la possession fait précisément doute, puisque le bénéficiaire ne détient pas le titre.

104. — Pour éviter ce résultat désastreux, on a vainement tenté de soutenir que les bénéficiaires de polices perdues ou volées pouvaient invoquer les dispositions de la loi du 15 juin 1872, relative à la perte de titres au porteur (1). Mais cette loi n'est évidemment pas plus applicable que les art. 143 et s., C. com. (*supra*, n°° 40 *bis* et 100), pas plus que le décret du 13 messidor an XII relatif au remplacement des certificats nominatifs d'inscription de rente sur l'État perdus, pas plus que l'art. 19 du décret du 15 septembre 1868 portant règlement d'administration publique pour l'exécution de la loi du 11 juillet 1868 et qui prévoit le cas de perte du livret-police, pas plus que l'art. 12 de la loi du 28 mai 1858 relatif à la perte du warrant ou du récépissé, pas plus, en un mot, qu'aucune loi spéciale qu'on ne saurait étendre par analogie en dehors du cas pour lequel elle a été faite.

105. — Remarquons que cette situation est également fâcheuse pour la compagnie, en ce que celle-ci se trouve privée du droit qu'a tout débiteur de se libérer en faisant à son créancier des offres réelles suivies, en cas de refus, de consigna-

---

(1) V. *Le Droit* du 24 juin 1880, où on demande aussi l'application aux polices endossables des art. 149 à 152 C. com. V. aussi *Gazette des Tribunaux* du 9 déc. 1880. On a proposé, pour remédier à l'inconvénient qui nous occupe, que les polices fussent établies par acte notarié (V. *Le Droit* du 1er août 1880, et une brochure de M. Charles Perrin publiée chez Nadaud, 47, rue Bonaparte, sous ce titre : *Du rôle des officiers ministériels dans les assurances sur la vie*).

tion. En effet, la compagnie ne peut pas faire d'offres au créancier porteur de la police, qui est inconnu; quant aux offres que la compagnie ferait au réclamant soi-disant dépossédé, elles seraient nulles à l'égard du tiers qui se présenterait plus tard porteur de la police, de même que la consignation qui aurait suivi ces offres. Donc, n'étant dispensée par aucune loi (1) de l'observation des formalités de l'art. 1259 qui doivent précéder toute consignation volontaire (2), la compagnie ne peut se libérer en consignant, puisqu'il lui est impossible de faire à qui de droit des offres préalables (3).

106. — On a cherché, dans la pratique, à remédier aux inconvénients de cette situation par des expédients qui varient d'après les circonstances particulières de chaque espèce. Quelquefois la compagnie paie en échange d'une sûreté réelle ou personnelle que fournit le bénéficiaire pour garantir son obligation éventuelle de restituer (4). Dans d'autres cas, il inter-

---

(1) Nous avons examiné plus haut (n° 41) la question de savoir si la compagnie ne pourrait pas se placer sous l'empire de la loi du 6 thermidor au III, aux termes de laquelle tout débiteur d'un effet négociable, dont le porteur ne s'est pas présenté dans les trois jours de l'échéance, peut consigner sans offres préalables.

(2) Remarquons qu'il est bien des cas où on autorise la consignation *volontaire* non précédée d'offres ni sommations; nous citerons notamment les dépôts à faire dans les cas prévus par les art. 811 et 1673 C. civ., 687, 733 C. proc. On peut remarquer, d'autre part, que les consignations *forcées* se font sans offres préalables ni sommations par un simple acte de dépôt à la caisse. V. notamment art. 2 et 5 de l'ord. du 3 juillet 1816, art. 489 C. com., art. 54 de la loi du 3 mai 1841 sur l'expropriation publique, etc....). L'impossibilité où est la compagnie de se libérer par une simple consignation non précédée d'offres ni sommations est donc une anomalie.

(3) Il est bien évident que la sommation de consigner, que ferait à la compagnie le bénéficiaire non porteur de la police, ne dispenserait pas cette compagnie de l'observation des formalités de l'art. 1259 C. civ., puisque le droit de ce bénéficiaire est incertain et qu'il n'a pas plus qualité pour faire cette sommation que pour réclamer le paiement.

(4) L'affectation à titre de gage de valeurs mobilières est bien onéreuse pour le bénéficiaire. La prestation d'une caution est souvent difficile; de son côté la compagnie hésitera avec raison à accepter une caution dont il lui faudra

vient entre le bénéficiaire dépossédé et la compagnie un jugement d'accord qui, conformément aux conclusions du bénéficiaire, déclare que la compagnie sera quitte et libérée définitivement par le dépôt qu'elle fera à la Caisse des dépôts et consignations du montant de la somme assurée. Ce jugement ordonne en outre que, par la Caisse, il sera fait emploi de la somme versée à l'acquisition d'un titre de rente au porteur (1) sur l'État français, qui ne sera remis au bénéficiaire

---

surveiller pendant trente ans la solvabilité. Quant à la constitution d'une hypothèque, elle comporte aussi des inconvénients : sans parler ni des craintes que peuvent inspirer les sûretés hypothécaires, à raison de l'action résolutoire et des hypothèques occultes, ni des ennuis et des lenteurs qu'elles comportent à raison des formalités nombreuses auxquelles sont soumises soit l'acquisition et la conservation du droit hypothécaire soit la procédure en expropriation forcée, ni du danger que court le créancier ayant hypothèque sur un bâtiment, dans le cas où, ce bâtiment ayant été incendié, l'assurance de ce bâtiment a été annulée à cause d'une déchéance encourue par le débiteur, sans parler de tous ces inconvénients et de bien d'autres inhérents aux sûretés hypothécaires, il faut remarquer que si, au cours des trente années pendant lesquelles durera l'hypothèque, l'immeuble hypothéqué vient à être vendu, le prix sera attribué aux créanciers qui suivent la compagnie d'assurances dont le droit n'est qu'éventuel (Paul Pont, *Priv. et hyp.*, t. II, n° 1378, Seligmann, *Commentaire de la loi de 1838*, n° 203, Dull., C. civ., annoté sous l'art. 2186, n° 155). Il est vrai que ces créanciers seront tenus de rendre à la compagnie la part qui lui reviendra dans le prix, si son droit vient plus tard à se réaliser. Mais comment cette obligation sera-t-elle garantie? Il faudra sur ce point s'en rapporter à l'appréciation des tribunaux qui tantôt obligeront la compagnie à se contenter d'une caution, tantôt ordonneront l'emploi de la somme.

(1) Un jugement du Tribunal civil de la Seine du 26 mars 1879 (B. de M., III, 236) prescrit à la Caisse d'acheter un titre de rente *au nom* du bénéficiaire dépossédé. Nous n'approuvons pas cette combinaison ; en effet, si plus tard un tiers porteur de la police se présente, la compagnie, qui alors agira contre le bénéficiaire, ne pourra soutenir que ce titre de rente est affecté exclusivement à sa créance, car elle n'a aucun privilège; elle devra donc subir le concours des créanciers du bénéficiaire sur le produit de la vente du titre, en supposant que ce titre puisse être saisi, ce qui est très douteux. (Voir cependant Wahl, *Théorie et pratique des titres au porteur* et Cass., 2 juillet 1891, *Gaz. des trib.* des 4 et 21 juillet 1891.)

Pour le même motif nous désapprouvons les jugements qui ont prescrit à la Caisse d'acheter un titre au porteur *pour le compte* du bénéficiaire dépossédé.

dépossédé ou à ses ayants droit qu'après l'expiration de trente ans à partir du décès de l'assuré ou de l'échéance de la police. Enfin, ce jugement autorise le bénéficiaire dépossédé à toucher de la Caisse les arrérages de la rente au fur et à mesure des échéances, à la charge de fournir à la dite Caisse un cautionnement représentant cinq années des dits arrérages (1).

107. — Nous avons dit (n° 101) que conformément à l'opinion aujourd'hui dominante, la perte de la détention de la police ne fait pas perdre la créance. Le maintien du droit étant reconnu, il faut se demander ce qui arriverait si le bénéficiaire dépossédé prouvait soit la destruction de la police, soit la perte ou le vol. Son droit subsistant, pourrait-il demander une nouvelle police, ou, si l'assurance est arrivée à échéance, le paiement du capital assuré?

---

(1) Tel est le dispositif d'un jugement du Tribunal civil de la Seine du 11 août 1876 (B. de M., 3. 215). Cette combinaison qui consiste à prendre un jugement conçu dans les termes ci-dessus transcrits et à laquelle on avait recours quelquefois, avant la loi du 15 juin 1872, en cas de perte des titres au porteur (Paris, 21 juillet 1858. *Pal.*, 1858, 1095; Trib. civ. Seine, 30 avril 1867, *Journ. des Trib. de com.*, t. XVI, p. 362, n° 5790), ne donne au bénéficiaire dépossédé qu'une faible satisfaction. D'autre part, elle ne sauvegarde qu'imparfaitement les intérêts de la compagnie qui reste exposée aux réclamations d'un tiers porteur auquel elle ne pourra opposer le jugement rendu. Ajoutons que si la prescription a été suspendue ou interrompue au profit de ce tiers porteur, celui-ci pourra valablement agir, après l'expiration du délai de trente ans et la remise par la Caisse au bénéficiaire du titre de rente : la compagnie se trouvera dans ce cas obligée de payer une seconde fois alors que les mesures prises pour la garantir contre le danger de ce double paiement ne la protègeront plus.

— En matière d'assurances maritimes la perte de la police endossable ou au porteur ne donne pas lieu aux mêmes difficultés. Si les assurés sont d'une solvabilité notoire, dit de Courcy, les assureurs se contentent de leur garantie; ils demandent la garantie d'une caution si la solvabilité est douteuse. Mais, il faut remarquer qu'en matière d'assurances maritimes, la prescription n'est que de cinq ans (art. 432. C. com). D'autre part, le détenteur d'une police d'assurance maritime ne pourra que bien difficilement user du titre ou trouvé ou volé, qu'il aurait illégitimement acquis. Comment en effet établira-t-il la perte? Comment dressera-t-il son compte d'avaries? Comment s'y prendra-t-il pour délaisser? (Desjardins, *Traité du droit maritime*, n° 1328.)

Il faut distinguer : 1° le cas de destruction; 2° le cas de perte ou de vol (1) :

1° En cas de destruction *prouvée*, le bénéficiaire est évidemment fondé à agir, la compagnie n'ayant rien à risquer. Mais comment démontrera-t-il la destruction? Cette démonstration comprendra deux faits : 1° l'événement; 2° la disparition de la police pendant que cet événement s'est produit. Il va sans dire que toutes les catégories de preuves sont possibles, puisqu'il s'agit de faits purement matériels et que les faits de ce genre peuvent résulter de toutes les preuves possibles (2). Mais il faut que les preuves apportées rendent non seulement probables les faits allégués — la destruction seulement probable devrait être assimilée à la perte ou au vol (Wahl, *Théorie et pratique des titres au porteur*, n° 1327) — mais qu'elles rendent ces faits absolument certains et indiscutables. Or ces preuves seront bien difficiles. Celles de l'événement — incendie, inondation — pourront être rapportées sans peine. Mais la preuve que la police a péri dans cet événement est, au contraire, presque impraticable, car elle est complexe. Elle comprend la preuve : 1° que la police était détenue par le demandeur; 2° que cette police existait dans l'immeuble ou dans l'objet mobilier détruit; 3° qu'elle a été détruite en même temps que cet objet et n'a été ni volée pendant l'organisation des secours, ni ramassée par un tiers (3). Or ces conditions sont tellement

---

(1) Wahl (*op. cit.*, n°° 1209 et suiv., 1222 et s., 1250 et suiv.) donne de longs développements sur toutes les questions relatives à la destruction, à la perte et au vol des titres à ordre ou au porteur.

(2) L'art. 1348, § 4, C. civ., sera-t-il applicable? La question nous paraît délicate. Nous l'avons examinée plus haut (n° 39, note 7°). Cf. Buchère, *Traité des valeurs mobilières*, n°° 920 et s., 1063; Wahl, n°° 1224 et s., Desjardin, n° 1303 *in fine*.

(3) Faut-il ajouter : 4° que la police n'a pas été endossée par le porteur dépossédé? Non, car l'endossement non accompagné de la remise du titre n'est pas translatif de propriété. (Bédarride, *De la lettre de change*, n° 299.) Mais peut-être pourrait-on soutenir que le réclamant devra prouver que la police

rigoureuses qu'en fait elles enlèvent à peu près toute utilité pratique au droit que nous reconnaissons au porteur dont le titre a été détruit (1).

2° Si la police a été perdue, volée ou soustraite par escroquerie ou abus de confiance le porteur dépossédé sera sans droit contre la compagnie, alors même qu'il pourrait faire la preuve, bien difficile, de la perte, du vol, de la soustraction, de l'abus de confiance. En effet, si en cas de destruction *prouvée*, la compagnie peut, comme nous venons de le voir, être obligée de remettre une nouvelle police, ou de payer le montant de l'assurance, c'est parce qu'elle n'a rien à risquer, le titre ne pouvant plus lui être présenté. En cas de perte ou de vol, la police est au contraire restée dans le commerce ; elle a pu être revêtue d'un endossement nominatif ou d'un endossement en blanc et arriver entre les mains d'un tiers de bonne foi qui fera valoir ses droits si, en l'acquérant même de celui qui a volé la police ou qui l'a revêtue d'un faux endossement, il n'a commis aucune faute lourde (2). Un débat s'engagera entre ce tiers porteur et le bénéficiaire qui prétend avoir perdu la police ou avoir été victime d'un vol, d'un abus de confiance. La compagnie paiera celui qui aura obtenu gain de cause (3). Donc la preuve de la perte ou du vol du double de la police, fût elle faite, ne lèverait pas l'obstacle juridique qui s'oppose

---

lui avait été transférée à lui-même par un endossement régulier, conformément à l'art. 137 C. com.

(1) « Je ne vois qu'un cas, dit Buchère, *Études sur les titres au porteur perdus ou volés*, p. 67 et s., où la destruction du titre sera prouvée sans erreur « possible, c'est celui où ce titre aurait été calciné dans un incendie, sans « être réduit en cendres, de manière à ce qu'on puisse encore en vérifier la « nature et les numéros. » Voir aussi l'espèce d'un jugement rapporté dans le *Journ. des Ass.*, année, 1863, p. 131. Le cas prévu par Buchère est plutôt celui d'un titre gâté, altéré ou endommagé que celui d'un titre détruit. V. Wahl, n° 1209 et s., notamment n° 1212.

(2) On sait que l'art. 2279 C. civ. n'est pas applicable.

(3) Bravard, t. III, p. 347, 354, 359 ; Lyon-Caen et Renault, *Traité*, t. IV, n° 130, 294 et 321.

à ce que la compagnie puisse être obligée de payer au porteur qui a été victime de cette perte ou de ce vol (1).

108. — Nous venons de voir que le défaut de représentation de la police payable à ordre constitue un obstacle absolu au paiement du capital assuré. Toutefois cette solution ne s'impose, selon nous, qu'à la double condition : 1° que la police renferme, dans sa partie manuscrite, la clause *à ordre* ; 2° que la police soit transmissible par un véritable endossement, c'est-à-dire par l'endossement de l'art. 137 C. com. (2). Alors, en effet, la propriété du titre est vraiment, comme le titre lui-même, en quelque sorte ambulatoire ; elle passe, comme le titre lui-même, de l'un à l'autre instantanément, par la *seule* formalité de l'endossement qui s'opère à *l'insu de la Compagnie*. Celui auquel appartient la créance est pour la compagnie une personne incertaine, qu'elle ne connaîtra que le jour où cette personne se présentera porteur de la police, revêtue d'un endossement. Donc la compagnie ne peut pas payer à un soi-disant bénéficiaire qui n'est pas en possession de la police endossée, la possession étant l'unique manifestation extérieure de la transmission.

Or, nous avons vu (n° 3) que plusieurs clauses prescrivent l'accomplissement, au moment du transfert de la police, de formalités dont quelques-unes révèleront à la compagnie le changement de créancier. C'est ainsi que : 1° conformément à la clause de la 2ᵉ police (n° 3) il doit être donné avis de l'endossement à la compagnie (v. aussi les clauses des 3ᵉ et 4ᵉ polices qui prescrivent la notification du transfert à la compagnie) ; 2° aux termes de la clause de la 8ᵉ police, le transfert

---

(1) Sur les questions que soulève la perte des polices endossables on peut consulter, outre les autorités citées ci-dessus, la *Grande Encyclopédie*, t. IV, p. 329, col. 2 *in fine*, et le *Journ. des Ass.*, 1873, p. 413, 1881, p. 115, 1883, p. 223, 1885, p. 172, 1892, p. 61, 1893, p. 110.

(2) Nous reviendrons plus loin sur cette question, n°ˢ 136 et s.

doit figurer non seulement sur le double de la police qui est entre les mains du titulaire, mais aussi sur le double conservé par la compagnie; 3° celui sur la tête duquel repose l'assurance doit donner son consentement au transfert, et ce consentement doit être déposé ou notifié à la compagnie. Ces formalités devant nécessairement porter le transfert à la connaissance de la compagnie, il semble que celle-ci ne pourra pas opposer au bénéficiaire, lors de l'échéance, le défaut de représentation du double, si aucune des formalités ci-dessus n'a été remplie. « Que la police ait été endossée, dira ce bénéficiaire à la com- « pagnie, c'est possible, mais que vous importe? cet endosse- « ment est nul, au moins à l'égard des tiers, puisque la condition « à laquelle il était soumis (avis ou notification du transfert à la « compagnie, mention du transfert sur le double de la compa- « gnie, notification ou dépôt à la compagnie du consentement « de l'assuré au transfert, etc...) n'a pas été remplie. Donc, sans « vous arrêter, ni avoir égard à ce transfert hypothétique qui ne « vous est pas opposable, vous devez me payer. » Ce raisonnement serait convaincant (1), si l'accomplissement des formalités qui doivent accompagner le transfert était la condition essentielle de la validité à l'égard des tiers, notamment de la compagnie, du transfert de la police. Mais il perd au contraire toute valeur si l'endossement est le véritable et seul titre de la transmission, si les formalités, dont il s'agit, sont dépourvues de tout effet juridique et constituent de simples mesures d'ordre intérieur privées de sanction.

La question se pose donc de savoir quel est le caractère des formalités prescrites.

109. — Pour résoudre cette question, nous classons les diverses polices du tableau ci-dessus (n° 3) en deux catégories.

Dans la première, nous mettons les polices non à ordre,

---

(1) Buchère, *Traité des valeurs mobilières*, n° 457.

dont la transmission s'opère *par voie de transfert sur le titre même* (2e, 3e, 4e, 5e, 6e, 7e, 8e, 9e et 11e polices).

Dans la seconde, nous plaçons les polices qui constituent de véritables titres à ordre et qui, comme telles, sont susceptibles d'être transmises par voie d'endossement (1re, 10e et 12e polices) (1).

Voyons ces deux catégories de polices.

110. — *Polices de la 1re catégorie.* Dans les titres à ordre, le débiteur doit nécessairement payer au porteur de l'ordre. Étant directement obligé vis-à-vis de ce porteur (*suprà*, nos 21 et s.), il ne doit qu'à lui et ne peut se libérer valablement qu'entre ses mains. Il n'en est pas de même quand le titre n'est pas un titre à ordre, quand, notamment, il s'agit d'une police transmissible par voie de transfert sur le titre même : l'obligation directe du débiteur vis-à-vis du porteur, obligation renfermée dans l'expression concrète *payable à l'ordre de...* n'existe pas alors. Quelles règles donc faut-il suivre quand une de ces polices est perdue? À notre avis, on doit, *en principe*, suivre les règles applicables en cas de perte de titres nominatifs, c'est-à-dire qu'en principe, le défaut de représentation du titre ne saurait constituer un obstacle au paiement (2). Mais, d'autre part, il faut aussi tenir compte des

---

(1) Nous justifierons au chapitre suivant la distinction que nous faisons ici.

(2) Nous avons vu plus haut (n° 39) que le défaut de représentation d'un titre de ce genre n'autorise pas la compagnie à refuser le paiement au titulaire. « La « perte de la police non transmissible par endossement, dit Rome (*Thèse*, Pa- « ris, 1868, n° 303), ne peut avoir d'influence. Si la compagnie n'a pas reçu de « signification de transfert ou n'a pas donné son consentement dans un acte « authentique, elle peut et doit payer entre les mains du bénéficiaire désigné « au contrat. S'il y a cession, cette cession valable *inter partes* ne peut en au- « cune façon lui être opposée. » La jurisprudence est conforme. V. jug. du Trib. civ. de la Seine du 21 juillet 1883. Toutefois, il n'est pas certain que la police visée dans ce jugement soit une police non endossable. Dans les ob- servations qui font suite à ce jugement dans le *Journ. des Ass.*, année 1883, p. 512, on admet que cette police n'était pas endossable; mais l'annotateur du

conditions particulières, des formalités spéciales auxquelles les clauses de ces polices ont soumis le transfert. Or ce sont précisément ces conditions et formalités qui font naître la question de savoir si la compagnie ne serait pas fondée à exciper du défaut de représentation de la police pour refuser le paiement d'une police transmissible par voie de transfert sur le titre même.

Procédons encore par distinctions pour l'examen de cette question.

111. — Soit, d'abord, le cas où il n'est pas stipulé que le transfert doit figurer sur les *deux* doubles de la police, c'est-à-dire, le cas où il suffit que le transfert existe seulement sur le double de l'assuré : la compagnie pourrait-elle, à l'échéance de la police, refuser le paiement au bénéficiaire non porteur du double, sous le prétexte qu'elle resterait exposée à la réclamation du tiers porteur de ce double? Pour résoudre cette question, il faut examiner si, contrairement à l'art. 1690 C. civ., le transfert non signifié (1) serait opposable : 1° au bénéficiaire dépossédé qui réclame le paiement; 2° à la compagnie d'assurances. Or, en ce qui concerne le bénéficiaire, celui-ci doit évidemment respecter le transfert hypothétique qui, quoique non signifié, serait néanmoins valable *solo consensu* entre les parties, c'est-à-dire entre l'assuré qui a cédé sa police et le cessionnaire; en effet, ce bénéficiaire n'est point un tiers (dans le sens de l'art. 1690 C. civ.), pouvant se prévaloir du défaut de signification; il est l'ayant cause du cédant. En ce qui con-

____

Rec. pér. des Ass., année 1843, p. 89, croit au contraire qu'il s'agissait d'une police à ordre.

(1) Nous raisonnons ici dans l'hypothèse d'un transfert qui n'a pas été signifié. En effet, les clauses dont nous nous occupons en ce moment ne prescrivent pas de signifier le transfert (V. cependant la 4° police du tableau n° 3 ci-dessus). Il est bien question dans quelques-unes de ces clauses de notification du consentement de l'assuré; mais il ne faut pas confondre cette notification avec la signification de la cession à faire en conformité de l'art. 1690 C. civ.

cerne la compagnie, bien que celle-ci soit au contraire un tiers
fondé, en principe, à opposer le défaut de signification de la
cession, elle ne saurait, cependant, refuser de payer au cessionnaire par simple voie de transfert le montant de l'assurance,
sous le prétexte qu'il n'a pas rempli les formalités de l'art.
1690 C. civ. Comment, en effet, la compagnie pourrait-elle méconnaître le droit que ce cessionnaire a acquis en se conformant aux règles qu'elle a elle-même tracées dans la police, et
qui ne subordonnent nullement la validité du transfert à l'accomplissement des formalités de l'art. 1690 (1)? Nous

---

(1) Il résulte de là une situation bien bizarre. La compagnie, disons-nous,
doit payer au tiers porteur auquel la police a été transférée ; en effet, sa position vis-à-vis de ce porteur est à peu près celle du débiteur d'un titre à
ordre vis-à-vis du porteur de l'ordre, car en déclarant, dans la police, que
« la propriété du contrat se transmet par voie de transfert constaté sur le
« titre même, » elle a, en quelque sorte, contracté à l'égard du porteur l'obligation *directe* de le payer à tout événement. D'ailleurs plusieurs clauses (v.
suprà, n° 3, les 8e et 9e polices) disposent expressément que le transfert *suffit à
l'égard de la compagnie*. Ceci étant, qu'arrivera-t-il, si la compagnie a reçu
des saisies-arrêts, ou des significations faites conformément à l'art. 1690 ou à
l'art. 2075 C. civ. ? La compagnie devra avoir égard à ces saisies-arrêts ou cessions signifiées, car la cession par simple voie de transfert sur le titre ne
peut, nous le verrons, être opposée aux tiers autres que la compagnie (v. la
note sous le numéro suiv.). Mais, d'un autre côté, la compagnie pourra-t-
elle refuser de payer le cessionnaire par simple voie de transfert, sous le prétexte
qu'elle doit avoir égard à ces saisies-arrêts ou cessions signifiées ? Oui, si
elle a pris la précaution de stipuler dans la police que le transfert ne suffit
qu'à son égard, la loi exigeant d'autres formalités pour la validité du transfert à l'égard des tiers (V. *suprà*, n° 3 les 8e et 9e police) ; sinon, nous ne
voyons pas ce que la compagnie répondrait à ce cessionnaire qui prétendrait
être payé nonobstant toute saisie-arrêt ou cession signifiée. Remarquons
que quand il s'agit de titres à ordre, cette situation ne peut pas se présenter.
En effet, ces titres n'admettent pas de saisie-arrêt (art. 149 C. com.) ; quant à
l'éventualité d'un conflit entre un cessionnaire selon le mode du droit civil
et un cessionnaire par voie d'endos, on peut, en pratique, en faire abstraction, car l'homme assez mal avisé pour accepter la cession selon le mode
du droit civil d'un titre à ordre qu'il ne se ferait pas immédiatement remettre,
commettrait une faute lourde qui le rendrait non recevable à méconnaître
les droits de celui auquel son cédant, si imprudemment laissé en possession
du titre, aurait endossé ce titre. D'ailleurs les cessions d'un titre à ordre
selon le mode du droit civil sont très rares (Lyon-Caen et Renault, *Traité*
t. IV, n° 151). Cons, sur ce conflit entre l'endossement et la cession selon le

concluons de là que la compagnie, restant exposée à la réclamation d'un tiers porteur, ne saurait être contrainte de payer au bénéficiaire qui ne représente pas son double.

112. — Soit, en second lieu, le cas où il est stipulé dans la police que le transfert doit être signé par le titulaire sur les *deux* doubles de la police (V. 8ᵉ police du tableau, nº 3 ci-dessus) ou qu'il doit être enregistré à la compagnie. Dans ce cas, il a été jugé que si aucun endossement n'a été inscrit sur le double de la compagnie, celle-ci doit payer au bénéficiaire, quoiqu'il ne puisse pas représenter son double (1).

---

mode du droit civil le *Répertoire* de Dalloz, *Supplément*, v° *Effets de commerce*, nᵒˢ 151 et 163.

(1) Trib. civ. Lyon, 16 mars 1868; B. de M., III, 133; Paris, 22 mai 1882, *id.*, II, 666 et *Journ. des Ass.*, 1882, 450 et la note.

Ces deux décisions sont basées sur des motifs très différents.

La Cour de Paris, bien qu'elle ne vise pas textuellement l'art. 1325 C. civ., semble avoir été déterminée, au moins dans une certaine mesure, par cette idée que si le transfert n'était pas relaté sur les deux doubles de la police, l'art. 1325 serait violé et que, par suite, le transfert serait nul *erga ommes*. Or, il y a là une confusion. En effet, la nécessité du double exemplaire prescrite par l'art. 1325 ne pourrait s'imposer qu'à l'égard de l'acte qu'auraient passé l'assuré et le cessionnaire pour constater la cession; cet article ne saurait obliger le cédant et le cessionnaire à inscrire le transfert sur les doubles de la police et notamment sur le double de la compagnie qui, elle, n'est pas partie à la cession.

Le Trib. de Lyon s'est placé à un tout autre point de vue. Pour lui, la mention du transfert sur le double de la compagnie équivaut à la signification de l'art. 1690 C. civ.; elle a pour but et pour résultat de porter le transfert à la connaissance de la compagnie comme le ferait une signification; elle est donc nécessaire pour saisir le cessionnaire à l'égal des tiers, notamment de la compagnie, de sorte que, si, au moment de l'échéance, la compagnie ne constate aucun transfert sur son double, elle peut et doit payer au bénéficiaire même non porteur de la police. Cette doctrine d'après laquelle la connaissance, que le débiteur cédé aurait eue de la cession en dehors de toute signification, suffit pour que ladite cession puisse être opposable soit à lui, soit aux autres tiers, est très contestable. La question qu'elle résout par l'affirmative a en effet donné lieu à trois systèmes. Dans le sens du jugement du Trib. de Lyon, v. Orléans, 21 déc. 1886; *Gaz. du Pal.* du 6 fév. 1887 et la note; Toulouse, 20 mars 1888; *Gaz. du Pal.* du 12-14 août 1888.

Mais, en sens opposé, nous rencontrons un jugement du Tribunal civil de la Seine du 12 février 1881 (1) qui a autorisé la compagnie à refuser le paiement en se fondant sur ce qu'elle pouvait avoir à redouter la réclamation d'un tiers porteur du double non représenté, bien qu'il fut stipulé dans la police que le transfert doit être signé et daté sur les deux doubles (2).

113. — *Polices de la 2ᵉ catégorie.* Si nous passons maintenant à l'examen des polices qui constituent de véritables titres à ordre et qui sont comme telles négociables par voie d'endossement selon les règles du droit commercial, nous voyons que les tribunaux ne paraissent attacher, au point de vue qui nous occupe, aucune importance ni à l'obligation, soit d'inscrire l'endossement sur les deux doubles de la police, soit de faire enregistrer le transfert à la compagnie, ni aux autres formalités du même genre (3). La Cour d'Angers (4) a dé-

---

(1) B. de M., III, 266. — Cons. aussi : Paris, 12 fév. 1857 et 2 avril 1879 (B. de M., II, 188 et 587).

(2) Il est vrai que, pour le décider ainsi, le tribunal avait un motif particulier tiré de ce qu'il y avait une sorte de contradiction entre les clauses imprimées de la police (où l'application de l'art. 1690 était réservé à l'égard des tiers) qui semblaient placer le transfert sous l'empire des règles du droit civil, et les clauses manuscrites d'après lesquelles le capital assuré était payable à ordre. Cette police n'appartenait donc pas à la catégorie de celles que nous examinons en ce moment et qui sont celles payables à personne dénommée. Le tribunal a considéré que l'ambiguïté, que présentaient les clauses imprimées et les clauses manuscrites de cette police, avait pu induire en erreur un cessionnaire et le porter à croire que la présence, dans les conditions manuscrites de cette police, de la clause *à ordre* le dispensait d'observer les formalités de l'art. 1690 C. civ. réservées par les conditions imprimées.

(3) En matière de société, le transfert des actions soulève une question semblable, lorsque dans les statuts, il est stipulé que les actions sont transmissibles par endossement et que cette stipulation est accompagnée de certaines réserves relatives, par exemple, à la nécessité de l'approbation ou du visa de l'endossement par les agents de la compagnie où à l'inscription de la cession sur le registre dit des transferts (Lyon-Caen et Renault, *Traité*, t. II, nº 607). Or la Cour de cassation décide en général que ces formalités ne constituent que de simples mesures d'ordre intérieur (Paul Pont, *Traité des Sociétés*, t. II, nº 912).

(4) Dalloz, 1883, 2. 103.

cidé qu'il n'était pas nécessaire d'inscrire l'endossement sur le double de la compagnie. Le Tribunal de commerce de la Seine (1) considère cette inscription comme une simple mesure d'ordre administratif dont l'inaccomplissement ne peut nuire aux effets de l'endossement. En présence de cette jurisprudence, on doit décider que bien qu'aucun endossement ne figure sur le double resté entre ses mains, la compagnie est fondée à refuser le paiement au bénéficiaire qui ne représente pas son double de la police, puisqu'elle a à redouter la réclamation du tiers auquel la police aurait pu être valablement transférée au moyen d'un endossement inscrit sur ce seul double.

114. — Dans les polices du type n°ˢ 1 et 10 (V. *suprà*, n° 3), nous trouvons un mélange bien étrange des règles du droit civil et des règles du droit commercial. La police est négociable par endossement, néanmoins le transfert doit être notifié à la compagnie qui peut, « dans le cas où cette notification « n'aurait pas été faite avant l'échéance du contrat, se libérer « lors de l'échéance, en déposant à la Caisse des dépôts et « consignations, pour le compte de qui de droit, le montant « de la somme dont elle sera débitrice » (2). Cette disposition est bizarre ; tout en stipulant qu'à son égard le transfert ne sera valable que si les formalités du droit civil ont été accomplies, la compagnie veut en même temps mettre, en cas de perte de la police, sa responsabilité sous la protection de la solution relative au cas de perte d'une police à ordre. Mais une pareille stipulation est-elle valable ? Le bénéficiaire dépossédé ne pourrait-il pas arguer de l'espèce de contradiction que présentent ces deux dispositions un peu incohérentes,

---

(1) Jug. 9 janvier 1893 ; *Rec. pér. des Ass.*, 1893, p. 239. On sait qu'en matière de lettre de change, lorsque la lettre est tirée à plusieurs exemplaires il n'est pas nécessaire que les divers endossements soient inscrits sur chacun d'eux (Bédarride, n° 291).

(2) Dans cette clause on sous-entend évidemment que la police n'est pas représentée au moment de l'échéance.

pour contraindre la compagnie qui n'aurait reçu aucune signification de transfert à lui payer le montant de l'assurance? D'autre part, le dépôt non précédé d'offres réelles (1) fait par la compagnie à la Caisse des dépôts et consignations serait-il libératoire, c'est-à-dire opposable au cessionnaire qui aurait fait signifier la cession postérieurement à ce dépôt? Toutes ces questions sont bien délicates. Nous ignorons si elles ont été déjà soumises aux tribunaux.

115. — Enfin dans toutes les polices, polices à ordre ou polices non à ordre (ici il n'y a plus lieu de distinguer entre ces deux catégories de police), il est stipulé que le consentement de celui sur la vie duquel repose l'assurance, doit à chaque transfert être renouvelé par écrit et *déposé, ou notifié à la compagnie*. (V. *suprà*, n° 3, polices nᵒˢ 2, 3, 4, 6, 8, 9, 10). Le bénéficiaire qui, à l'échéance, ne peut représenter son double, serait-il néanmoins fondé à réclamer le paiement à la compagnie, si celle-ci n'avait reçu aucun dépôt, aucune notification du consentement de l'assuré à un transfert du contrat? Evidemment non (2). Il faut d'abord écarter le cas où le souscripteur du contrat (qu'on appelle aussi le preneur d'assurance) est en même temps la personne sur la tête de laquelle repose l'assurance; il est bien évident que la formalité du consentement exprès notifié ou déposé à la compagnie ne s'applique pas au transfert que cet assuré lui-même aurait fait; donc l'absence au siège de la compagnie d'une notification de consentement à transfert ne prouve nullement que la police n'a pas été cédée (3).

---

(1) On sait qu'aux termes de la loi du 6 thermidor an III, si le porteur d'un titre à ordre ne se présente pas dans les trois jours de l'échéance, le débiteur se libère en consignant la somme, sans avoir à faire aucune offre. Nous avons examiné plus haut (n° 41) la question de savoir si cette loi ne devrait pas être appliquée aux polices d'assurance sur la vie établies à ordre.

(2) D'après Herbault (n° 215), dont l'opinion sur ce point est, croyons-nous, isolée, la police peut être cédée sans le consentement de l'assuré.

(3) Trib. com. Seine, 7 juin, 1888, *Journ. des Ass.*, 1888, p. 482.

Mais supposons que l'assurance repose sur la tête d'un tiers, ou que, l'assurance reposant sur la tête du souscripteur, la police a été l'objet d'un premier transfert, qui, comme nous venons de le dire, n'a pas nécessité le dépôt ou la notification à la compagnie du consentement de l'assuré; dans ce cas, le bénéficiaire dépossédé pourrait-il contraindre la compagnie à le payer, en se basant sur ce que l'endossement qu'on a pu faire sur le double non représenté serait nul et sans valeur à l'égard de tous, parcequ'il n'a pas été accompagné de la notification ou du dépôt à la compagnie du consentement de l'assuré? Certainement non. D'abord il a été jugé que le consentement de l'assuré au transfert, n'étant pas d'ordre public, peut-être donné après le décès de l'assuré par ses héritiers (1). D'autre part, les polices ne fixent en général aucun délai dans lequel doive être effectué cette notification ou ce dépôt, d'où il résulte que la notification ou le dépôt fait par le cessionnaire au moment où il réclame le paiement, même postérieurement à l'échéance du contrat, n'est pas tardif. Enfin, il est évident que ce qu'il y a d'essentiel c'est la preuve du consentement de l'assuré (2); quant au dépôt ou à la notification à la compagnie du document dans lequel ce consentement a été exprimé, on ne peut y voir qu'une mesure d'ordre intérieur dont l'exécution ne saurait être une condition essentielle de la validité du transfert (3). Nous pourrions ajouter encore que le consentement de l'assuré pour la validité des transferts futurs résulte suffisamment de l'endos à l'ordre d'un précédent cessionnaire, signé par le titulaire bénéficiaire de la police (4).

M. Rome (5) semble décider, au contraire, que quand il est

---

(1) C. Limoges, 1ᵉʳ décembre 1836, B. de M., II, 27.

(2) V. jug. Trib. civ. Seine, 9 déc. 1880 ; *Journ. des Ass.*, 1881, p. 59.

(3) Voir cependant en sens contraire les motifs de l'arrêt de la Cour de Paris, du 22 mai 1882, précité.

(4) Trib. com. Seine, 7 juin 1883, précité, motifs.

(5) *Thèse* (Paris 1868), nᵒˢ 300 à 301. Voir sur cette question les conclusions

stipulé dans la police que la cession par endossement ne peut être faite qu'avec le consentement exprès et par écrit soit de la compagnie, soit de l'assuré, la cession n'a pas d'effet à l'égard de la compagnie si ces formalités n'ont pas été accomplies ; d'où cette conséquence que la perte de la police ne saurait avoir d'influence et que la compagnie peut et doit payer au bénéficiaire désigné dans le contrat si elle n'a reçu aucun avis du consentement de l'assuré à un transfert de l'assurance.

116. — On sait que le paiement des lettres de change ou des billets à ordre et le paiement des titres nominatifs ne sont pas régis par les mêmes règles. Quelles règles faut-il appliquer au paiement des polices à ordre? A notre avis, on doit étendre au paiement des polices à ordre quelques-unes des règles suivies en matière de paiement des lettres de change, savoir celles qui, dérivant de la forme à ordre du titre, sont applicables au paiement de *tous* les titres à ordre et qui d'ailleurs ne répugnent pas à la nature de l'assurance sur la vie. C'est ainsi notamment, que la compagnie qui aurait payé sans opposition une police d'assurance devrait être *présumée* valablement libérée, alors même qu'elle aurait payé entre les mains d'un faux porteur, pourvu, bien entendu, qu'elle ait payé de bonne foi (1). De même, contrairement à l'art. 1241 C. civ., nous déclarerions valablement libérée la compagnie qui aurait payé de bonne foi à un incapable (mineur, interdit, failli) (2). Nous raisonnons, bien entendu, dans l'hypothèse que la police a été endossée, et a circulé. S'il s'agissait de payer au bé-

---

de M. le substitut Bard dans une affaire de la Compagnie *La Nationale.* (B. de M., III, p. 266, en note sous un jugement du Trib. civ. de la Seine du 12 février 1881.)

(1) Bravard, t. III, p. 347, note (1) et 339; Lyon-Caen et Renault, t. IV, n°ˢ 293 et 297.

(2) Bravard, *id.*, p. 353 et 356; Alauzet, IV, n° 1399; Boistel, n° 803; Lyon-Caen et Renault, *Traité* IV, n° 299.

néficiaire même désigné dans la police, cette police fût-elle à ordre, on devrait appliquer les règles qui concernent le paiement des titres nominatifs.

117. — 5° L'endossement de la police doit contenir les mentions prescrites par l'art. 137 C. com., ou est présumé ne valoir que comme procuration. — Nous avons expliqué (n° 42) que cette condition de la validité de l'endossement n'était pas une conséquence de la clause à ordre, mais que, néanmoins, elle s'impose avec la même nécessité dans tous les titres à ordre qu'elle qu'en soit la nature, et par conséquent dans les polices d'assurance sur la vie (1). Aussi la clause des polices relative à la faculté d'endossement rappelle-t-elle, en général, que l'endossement doit être régulier et conforme aux prescriptions de l'art. 137 C. com. (2).

118. — Parmi les mentions prescrites par l'art. 137 C. com. une doit particulièrement attirer l'attention en matière d'assurances sur la vie; c'est celle relative à l'expression de la *valeur fournie*. En matière d'assurances sur la vie, l'obligation d'énoncer la valeur fournie, a, en effet, pour résultat de rendre souvent impraticable la voie de l'endossement dans les cas de transfert à titre gratuit (3), ou, du moins, de mettre les parties dans la nécessité d'user d'artifices qui ne sont pas sans danger.

Supposons que le propriétaire d'un contrat d'assurance veuille, par voie d'endossement, transférer à titre gratuit le bénéfice de cette assurance. Comment libellera-t-il la mention d'endossement?

---

(1) V. cependant Trib. com. Seine, 31 mai 1887; *Rec. pér. des Ass.*, 1887, 303.

(2) V. *suprà*, n° 3, le texte des principales clauses en usage dans les polices des compagnies françaises.

(3) Ce résultat est d'autant plus grave qu'en matière d'assurance sur la vie les transferts à titre gratuit sont beaucoup plus fréquents que les tranferts à titre onéreux. V. de Courcy, *Précis*, p. 192 et suiv.

Ou, s'en tenant à la réalité, il inscrira au dos du titre une mention dans laquelle il ne sera pas question de valeur fournie ;

Ou il énoncera faussement dans l'endossement qu'une valeur a été fournie (1).

Que vaudra l'endossement dans chacun de ces deux cas?

Cette question sur laquelle nous reviendrons plus loin est difficile ; c'est celle de savoir si on peut par endossement faire une donation, et comment, en cas d'affirmation, doit être libellée la mention d'endossement.

Reprenons les deux cas que nous venons de distinguer.

119. — 1° *L'endossement est muet sur la valeur fournie.* — En principe, un endossement qui n'énonce pas la valeur fournie n'est pas translatif de propriété et, par suite, ne peut opérer le dessaisissement (art. 894 C. civ.); il ne vaut que comme procuration (art. 138 C. com.).

Mais dira-t-on, ce principe de l'art. 138 C. com., est manifestement inapplicable aux endossements des polices d'assurances en cas de décès, du moins, quand c'est l'assuré lui-même qui endosse la police. En effet, aux termes de l'art. 2003 C. civ., le mandat est de plein droit révoqué par la mort du mandant. De la combinaison des articles 138 C. com. et 2003

---

(1) *Ces deux hypothèses sont les seules possibles.* En effet, la mention de la valeur fournie étant incompatible avec l'idée même de libéralité, on ne peut pas formuler l'endossement *valeur fournie en bons offices, en affection,* etc... Si cependant l'endossement était ainsi formulé ou causé *pour don,* il devrait, de l'avis de tout le monde, être assimilé à l'endossement qui n'exprime pas la valeur fournie, car ni l'affection, ni les soins ne représentent une *valeur* dans le sens où ce mot est employé dans l'art. 137. C. com. (Marcadé sous l'art. 931, t. III, n° 630 *bis*). Cependant l'énonciation *valeur en bons offices* a été jugée suffisante : V. Rejet, C. civ. 13 ventôse an XIII; Dalloz, v° *Effets de commerce,* n° 81, note 4 ; V. dans la *Gaz. de Pal.,* n° du 8 déc. 1885, note sous arrêt de Lyon du 16 juillet 1885.

C. civ., il résulte donc que l'assuré qui endosse irrégulièrement une police payable à son décès ne peut être considéré
comme ayant donné un mandat, puisque les pouvoirs du mandataire prendront précisément fin quand arrivera pour ce dernier le moment d'exécuter le mandat. En un mot, l'art. 2003
C. civ. exclut l'application de l'art. 138 C. com, en notre matière.

Il faut répondre que, conformément à une doctrine à peu
près universellement admise (1), la mort du mandant ne met
pas fin au mandat (c'est-à-dire que l'art. 2003 est inapplicable)
lorsque l'affaire qui en forme l'objet doit être accomplie après
le décès du mandant. Donc, nonobstant l'art. 2003 C. civ. l'endossement irrégulier d'une police, payable au décès de l'assuré, peut encore valoir comme procuration après le décès de
l'assuré-endosseur.

Or, de ce que l'endossement ne vaut que comme procura-

---

(1) Pothier, n° 108; Duranton, t. XVIII, n° 283; Troplong, n° 728; Delamarre
et Lepoitevin, *Traité du contrat de commission*, t. II, n° 445; Aubry et Rau,
t. IV, § 417, p. 654; Rolland de Villargues, v° *Ass. sur la vie*, n°° 5 et suiv.,
Dict. du notariat, eod. verbo, n° 281; *Rép. de la Revue du notariat, eod. verbo*,
n° 6. Voir cependant en sens contraire : Laurent, t. XVII, n° 88, p. 93 et 96;
Colin, *Étude sur les dons manuels*, 41. Le système de ces deux auteurs a été
réfuté tout dernièrement par Guillouard dans son *Traité du mandat*, n° 232.
La jurisprudence s'est prononcée dans le sens de l'opinion soutenue au texte :
Paris, 10 déc. 1830; S. 1850, 2. 265; Cass., 22 mai, 1860, S. 1860, 1. 721; Bruxelles,
2 août 1861, B. de M. 2. 320; Cass., 30 avril 1867, S. 1867, 1. 329; Lyon, 8 fév.
1884, *Rec. pér. des Ass.*, 1885, 606; Lyon, 3 août 1889, *Annales de dr. comm.*,
1889, p. 171; Paris, 13 déc. 1876, B. de M. 2. 532; Paris, 20 fév. 1891, *Gaz. du
Pal.*, du 21 mars 1891; Augers, 14 fév. 1891, *Gaz. du Pal.* du 13 avril 1891.

En sens contraire, nous lisons dans le *Journ. des Ass.* (année 1891, p. 92 en
note sous Cass., 12 nov. 1890) que si la police, payable après le décès de l'assuré, était revêtue d'un endos irrégulier, qui, comme tel, ne vaut qu'à titre
de procuration, la compagnie ne pourrait pas payer sur la simple quittance du
porteur, « parce que, dit l'auteur de la note, les pouvoirs du porteur qui n'est
« qu'un mandataire auraient été révoqués par le décès. » *Adde*, les observations
sous un arrêt de Paris du 20 fév. 1891, dans le *Journ. des Ass.*, 1891, p. 242 :
« En cas d'endossement irrégulier d'une police d'assurance sur la vie, il y
« a simple procuration, dès lors *mandat révocable de droit par le décès*. »

lion, résultent les très graves conséquences que nous avons énumérées plus haut (n° 86 *bis*). L'assuré qui voulait gratifier la personne désignée dans l'endossement, se trouve n'avoir donné à cette personne qu'un mandat dont elle devra rendre compte aux héritiers de l'endosseur. Il ne pouvait pas choisir un mode de transfert plus mal approprié au but cherché.

120. — Il est vrai qu'il est acquis à la pratique moderne (1) qu'en dépit des art. 137 et 138 C. com., l'endossement irrégulier (notamment celui qui n'énonce pas la valeur fournie), ne se borne pas toujours à manifester une simple procuration, qu'il peut, suivant les circonstances, transférer la propriété même de l'effet. Tout dépend des preuves administrées par le porteur, et s'il peut démontrer que l'endosseur a voulu lui transmettre la propriété de l'effet, l'irrégularité de l'endos sera couverte à son profit. La preuve sera même opposable par le porteur, soit à son endosseur direct, soit à un endosseur antérieur, soit même, suivant certains auteurs, au débiteur de l'effet. D'où, si le porteur se prévaut d'un transfert à titre onéreux, il suffira qu'il prouve avoir réellement fourni la valeur ; s'il allègue une donation, ce qui doit ici nous occuper, il devra prouver l'*animus donandi* chez celui qui a fait l'endossement.

Mais ce système a rencontré des contradicteurs qui le repoussent en entier (2). Quelques personnes l'acceptent seulement quand il s'agit de transfert à titre onéreux, mais non en cas de transfert à titre gratuit (3).

---

(1) *Trib. civ. Seine*, 12 janvier 1884, *Journ. des Ass.*, 1884 p. 271; Paris 20 février 1891, *Gaz. du Pal.*, 1891, 1er sem. p. 391, *Gaz. des Trib.* du 8 juillet 1891, *J. des Ass.* 1891, p. 212.

(2) Bressoles (*Théorie et pratique des dons manuels* n° 90) refuse de voir dans la disposition de l'art 138 C. com. une simple présomption susceptible d'être combattue; pour lui cet article pose une règle inflexible qui doit lier le juge, quelles que soient les exigences de la pratique.

(3) Dupuich, Dalloz, 1893, 1, 179 col. 1 note sous Cass., 6 mai 1891. — *Contra* : Lyon-Caen et Renault (*Traité*, t. IV, n° 151) qui admettent qu'on peut,

121. — Au surplus, cette faculté qu'aurait, dans ce système, le porteur de prouver contre la présomption de l'art. 138 C. com., laisse encore ce porteur exposé à des dangers. En effet, *à l'égard des tiers*, l'endossement qui n'énonce pas la valeur fournie ne sera jamais, malgré toute preuve contraire, que pourrait faire le porteur, qu'une procuration. Les tiers, en effet, ont dû prendre cet endossement pour ce qu'il paraissait être, c'est-à-dire pour un endossement à titre de procuration. Par suite, les tiers sont fondés à se prévaloir de ce que le porteur n'est vis-à-vis d'eux qu'un mandataire. Nous savons quelles conséquences découlent de cette manière d'envisager la situation du porteur (n° 86 *bis*).

Il résulte de ce qui précède qu'un endossement, dans lequel la valeur fournie n'est pas énoncée, n'est pas un mode qu'on puisse employer sûrement pour conférer gratuitement à un tiers la créance résultant d'un titre à ordre, notamment d'une police d'assurance.

122. — Cependant il a été décidé que l'endossement qui n'énonce pas la valeur fournie vaut comme *don manuel*, lorsque l'endosseur a, par un acte non suspect, déclaré que son intention franche était d'en transférer la propriété (1).

Que doit-on penser de cette solution?

En matière d'effets de commerce, elle est repoussée par tous les auteurs (2).

Mais, en matière d'assurances sur la vie, la jurisprudence l'accepte volontiers, se montrant ici moins soucieuse d'ob-

---

même en cas de transfert à titre gratuit, prouver contre la présomption de l'art. 138. *Sic*, motifs d'un jugement du Trib. civ. de Lyon du 8 fév. 1881, *Journ. des Ass.* 1881 p. 315 et *Gaz. du Pal.*, du 27 juin 1881.

(1) Cass., 25 janvier 1832, S. 1832. 1. 189, D. P. 1832. 1. 393.

(2) Coin-Delisle sur l'art. 938, n°° 96 et s.; Merlin, *Questions de droit*, V° Do-

server les principes que préoccupée de ne pas méconnaître
l'intention, souvent évidente, de l'endosseur d'une police d'assurance sur la vie (1).

122 *bis*. — Lorsqu'il s'agit, non plus d'endossement à titre
gratuit d'une police d'assurance sur la vie, mais d'endosse-

---

nation, § 6, n° 3 ; Bayle-Mouillard sur Grenier, t, II, n° 180 note 2 ; Saintespès-
Lescot, t. III, n° 587 ; Demolombe, *Traité des donations*, t. III, n° 109 ; Laurent XII, n° 310 : Claude, *Dons manuels*, p. 130 ; Bressoles, *Théorie et pratique
des dons manuels*, n° 90 ; Huc, *Traité théorique et pratique de la cession de
créance* n° 237.

(1) Paris, 18 mai 1867 (*Gaz. des Trib.* du 10 juillet 1867, B. de M., II., 336.
Dalloz, 1893, 1. 118 en sous note). Bressoles (*op. cit.*, n° 90) critique cet arrêt
qui, selon lui, repose sur une fausse interprétation de l'art. 138 C. com., et il
ajoute : « même en admettant l'interprétation de l'art. 138 en cours dans la
« jurisprudence, on ne pourrait pas exactement qualifier don manuel, comme
« l'a fait l'arrêt du 18 mai 1867, la simple livraison d'une police endossée pour
« don. Il faut pour qu'il y ait don manuel que la tradition intervienne comme
« élément constitutif de la libéralité. Or, dans l'hypothèse qui nous occupe, la
« tradition n'est qu'*exécutive* d'une cession antérieure réalisée par l'endosse-
« ment irrégulier. En autres termes, l'opération intervenue dans ces conditions
« devrait être regardée, *non comme don manuel, mais comme une donation
« déguisée*. Ce point est intéressant à préciser notamment pour le cas où la
« libéralité serait faite entre époux (Arg. tiré de l'art. 1099 C. civ). » Herbault,
Traité des assurances sur la vie, n° 218, après avoir cité cet arrêt de Paris du
18 mai 1867, déclare qu'il s'associe entièrement à cette jurisprudence.

Dans le même sens nous trouvons un jugement du Trib. de com. de la
Seine du 31 mai 1887 (*Rec. pér. des Ass.*, 1887, p. 303).

Enfin cette jurisprudence s'est encore affirmée dans un arrêt de la Cour de
Riom du 23 juin 1889 (Dalloz, 1893. 1. 177 et la note de M. Dupuich). Il est
vrai que cet arrêt a été cassé par arrêt du 6 mai 1891 (Dalloz, *id.*); mais la
Cour suprême a porté le débat sur un autre terrain ; elle a interprété comme
un testament l'endos irrégulier. La thèse de la Cour de Riom relative au don
manuel n'a donc pas été examinée par la Cour de cassation et n'a par conséquent subi aucun échec devant cette Cour.

Cet arrêt de Riom est approuvé par M. Mahoudeau dans une note insérée
dans les *Annales du droit commercial*, année 1889, p. 160. Mais, il a été critiqué : 1° par M. Wahl, *Théorie et pratique des titres au porteur*, n° 1031, note 1,
qui le considère comme erroné en tant qu'il décide que les titres à ordre
peuvent être l'objet d'un don manuel ; 2° par un annotateur des *Annales du
droit commercial*, 1889, p. 169, en note, qui déclare ne pouvoir s'associer à la
thèse de M. Mahoudeau ; 3° par M. Dupuich (note dans Dalloz, 1893. 1. 177).

ment à titre onéreux, la jurisprudence n'hésite plus alors à appliquer la présomption de l'art. 138 C. com. En conséquence, l'endossement n'est pas translatif de propriété; mais il vaut comme procuration, toujours sous réserve du droit, pour le porteur, de rétablir la réalité des faits dans ses rapports avec l'endosseur ou ses héritiers (1), mais non à l'égard des tiers (2). Nous connaissons les conséquences qui se produisent lorsque l'endossement ne vaut que comme procuration (*suprà*, n° 86 *bis*).

Cette distinction qu'établit la jurisprudence entre les effets des endossements irréguliers des polices d'assurance, suivant qu'il s'agit d'endossements à titre gratuit ou d'endossements à titre onéreux, est sans doute très rationnelle, mais elle est peu juridique. En effet, l'art. 138 est général, or *ubi lex non distinguit, non distinguere debemus*. Aussi cette distinction a-t-elle été critiquée (3).

123. — 2° *L'endossement énonce faussement qu'une valeur a été fournie.* — C'est à ce subterfuge, à ce mensonge permis que doit recourir celui qui veut réaliser par voie d'endossement la donation d'une créance constatée par un titre à ordre (4) notamment d'une assurance sur la vie. On sait, en effet que ce moyen est autorisé par une jurisprudence cons-

---

(1) Paris, 4 mars 1857 et 13 déc. 1876, *Journ. des Ass.*, 1858, 81, et B. de M. II, 532; Dijon, 3 avril 1874, B. de M. II, 483. — Le Trib. civ. de la Seine dans son jug. du 12 janv. 1881, *Journ. des Ass*, 1881, 271, émet un doute . « Attendu « que l'art. 138 C. Com., *en admettant qu'il soit applicable...* »

(2) Paris, 20 fév. 1891, *Gaz. du Pal.*, du 21 mars 1891, *Journ. des Ass.*, 1891, p. 212.

(3) Note de M. Dupuich, sous Cass., 6 mai 1891, Dall , 1893, I, 178, col. 2.

(4) Parmi les décisions rendues récemment sur ce point, relativement aux effets de commerce proprement dits, voir : Paris, 23 mars 1892. *Gaz. du Palais*, 1892. 1er sem., p. 792. — Cf. Lyon-Caen et Renault, t. IV, n° 151 *bis*.

Cette solution a été appliquée aux assurances sur la vie notamment par le Trib. civ. de Montpellier dans son jugement du 11 fév. 1881 (B. de M. III, 265).

tante qui admet la validité des donations déguisées sous la forme d'un contrat à titre onéreux.

124. — Mais cette voie détournée a des inconvénients.

D'abord on ne pourra y recourir ni quand le bénéficiaire sera incapable, par exemple à cause de son état de minorité, car il sera alors impossible de simuler une vente, — ni quand la donation sera faite par un époux à l'autre (V. ci-dessus, n 87, note 1).

D'autre part, elle est peu sûre, car toute partie intéressée peut faire tomber l'effet légal d'un endossement régulier en apparence et dans la forme, en établissant, suivant les règles du droit, que cet endossement n'est que simulé, qu'il cache une fraude et que le porteur n'est pas sérieux (1).

125. — *Endossement en blanc.* — De l'endossement irrégulier en ce qu'il n'énonce pas la valeur fournie, on peut rapprocher l'endossement *en blanc* qui est le plus irrégulier de tous, puisqu'il consiste dans la seule signature de l'endosseur, mise au dos du titre (*suprà*, n° 42 *in fine*). Il peut cependant, tout incomplet qu'il est, produire les effets d'un endossement régulier, grâce au droit qu'on a depuis longtemps reconnu à tout porteur de devenir propriétaire de l'effet, en remplissant à son profit l'endossement en blanc. C'est par cette brèche que passent d'innombrables infractions aux dispositions formalistes de l'art. 137 C. com., qui, en pratique, sont tous les jours éludées.

Les endossements en blanc se rencontrent rarement sur les polices d'assurance sur la vie, aucun des principaux services que rend l'endossement en blanc n'étant utilisable en matière d'assurances sur la vie. On sait, en effet, que l'endossement en

---

(1) Lyon-Caen et Renault, *Traité*, t. IV, n° 145 et 146. Ch. Req., 21 fév. 1859, D.P. 1859, 1. 416.

blanc dispense de la clause *sans garantie*, et que, d'autre part,
il active la circulation du titre (1). Or, en matière d'assurances

---

(1) Pour déterminer les effets de l'endossement en blanc, il faut distinguer, dit M. Garsonnet, suivant qu'il a été ou qu'il n'a pas encore été rempli.

a. Si le blanc n'a pas encore été rempli, le porteur est dans la situation de tout porteur par endossement irrégulier, c'est-à-dire mandataire. Comme tel, il peut soit conserver le titre pour en réclamer le paiement à l'échéance, soit négocier le titre. Pour comprendre la véritable fonction de l'endossement en blanc et se rendre compte des avantages qu'il procure, il faut supposer que le porteur le négocie sans remplir le blanc, c'est-à-dire par une simple tradition manuelle. Le porteur, qui transmet ainsi le titre, sera à l'abri de tout recours, en cas de non-paiement à l'échéance, sans avoir besoin d'insérer la clause *sans garantie* qui rend le titre suspect et en affaiblit le crédit. Il ne sera pas, disons-nous, garant du paiement à l'échéance, car il ne reste aucune trace de la négociation opérée. Voilà un premier avantage de l'endossement en blanc. Un second est d'activer la circulation de l'effet, car il est le point de départ d'une série de transmissions au porteur, puisque, cedé par celui qui l'a reçu par endossement en blanc, le titre peut passer entre vingt ou trente mains avant qu'une personne remplisse le blanc-seing et devienne ainsi régulièrement propriétaire.

Mais, nous le répétons, tant que le blanc n'est pas rempli — et c'est sur cette hypothèse que nous dissertons en ce moment — le porteur est dans la situation de tout porteur par endossement irrégulier, c'est-à-dire mandataire. En conséquence, on doit lui appliquer les règles que nous connaissons (*supra*, n° 86 *bis*) ; notamment :

1° Le porteur est passible des mêmes exceptions qu'on aurait pu opposer à l'endosseur en blanc. (Cass., 15 mars 1892, relatif aux saisies-arrêts ; *Gaz. du Pal.* du 3 avril 1892 ; Paris, 25 février 1893, relatif aux exceptions ; *Gaz. des Trib.* du 30 mars 1893. V. aussi les décisions citées en note, sous le n° 86 *bis* ci-dessus) ;

2° Le titre peut lui être repris par l'endosseur en blanc révoquant son mandat, par les syndics de sa faillite s'il a cessé ses paiements, par ses héritiers après sa mort (art. 2003, C. civ.) ;

3° Si le porteur a négocié le titre par endossement irrégulier à une tierce personne, celle-ci pourra prouver qu'elle a payé la valeur de l'effet, que l'endossement est translatif à son égard et faire cette preuve non-seulement contre son endosseur, mais aussi contre celui qui avait endossé en blanc à ce dernier. (Art. 1998, C. civ.).

b. Le blanc a été rempli. Nous avons dit au texte que personne aujourd'hui ne conteste au porteur le droit de faire de l'endossement *en blanc* un endossement *régulier*, en inscrivant au-dessus de la signature les énonciations exigées par l'art. 137. C. Com. Cette faculté suppose naturellement que le porteur a bien acquis le titre ; autrement, si la signature n'avait été mise qu'à l'effet de

sur la vie, on peut poser en thèse qu'on ne songe pas à se précautionner contre l'insolvabilité du débiteur, c'est-à-dire de la compagnie d'assurances, ou contre le refus que celle-ci opposerait, pour une cause quelconque, au porteur qui réclame le paiement de la police; en conséquence, les endosseurs de la police ne cherchent pas à se mettre à l'abri du recours auquel les exposerait le défaut de paiement.

D'autre part, les polices d'assurance sur la vie n'étant pas des effets de circulation, les moyens d'activer la rapide circulation de ces titres ne sont recherchés par personne; la pratique s'en désintéresse.

---

donner pouvoir de toucher, l'inscription d'un endossement régulier pourrait constituer un abus de confiance.

Remarquons que cette faculté n'est pas reconnue au porteur d'un endossement incomplet, c'est-à-dire qui est irrégulier, en ce que seulement il ne contient pas une ou deux des trois énonciations prescrites par l'art 137 C. Com., par exemple, la valeur fournie : cet endos doit exister tel qu'il est, nul ne peut le modifier. L'endossement en blanc qui paraît le plus irrégulier de tous est donc, en fait, celui qui l'est le moins, puisque tandis que personne ne peut réparer l'omission d'une des conditions de l'art. 136 C. Com., tout le monde peut valablement remplir l'endossement en blanc (Bedarride, *Lettre de change*, n°° 329 et 333).

Remarquons encore que grâce à cette faculté qu'a le porteur de remplir le blanc, il est très rare, en pratique, que ce porteur se présente pour recevoir le paiement avec un titre endossé en blanc, car il ne dépend que de lui de régulariser cet endossement et d'éviter toutes les conséquences d'un endossement irrégulier.

Le blanc-seing une fois rempli, la situation du porteur est légitimée, il est propriétaire de l'effet comme s'il l'avait reçu par un endossement régulier, et, non seulement, il peut en recevoir le paiement, ou le négocier à son tour, mais encore : 1° les exceptions, *ex personâ indossantis*, ne lui sont plus opposables; 2° il est tenu, comme tout endosseur, de garantir le paiement solidairement avec les autres obligés (art. 140 C. Com.). Toutefois ici encore et bien que l'endossement soit devenu régulier, les art. 137 et 138 C. Com. ne perdent pas toute application : le porteur peut remplir le blanc-seing, mais c'est comme s'il se négociait à lui-même le titre, puisque de mandataire il devient propriétaire; il ne le pourra donc que dans les mêmes circonstances où il pourrait la négocier à un tiers; par conséquent, la faillite ou le décès de l'endosseur qui révoquent le mandat, empêchent le porteur de remplir le blanc à son profit.

V. sur l'endossement en blanc, *Revue critique*, année 1883, p. 172 et suiv.

Il faut ajouter que plusieurs polices d'assurance prescrivent des mentions qui ne semblent pas permettre l'usage de l'endossement en blanc. Ainsi des polices exigent que l'endossement soit régulier, « conforme, lit-on dans ces polices, aux « art. 137 et 138 C. com. » (*suprà*, n°3, 1e, 5e, 9e, 10e, 11e et 12e police (1). Quelle sera la sanction de cette prescription? La nullité absolue de l'endossement irrégulier, notamment de l'endossement en blanc? Non, car ces polices visent l'art. 138 C. com., qui sera par conséquent applicable aux endossements irréguliers de ces polices (2).

Enfin l'endossement en blanc a pour résultat de transformer le titre créé à ordre en une sorte de titre au porteur. En matière d'assurance sur la vie ce résultat est grave; il est inconciliable avec la nécessité du consentement de l'assuré au transfert de la police. Si l'extension de l'ordre aux polices d'assurance sur la vie a rencontré des adversaires, à plus forte raison, l'endossement en blanc, qui rend la négociation de ces polices aussi facile que celle des titres au porteur, soulève-t-il des objections (V. dans le *Moniteur des Assurances*, 1890, p. 603 et s. un article sous ce titre : *Les polices au porteur*).

126. — On discute la question de savoir si des valeurs à ordre, *endossées en blanc*, doivent être assimilées à des effets au porteur pouvant faire l'objet d'une tradition et d'un *don manuel*. Cette question qui se présente avec tous les titres à ordre se pose par conséquent avec les polices d'assurance sur la vie établies à ordre. Nous l'examinerons plus loin, n° 160.

---

(1) Quelques polices (*suprà*, n° 3, 3e, 4e, 6e, 8e police) exigent aussi certaines énonciations incompatibles avec l'endossement en blanc; mais ces polices transmissibles par voie de *transfert sur le titre même*, ne sont pas, ainsi que nous le verrons, des titres à ordre; le transfert de ces polices n'est pas soumis, selon nous aux règles de l'endossement commercial. (V. *infrà*, n° 136 et s.)

(2) Cependant dans leurs *Instructions générales aux agents*, quelques compagnies déclarent que l'endossement en blanc des polices est prohibé. Cette prohibition ne pourrait avoir quelque valeur que si elle était stipulée dans la police; or, dans aucune police, il n'est question de l'endossement en blanc.

127. — *Mentions inscrites sur la police par l'assuré au profit d'un tiers.* — Les assurés désignent quelquefois la personne à laquelle ils veulent faire parvenir le bénéfice de l'assurance dans une mention inscrite sur la police, soit au recto, soit au verso (1), et dont le caractère est quelquefois difficile à déterminer. Nous supposons bien entendu que cette mention ne constitue pas un endossement d'une police à ordre transmissible par endossement. Nous écartons également l'hypothèse où, la police étant transmissible par voie *de transfert sur le titre même* (mode de cession qu'il ne faut pas confondre avec l'endossement, nous dirons plus loin pourquoi), cette mention remplit les conditions prescrites par la police pour ce mode de cession.

Nous visons les mentions sans caractère défini, telles que : *Payez à X...* (2); — *La présente assurance est faite au profit de...; — Remettre à X. après mon décès; — J'annule la désignation faite dans la présente police ou dans la mention ci-dessus, et je donne à X...*

Comment considérer ces mentions? Comme des endossements irréguliers (si la police est endossable)? comme des donations? comme des testaments? (3).

128. — Nous avons vu que la Cour de cassation dans son arrêt du 6 mai 1891 a validé comme testament une mention de ce genre. Cette interprétation suppose que la mention

---

(1) Voir les espèces des arrêts précités de Paris, 18 mai 1867, 13 déc. 1876 et Riom, 23 juin 1889; Cf. Trib. civ. Seine, 10 juillet 1891. *Journ. des Ass.*, 1892, p. 58 et *Gaz. des trib.* du 3 sept. 1891.

(2) Si la police est endossable, cette formule vaudra comme endossement irrégulier, c'est-à-dire comme procuration (*suprà*, n° 24 et arrêt précité de Paris du 13 déc. 1876).

(3) V. les motifs du jugement du Trib. civ. de la Seine infirmé par l'arrêt de Paris du 18 mai 1867, B. de M., II. Ils attestent l'embarras qu'ont éprouvé ceux auxquels il incombait de déterminer l'effet juridique de cette clause. En principe la clause à ordre est caractéristique de l'endossement (*suprà*, n° 24); c'est donc surtout l'absence de cette clause qui devra, lorsque la police est endossable, empêcher de voir un endossement dans les mentions ci-dessus.

remplit non seulement les conditions de l'art. 970 C. civ., mais aussi celles de l'art. 895 C. civ., c'est-à-dire : 1° qu'elle contient une disposition et non un simple projet, un ordre et non un simple conseil ou une prière ; 2° que la disposition peut être révoquée *ad nutum* par le disposant ; 3° que la disposition est reportée pour son exécution, après le décès de l'auteur de l'acte. Si, au contraire, il résultait des circonstances que le disposant s'est dépouillé *actuellement* et *irrévocablement* et que le donataire a accepté (1) ce qui aurait lieu par exemple si, s'agissant d'une police endossable, le disposant avait remis la police à la personne désignée dans la mention, en ce cas, disons-nous, il ne serait plus possible de voir dans cette mention un testament ; on serait en présence d'une donation (art. 894 C. civ.) faite sans l'accomplissement des formalités prescrites par la loi, mais peut-être néanmoins valable (voir ci-dessus n°° 117 et s.).

On sait que la situation est très différente suivant que le bénéficiaire recueille le montant de l'assurance à titre de légataire ou à titre de donataire. L'intérêt de la distinction se présente au point de vue de l'application des règles de la réduction au profit des héritiers réservataires (voir ci-dessus, n° 86 *bis* 2°) et des règles des art. 1006 et s. C. civ.

129. — Dans une espèce où une mention, du genre de celle qui nous occupe, avait été apposée sur une police non endossable, et où le bénéficiaire demandait que la mention où il était désigné fût considérée comme une stipulation pour autrui, le Trib. civ. de la Seine a décidé que cette mention était sans effet n'ayant été régularisée par aucun transfert, avenant,

---

(1) L'acceptation est facilement présumée. V. sur ce point en sens divers : Anvers, 23 mars 1866, confirmé par arrêt de Bruxelles du 2 août 1866, B de M., II, 320 ; Orléans, 26 mars 1887, *Journ. des Ass.*, 1887, 173 ; Cass., 22 oct. 1888, *Journ. des Ass*, 1888, 512 ; Lyon, 11 avril 1892, *Journ. des Ass.*, 1893, 20 avril. En fait, en matière d'assurance sur la vie, l'hypothèse d'une donation sera souvent la plus plausible. V. les considérants du jugement susvisé du Trib. d'Anvers du 23 mars 1866.

ou autre acte analogue (1). Nous verrons (n° 174, 4° *ad notam*) que la prétention qu'a repoussée le Trib. civ. de la Seine était peut-être défendable.

130. — Nous avons décidé (n° 15) que la police, dans laquelle l'assuré s'est réservé de désigner ultérieurement le bénéficiaire, renferme une véritable stipulation au profit d'un tiers. Nous avons assimilé cette réserve à celle faite par un acheteur, dans l'acte d'acquisition, de déclarer command. Donc, suivant nous, la désignation que fait ultérieurement l'assuré dans une forme quelconque, par exemple, en inscrivant le nom du bénéficiaire sur son double de la police, doit être considérée comme l'achèvement de la stipulation pour autrui dont les bases ont été posées dans la police. On appliquera donc, en ce cas, les règles de la stipulation pour autrui et tout se passera comme si le bénéficiaire, dont l'assuré s'est borné à inscrire le nom sur la police dans ces termes ou autres analogues : *je donne à X.*, avait été désigné dans la police même. Mais la jurisprudence ne paraît pas accepter cette solution (2).

II

La police d'assurance sur la vie n'est pas un effet de circulation.

131. — Nous arrivons à la justification de la seconde des deux propositions que nous avons formulées au commencement de ce chapitre (n°ˢ 47 et 50), savoir : que la police d'assurance sur la vie ne saurait être rangée dans la catégorie des effets de circulation pour lesquels seuls se comprend la négociation selon les modes du droit commercial et notamment la négociation par endossement.

---

(1) Jug. du 10 juillet 1891, *Gaz. des trib.* du 3 sept. 1891 et *Journ. des Ass.*, 1892, 58; Cf. *suprà*, n°ˢ 11 et 12.

(2) Cass., 29 janvier 1879, B. de M., I, 226; Cass., 10 (ou 18) nov. 1874, B. de M.. I, 160, Sirey, 1875, 1. 107, D. P. 1875, 1. 218.

Nous avons vu (*suprà*, n° 29) que la lettre de change, pour laquelle la clause à ordre et l'endossement ont été créés et institués, a été considérée par les rédacteurs du Code de commerce non seulement comme le mode d'exécution du contrat de change, mais aussi et surtout comme un effet de circulation, comme un papier de crédit, comme une monnaie commerciale, ce qu'elle est en réalité. Nous avons vu aussi (*suprà*, n° 31) que la doctrine et la pratique tendent de plus en plus à se rapprocher du système allemand qui, s'affranchissant complètement des anciennes théories sur le change et le contrat de change, ne voit plus autre chose dans la lettre de change qu'un effet de circulation et un papier monnaie. La loi du 7 juin 1894 qui modifie les art. 110, 112 et 632 C. com., vient tout récemment d'affirmer encore cette tendance.

Il résulte de là que l'endossement, ayant été réglé et organisé en vue de la transmission d'un *effet de circulation*, destiné à passer de mains en mains comme une sorte de monnaie commerciale, tous ses effets doivent tendre à faciliter la rapide négociation du titre. C'est en effet ce que nous avons constaté (voir *suprà*, n°° 36 *bis*, 37 *quinq.* et 44). Ajoutons que plusieurs des règles relatives au *paiement* des effets à ordre, règles qui dérogent au droit commun en matière de paiement, ne s'expliquent que si l'on suppose que l'effet a beaucoup circulé, a passé entre les mains d'un grand nombre de personnes, toutes responsables du paiement à l'échéance, et ayant, par suite, un grand intérêt à être promptement fixées sur leur situation.

Ainsi l'endossement, avec ses règles spéciales, est essentiellement le mode de transfert des effets de circulation. Sa destination, sa fonction, sa raison d'être c'est de réduire à sa plus simple expression la formalité nécessaire pour opérer la transmission des titres dont on veut favoriser la rapide négociation.

Lors donc qu'on applique l'endossement à des titres qui ne

sont pas appelés à passer entre de nombreuses mains, ses règles spéciales ne rencontrent plus aucun but, elles aboutissent en quelque sorte dans le vide; et alors on peut se demander si ces règles qui dérogent à des principes fondamentaux, peut-être même, comme nous le verrons plus loin, à des principes d'ordre public, ne deviennent pas illicites, du moment qu'aucune considération d'utilité ne les explique plus, et que même quelques-unes sont contraires à l'intention des parties.

Voyons donc si les polices d'assurance sur la vie sont des effets de circulation et si par conséquent l'endossement est le mode de transfert qui convient à ces sortes de titre.

132. — La Cour de Besançon, dans son arrêt du 27 mars 1876 (1) et le Trib. civ. de la Seine dans son jugement du 16 juillet 1886 se prononcent nettement (2) pour la négative.

133. — Cette manière de voir paraîtra très juste à toutes les personnes qui ont l'expérience des assurances sur la vie; ces personnes, en effet, ont pu constater qu'en fait les polices endossables ne circulent pas ou très peu (3). D'ailleurs, pour peu qu'on réfléchisse aux conditions du contrat d'assurance sur la vie, on se rend très bien compte que ce contrat ne peut pas être l'objet de négociations multiples, qu'il ne peut pas être une valeur de circulation. En effet, une valeur de cir-

---

(1) B. de M., II, 520.

(2) *Journ. des Ass.*, 1887, 413.

(3) Elles circulent si peu que l'assuré qui endosse sa police néglige quelquefois de se dessaisir du titre, parceque dans sa pensée la transmission ne doit s'opérer qu'au décès. Ce sont dans ce cas les héritiers qui trouveront dans le secrétaire de l'assuré le contrat endossé à un tiers bénéficiaire (de Courcy, *Précis.* 178, 180 et 222). L'endossement non accompagné de la remise du titre étant sans effet (Bédarride, *Lettre de change*, n° 209, Cass., 7 mars 1882. *Gaz. du Pal.*, 1882, 2. 282), le droit du bénéficiaire sera ce que voudront les héritiers qui, s'ils sont peu scrupuleux, pourront même biffer la mention d'endossement. M. de Courcy pense que pour éviter ce résultat les polices devraient avertir l'assuré que l'endossement ne sera valable que si la police a été remise au cessionnaire (*id*).

culation doit : 1° pouvoir être transmise presque aussi facilement que de la monnaie ; 2° pouvoir, à l'échéance, être échangée
immédiatement soit contre espèces, soit (comme les warants
et les connaissements) contre marchandises réalisables dans
un bref délai, sans discussion, à peine de faillite contre le porteur récalcitrant ; 3° représenter une somme déterminée ;
4° avoir une échéance fixe (1) et courte. Or, une police d'assurance sur la vie ne remplit pas ces conditions (2). En effet,
avant d'accepter en paiement ou en gage une police d'assurance sur la vie, le preneur doit prudemment : obtenir le
consentement de l'assuré au transfert (3), vérifier si toutes
les primes échues sont payées, si, par conséquent, le contrat est toujours en cours et n'a pas été réduit, se renseigner auprès de la compagnie d'assurance :

1° sur les saisies-arrêts qui ont pu être pratiquées sur la
police, si on admet, conformément à l'opinion que nous avons
combattue (n° 77), que l'art. 149 C. com. n'est pas applicable
aux polices d'assurance sur la vie (4) ;

____

(1) Toulouse, 6 janvier 1837 ; S. 1837, 2. 239 ; Dalloz, A. v° *Effets de commerce*,
n° 76 ; Riom, 1er juin 1816, Dev. Car., 1847, 27 ; Nancy, 9 mars 1872 ; S. 1872,
2. 7 ; Caen, 14 juin 1876 ; Dalloz, 1878, 2. 133 ; Trib. civ. Seine, 13 janvier 1890,
Loi du 12 février 1890 ; Trib. com. Seine, 23 octobre 1890, visé par Lyon-Caen
et Renault dans leur *Traité*, t. IV, en note sous les n°s 156, 518, 531 et rapporté dans la *Gaz. des Trib.*, du 23 oct. 1890 et dans la *Loi* du 22 oct. 1890 ;
Trib. com. Seine, 3 oct. 1893, *Gaz. du Pal.*, 26 oct. 1893. — *Adde*, Massé, t. III,
n° 1851 ; Nouguier, t. Ier, n° 147 ; Goujet et Merger, v° *Lettre de change*, n° 53 ;
Devilleneuve et Massé, v° *Lettre de change*, n° 64 ; Alauzet, n° 781, Bédarride,
n° 78 ; Bravard, t. III, p. 67 en note et p. 193.

(2) De Courcy, *Précis*, p. 177 et 178.

(3) *Suprà*, n° 115, Trib. civ. Seine, 1er déc. 1876, *Journ. des Ass.*, 1877, p. 18 ;
Trib. com. de la Seine, 19 juin 1880, B. de M. III, 665 ; Trib. com. Seine, 9 décembre 1880, B. de M. III, 259 ; Paris, 22 mai 1882, *Journ. des Ass.*, 1882, p. 450
et la note ; Trib. com. Seine, 7 juin 1888, *Journ. des Ass.*, 1888, 482 ; *Rec. pér.,
des Ass.*, 1888, 190 ; Trib. com. Genève, 9 janvier 1890 ; *Journ. du Pal.*, 1890, 2.
32 et la note. V. aussi *Pand. Franç.*, v° *Ass. sur la vie*, n° 421. — V. note de
Labbé dans Sirey, 1886. 2. 201. — Vermot. *Catéchisme*, p. 239, de Courcy, *Précis.*,
p. 209 et 215 ; Couteau, t. II, p. 326 ; Montluc, p. 169 ; Dumaine, n° 102. —
Contrà, Herbault, n° 215 ; Deslandes, p. 179 et 186.

(4) Nous négligeons l'utilité pour le cessionnaire par endossement de se ren-

2° sur la valeur de rachat de la police (1).

Dans ces conditions, il est impossible que la police d'assurance sur la vie circule avec la rapidité d'un effet de commerce ordinaire (2). On ne saurait donc la considérer comme une valeur de circulation.

---

seigner sur les significations de cession (opérée selon l'art. 1690 C. civ.), qu'aurait pu recevoir la compagnie. Il est vrai, que quand il s'agit de cession selon le droit civil, la remise par le cédant au cessionnaire du titre de créance n'est pas une condition de validité de la cession, car le cessionnaire a, par le seul effet du consentement, acquis un droit opposable à tous, alors même que le cédant ne s'est pas encore dessaisi du titre entre ses mains ; mais on peut se demander si cette solution ne devrait pas être modifiée quand le titre de créance est un titre à ordre qui pourra, s'il reste, après la cession, entre les mains du cédant, être endossé par ce dernier à des tiers de bonne foi qu'il sera difficile d'évincer. En tout cas, on ne peut guère supposer un cessionnaire assez imprudent pour payer son prix sans se faire remettre le titre de créance transmissible par endossement. Donc la présence de la police entre les mains du cédant peut être considérée par le futur cessionnaire par endossement comme la preuve que la police n'a pas été antérieurement l'objet d'une cession selon le droit civil et qu'en conséquence la police appartient bien à celui qui veut la lui céder (V. suprà, n° 111 à la note 2).

(1) En effet, celui auquel une police d'assurance sur la vie est cédée ne doit pas, s'il est prudent et s'il n'est pas un spéculateur, prendre cette police pour la valeur du capital qu'elle assure, car ce capital ne sera dû qu'à la condition que toutes les primes à écheoir seront payées, et rien ne garantit au cessionnaire que cette condition sera remplie, le paiement des primes étant, comme on sait, essentiellement facultatif. Le cessionnaire ne doit raisonnablement compter que sur la valeur de rachat de la police ou sur la valeur de réduction, c'est-à-dire sur la valeur que cette police a actuellement ou sur celle qu'elle aura lors de l'échéance d'après le nombre des primes payées au moment de la cession (Vermot, *Catéchisme de l'ass. sur la vie*, p. 237 à 240; De Courcy. *Précis*, p. 219 et 220).

Comment le futur cessionnaire obtiendra-t-il ces divers renseignements de la compagnie qui ne le connaît pas, pour laquelle il est un étranger aussi longtemps que l'endossement n'a pas été réalisé? Faudra-t-il qu'il lui signifie le transport, conformément à l'art. 1690 C. civ.? Si on admet l'affirmative, on enlève à l'endossement à peu près toute son utilité. Mais le cessionnaire fera demander ces renseignements à la compagnie par le cédant qui pourra être obligé de justifier sa qualité à la compagnie (car elle ne le connaît peut-être pas) en produisant la police endossée à son ordre.

(2) L'annotateur du *Journ. des Ass.*, 1881, p. 146, fait remarquer que les restrictions apportées à la clause à ordre, dans les polices, en suppriment les effets essentiels.

131. — Outre ces considérations tirées des nécessités de la pratique, des considérations tirées du caractère de l'assurance sur la vie s'opposent à ce que les polices puissent être rangées dans la catégorie des effets de circulation. « Les assurances « sur la vie, dit de Montluc (1), sont intimement liées au droit « des successions, et forment en quelque sorte des règlements « d'hoirie; c'est la création d'un patrimoine héréditaire; livrer « le bénéfice d'une pareille opération à la circulation publique, « faire de la police un titre transmissible par la voie facile des « effets négociables, c'est dénaturer le contrat, c'est le détruire, « c'est mettre dans le commerce ce qui appartient à l'esprit de « conservation des familles; c'est faire et défaire ce qu'on « fait! » Plus récemment, M. A. Dubois, aujourd'hui sous-directeur de la Compagnie d'*Assurances générales*, écrivait : « La « vie d'un homme n'est pas une marchandise; l'intérêt du « commerce n'exige pas qu'on puisse en disposer rapidement « comme s'il s'agissait d'un chargement de blé ou de suif qui « change vingt fois de propriétaire avant même d'être arrivé « au port » (2). Si les polices devenaient par impossible des effets de circulation, l'assurance sur la vie pourrait donner lieu à des spéculations immorales (3), et à un agiotage scandaleux; suivant que la santé de l'assuré serait plus ou moins bonne, la police à ordre qui, grâce à l'endossement en blanc, peut circuler comme un titre au porteur (4), serait plus ou moins recherchée sur le marché, plus ou moins cotée; on jouerait sur la vie de l'assuré comme on joue à la hausse ou à la baisse; qui sait si on n'arriverait pas à publier, quand l'assuré serait malade, des bulletins de santé, comme on publie les performances des chevaux engagés dans une course! Ainsi se trouveraient justifiées toutes les objections qu'on a

---

(1) P. 231.

(2) *Moniteur des Assurances*, 1890, p. 606.

(3) De Courcy, *Précis. de l'ass. sur la vie*, p. 215 et s.

(4) *Suprà*, n° 125, *in fine*.

élevées jadis contre la moralité des assurances sur la vie (1).

135. — *Résumé et conclusion.* — Nous avons entrepris de démontrer dans ce chapitre que l'endossement n'est pas le mode de transfert qui convient pour les polices d'assurance sur la vie (*suprà*, n° 45). Après les explications qui précèdent, cette démonstration nous paraît faite. Nous avons constaté en effet un désaccord complet, une sorte d'antagonisme, d'antithèse irréductible entre d'une part soit la fonction de l'assurance sur la vie, soit l'intention des parties qui transfèrent la police (2), et d'autre part, les effets logiques, nécessaires, inévitables de tout titre à ordre. Nous avons vu aussi que les effets de l'endossement si propres à favoriser la transmission des valeurs de circulation ne se comprennent pas, pour la plupart, en matière d'assurance sur la vie. Enfin, la perte de la police entraîne presque, en fait, la perte du droit. Ajoutons que contrairement à l'opinion qui, il est vrai, est aujourd'hui dominante, l'extension de l'ordre et de l'endossement aux polices d'assurance sur la vie nous paraît injustifiable en droit (3). En voilà plus qu'il n'en faut pour établir notre thèse. L'endossement a d'ailleurs rencontré depuis longtemps chez les assureurs des adversaires déclarés, parmi lesquels nous citerons M. de Courcy, administrateur de la Compagnie d'*Assurances générales* (4) et M. Adan, directeur de la Compagnie *Royale Belge* (5). Plusieurs compagnies, dans leurs *Instructions générales aux Agents*, invitent ceux-ci à déconseiller l'insertion de la clause à ordre dans les polices et le transfert par voie d'endossement. Convaincues comme elles sont des

---

(1) Lefort, *Traité du contrat d'ass. sur la vie*, p. 38 à 40, expose et réfute ces objections.

(2) Nous avons surtout en vue ici les transferts fermes et à titre définitif de la créance que représente la police. Nous verrons plus loin si l'endossement peut être employé pour les transferts à titre de garantie (n°° 163 et s.).

(3) Nous consacrerons un chapitre à l'examen de cette question (n°° 146 et s.).

(4) *Précis de l'assurance sur la vie*, p. 220 et s.

(5) *Étude sur le projet de loi belge*, p. 53.

dangers de l'endossement, ces compagnies devraient faire un pas de plus : provoquer une entente de toutes les compagnies pour l'abolition de l'endossement (1).

La cession des polices par voie de *transfert sur le titre même* n'est pas un endossement.

136. — Nous avons vu, au chapitre précédent, que l'endossement d'une police à ordre produit tous les effets que produit l'endossement de tout titre à ordre, parce que ces effets, virtuellement contenus dans la clause concrète *à ordre*, sont de l'essence de *tout* titre à ordre quel qu'il soit (2).

Réciproquement, l'endossement d'une police qui n'est pas à ordre ne produira aucun des effets que nous avons étudiés, c'est-à-dire avec plus de précision, qu'une police dont les conditions générales imprimées n'autorisent pas le transfert par un endossement conforme à l'art. 137 C. com., et qui ne contient pas dans sa partie manuscrite les mots *payable à l'ordre de...*; une telle police, disons-nous, n'est pas transmissible par endossement (3). Nous avons, en effet, établi que seuls les titres à ordre admettent la transmission par voie d'endosse-

---

(1) M. de Courcy (*op. cit.*, p. 218 et 223), se basant sur cet axiome professionnel que les risques qui tentent la spéculation sont de mauvais risques pour les assureurs, pense que l'intérêt bien entendu des compagnies devrait les amener à renoncer à l'endossement si favorable à la spéculation. Dans le même ordre d'idées, nous ajouterons que la réalisation, par la voie du *rachat*, de la valeur actuelle de la police est une conséquence fréquente de la négociation de cette police; d'où il suit que les compagnies qui facilitent le trafic de leurs polices, en déclarant ces polices susceptibles d'être transmises par la voie simple et rapide de l'endossement, rendent plus nombreux les rachats, contrairement à leur intérêt qui est qu'une police reste en vigueur jusqu'à l'expiration du délai pour lequel elle a été souscrite.

(2) *Suprà*, nos 21 et s., 31 et s., 49, etc...

(3) Du moins vis-à-vis des tiers, car entre les parties le transfert s'opère par le seul consentement conformément aux principes de notre droit moderne.

ment avec toutes les conséquences qui en dérivent (n   23 et
23 *bis*) (1).

137. — Or, si on consulte notre tableau (n° 3) des clauses
relatives à la transmission de la police, on constate ceci :

Dans les polices 2, 3, 4, 5, 6, 7, 8, 9, 11 il n'est nullement

---

(1) Cette solution est incontestable. « Si le titre ne contenait pas l'expression
« qu'il est payable à ordre, le transfert par endossement aurait sans doute
« l'effet de lier les parties, mais il serait sans force contre les tiers tant qu'il
« n'y aurait pas eu signification ou acceptation. » (Pardessus, *Cours de droit
commercial*, t. II, p. 351). V. dans le même sens: Bressoles, *Théorie des dons
manuels*, n°* 84 et 85, de Valroger, *Traité du commerce maritime*, n° 1365, et
les motifs d'un arrêt de Rennes, du 23 juin 1879 (B de M. II. 594, Dalloz, 1879.
2. 155). A l'appui de cette solution, nous pouvons encore faire remarquer
qu'un billet simple, c'est-à-dire non à ordre, que le titulaire aurait tenté de
transmettre par endossement, ne deviendrait pas, par le seul fait de cet endossement, la propriété du cessionnaire vis-à-vis des tiers. Le cessionnaire ne
serait réellement saisi que par la signification du transport ou son acceptation (Bedarride, *Lettre de change*, n° 620). Nous verrons d'ailleurs, au chapitre
suivant, que les formalités à remplir pour la transmission d'une créance dépendent de la forme du titre, que c'est de la clause à ordre, uniquement de cette
clause, que dérive la faculté de céder un titre par endossement.
Il est donc bien certain que le transfert par endossement d'un titre non à
ordre serait inopérant à l'égard des tiers. On nous objectera peut-être que les
obligations nominatives du Crédit foncier qui constituent des titres payables
non à ordre, mais à personne dénommée (Josseau, *Traité du Crédit foncier*,
t. II, p. 394, modèle 6), sont cependant transmissibles par endossement, aux
termes de l'art. 13 du décret-loi du 28 février 1852 (Josseau, *id.*, n° 466). Nous
répondons qu'il s'agit là d'un endossement spécial qui ressemble à l'endossement du droit commercial en ce que, comme lui, il suffit pour opérer *erga
omnes* le transfert de la propriété, et aussi en ce qu'il rend les oppositions impraticables selon la règle posée dans l'art. 149 C. com., (art. 18 du décret précité), mais qui en diffère en ce qu'il n'impose pas une obligation de garantie
aux endosseurs (Josseau, *ibid.*). D'ailleurs la preuve que les titres non à ordre
ne sont pas, en principe, transmissibles par endossement, que du moins l'endossement de ces titres ne saurait produire les effets de l'endossement des
titres à ordre, c'est qu'il a fallu une loi spéciale pour autoriser exceptionnellement le transfert par cette voie des obligations nominatives du Crédit foncier.
Notons cependant que Paul Pont (*Traité des Sociétés*, n° 911) semble admettre
que l'endossement des actions nominatives produirait sinon tous les effets de
l'endossement commercial, du moins les effets d'une cession opérée selon le
droit civil, que, notamment, il serait opposable aux tiers. Couteau, t. II, n° 170,
décide que seules les polices *à ordre* sont transmissibles par endossement.

stipulé que la clause à ordre doive figurer dans les conditions particulières, c'est-à-dire manuscrites de la police ;

Dans les polices 2, 4, 7 il est bien stipulé que la police sera transmissible par endossement, mais il n'est pas spécifié que cet endossement devra être conforme à l'art. 137. C. com.

Dans les polices 3, 6, 8, 9 il est simplement question de *transfert sur le titre même;*

Seules les polices 1, 10, 12 autorisent tout à la fois l'insertion de la clause à ordre dans les conditions manuscrites de la police et l'endossement commercial.

Nous classons toutes ces polices diverses en deux catégories :

Dans la première catégorie, nous mettons les polices 1, 10, 12 qui autorisent tout à la fois l'insertion de la clause à ordre dans les conditions manuscrites de la police et l'endossement commercial. Ces polices, à la condition toutefois qu'elles contiennent bien, dans leur partie manuscrite, les mots *payable à l'ordre de...* (1), sont de vrais titres à ordre. Donc l'endossement de ces polices produira tous les effets que nous connaissons. C'est à lui que s'appliquent les observations qui font l'objet du chapitre précédent (2). Nous ne nous en occuperons pas dans ce chapitre.

---

(1) On rencontre quelquefois les mots *payable à ordre* dans la partie manuscrite d'une police dont les conditions générales n'autorisent pas le transfert par voie d'ordre ou dont les conditions générales autorisent seulement la cession par voie de transfert sur la police, lequel, comme nous allons le dire, est très différent de l'endossement. Les tribunaux assimilent ces polices à de véritables titres à ordre, dont la négociation par voie *de transfert sur le titre* produira tous les effets d'un endossement. (Paris, 2 avril 1879, B. de M. II, 587 ; Trib. civ. Seine, 12 fév. 1881, B. de M. III, 263 et les conclusions du ministère public en note.)

(2) Les polices de cette première catégorie se rencontrent rarement, les compagnies n'insérant presque jamais les mots *payable à ordre* dans la partie manuscrite de la police (*suprà,* n° 23 *bis*; de Courcy, *Précis* p. 176).

Dans la seconde catégorie, nous plaçons toutes les autres polices, lesquelles, comme nous allons le voir, ne constituent pas de vrais titres à ordre. C'est de ces polices qu'il sera question dans les observations qui vont suivre.

138. — Quels effets produira la transmission des polices de cette seconde catégorie opérée par voie de *transfert sur le titre* (1) ? A quelles conditions est soumise la validité de ce transfert? Telles sont les questions que nous nous proposons d'examiner dans ce chapitre.

Nous pouvons ramener à un type unique les polices dont nous nous occupons ici, sauf à faire sur les variantes que présente leur texte les observations qui nous paraîtront utiles. Ce type nous est fourni par la 6ᵉ police du tableau ci-dessus (n° 3), laquelle est ainsi conçue :

La propriété de la présente police, et ce sans garantie de la compagnie contre l'exercice du droit des tiers, est transmissible par voie de transfert sur le titre même. Le transfert doit énoncer le nom de celui à qui la propriété est transmise; il doit être écrit, motivé, daté, signé par le titulaire (nous négligeons le reste de la clause qui n'a pas de rapport avec la question que nous examinons ici).

A la place des mots : *sans garantie de la part de la compagnie contre l'exercice des droits des tiers,* on trouve dans quelques polices (8ᵉ et 9ᵉ police) ceux-ci qui, évidemment, expriment la même idée : *Le transfert sur le titre suffit à l'égard de la compagnie. A l'égard des tiers, la loi indique d'autres formalités.* (*V. notamment l'art.* 1690 *C. civ.*)

Sept polices ne contiennent pas cette réserve des droits des tiers (2ᵉ, 3ᵉ, 4ᵉ, 5ᵉ, 7ᵉ, 10ᵉ et 11ᵉ police).

---

(1) Nous avons dit dans la note précédente que le mot *endossement* qu'on trouve dans quelques polices devait être pris comme synonyme de *transfert sur le titre.*

Qu'est-ce que ce *transfert sur le titre même* (1) dont il est question dans ces polices?

139. — Ce n'est pas l'endossement du droit commercial. En effet, rien n'indique dans la clause ci-dessus transcrite que la police doit être à ordre, ni qu'il s'agit d'endossement com. mercial. D'ailleurs, la réserve du droit des tiers, en cas de non accomplissement des formalités de l'art. 1690 C. civ., ne laisse place à aucun doute, car c'est le propre de l'endossement commercial de se suffire à lui-même et d'opérer le transfert du droit *erga omnes* sans le secours d'aucune formalité. Plusieurs autres dispositions de ces polices démontrent aussi qu'on n'est pas en présence de l'endossement commercial : telle l'obligation imposée par la 8ᵉ police d'inscrire le transfert sur les deux doubles; celle imposée par les 2ᵉ et 4ᵉ police soit de donner à la compagnie avis de l'endossement, soit de lui notifier, car ces formalités sont incompatibles avec la liberté de circulation d'un titre endossable selon le droit commercial; telle encore l'obligation pour le cédant de remplir de sa main la mention de transfert (3ᵉ, 4ᵉ, 6ᵉ, 8ᵉ police), obligation qui n'existe pas en matière d'endossement commercial, cet endossement étant valable quoiqu'écrit par un tiers pourvu qu'il porte la signature de l'endosseur (2). On peut aussi remarquer que quelques clauses (3ᵉ, 4ᵉ police) ne font aucune allusion à la nécessité d'exprimer la valeur fournie ni à celle d'insérer les mots *à ordre* dans la mention de transfert; le nom du cessionnaire et la date du transfert, suivis de la signature de l'endosseur, suffisent : preuve évidente qu'il ne s'agit pas

____

(1) Dans quelques-unes des polices de cette seconde catégorie, on trouve le mot *endossement*: mais, dans ces polices, *endossement* doit être pris comme synonyme de *transfert sur le titre*. Afin d'éviter des équivoques et des confusions, nous ne nous servirons pas du mot *endossement* pour désigner le mode de transmission des polices dont il s'agit; nous n'appliquons ce mot qu'à l'endossement commercial de l'art. 137 C. com., par lequel s'opère la transmission des titres à ordre seulement.

(2) Lyon-Caen et Renault, *Traité*, IV, n° 117; Bedarride, *Lettre de change*, n° 290.

d'un endossement commercial, dans lequel la valeur fournie doit être exprimée (art. 137 C. com.) et qui doit être à ordre (*suprà* n° 24). Enfin cette preuve nous la trouvons encore dans les *Instructions générales aux Agents*, d'une de nos grandes compagnies, *La Nationale,* qui explique comme suit à ses agents la clause dont il s'agit : « La propriété d'un contrat d'as-
« surance est transmissible par voie de transfert sur le titre
« même. La Compagnie n'a pas de formule spéciale pour le
« transfert des polices et c'est au contractant qu'il appartient
« de libeller *comme il l'entend,* toujours le plus brièvement
« possible, l'expression de sa volonté ; il est seulement essen-
« tiel qu'il explique s'il s'agit d'un simple transport en garantie
« ou d'une cession ferme. S'il s'agit d'une assurance directe,
« le contractant demeure libre de changer ou d'annuler le
« transfert qu'il a fait, à moins que la personne qu'il a appelée
« à en profiter n'ait accepté le bénéfice de la police, cas au-
« quel il y a eu entre le cédant et le cessionnaire un contrat
« synallagmatique qui ne peut plus être changé que par le con-
« sentement des deux parties. Le transfert sur le titre suffit
« pour la Compagnie, c'est-à-dire que la Compagnie en recon-
« naît la validité en ce qui la concerne, sans exiger la signi-
« fication prescrite, à l'égard des tiers, par l'art. 1690 C. civ.
« Les mentions, comme aussi les annulations ou les modifi-
« cations de transfert, doivent être, pour plus de régularité,
« écrites et signées non seulement sur celui des doubles de la
« police qui est entre les mains du contractant, mais aussi sur
« celui qui reste aux archives de la Compagnie. » Ainsi l'en-
dosseur libelle le transfert *comme il l'entend*; il demeure *libre de changer ou d'annuler le transfert qu'il a fait,* ce qui suppose qu'il est resté en possession de la police. Tout cela doit faire exclure l'idée d'un endossement commercial lequel n'admet que la forme tracée par l'art. 137 C. com., et qui est inopérant s'il n'est pas accompagné de la remise du titre.

On ne saurait donc soutenir que le *transfert sur le titre* est la même chose que l'endossement commercial et qu'il en produit les effets.

Cependant, cette assimilation, ou plutôt cette confusion est très fréquente (1), bien qu'on ne puisse la comprendre que dans les cas très rares où la police, transmissible par voie de *transfert sur le titre même*, contient dans sa partie manuscrite les mots *payable à ordre* (voir *suprà*, n° 138 en note) et dans le cas des 2e, 5e, 7e, 9e et 11e polices, lesquelles sont transmissibles par un *endossement conforme à l'art. 137 C. com.*

140. — Le transfert sur le titre, qui n'est pas, nous venons de le voir, l'endossement, et qui n'est pas d'ailleurs le transfert par simple tradition qu'admettent les titres au porteur, serait-il le transfert organisé par l'art. 36 C. com. et par l'art. 50 de la loi du 27 juillet 1867 pour la négociation des actions nominatives des sociétés (2)?

---

(1) Dans une note de M. Boistel, professeur à la Faculté de droit de Paris, insérée dans Dalloz 1889, 1. 129, 2e col., on lit : « Beaucoup de polices d'as-« surance sur la vie contiennent la clause à ordre et sont transmissibles par « voie d'endossement ; *d'autres sont déclarées transmissibles par un transfert « écrit sur le titre même ; ce qui, avec moins d'exactitude juridique dans l'ex-« pression, produit le même effet que la clause à ordre.* » Le professeur Labbé a fait la même confusion : « Il était indiqué, écrit-il dans une note insérée « dans Sirey, 1888, 2. 97, que *la police était cessible par un transfert sur le « titre, ce qui produit un effet analogue à l'endossement* des billets dont nous « avons parlé précédemment (billets à ordre mis à la disposition de l'assuré et « représentant la somme promise par l'assureur). » Nous trouvons la même erreur dans un jugement du Trib. civ. de Lyon du 16 mars 1868 (B. de M. III, 134) où, d'ailleurs, on rencontre une singulière confusion d'idées, et dans un arrêt de la Cour de Dijon du 3 avril 1874 (B. de M. II, 483). Herbault (n° 213) prend aussi le transfert sur le titre pour un endossement. Mais le Trib. civ. de Grenoble, dans son jugement du 13 août 1868 (B. de M. III, 137), a très nettement distingué le transfert sur le titre et l'endossement et décidé que le premier ne pouvait produire effet à l'égard des tiers que s'il avait été signifié (art. 1690).

(2) On sait que les trois modes de négociation spéciaux au droit commercial sont : l'*endossement*, si le titre est à ordre (art. 136 C. com.); la *tradition* s'il est au porteur (art. 35 C. com.); la *déclaration sur le registre des transferts* (art. 36 C. com.) pour les actions des sociétés. Ces trois modes simples et rapides conviennent très bien pour les valeurs de circulation. Le droit civil admet comme mode de cession (le mot *négociation* s'applique spécialement aux modes du droit commercial) : la cession-transport, la donation, les successions et le testament.

M. de Courcy (1), se basant sur la similitude des expressions, croit que les rédacteurs des clauses dont il s'agit, après avoir étourdiment assimilé les polices d'assurance aux actions nominatives, ont cru, en rédigeant les clauses ci-dessus, appliquer aux premières le mode de transfert institué par l'art. 36 C. com. pour les secondes.

Cette hypothèse nous paraît très plausible.

Cependant, on ne peut nier que l'erreur supposée soit bien grossière.

En effet, ce n'est pas par un *transfert sur le titre* que s'opère la transmission des actions des sociétés, mais bien par une *déclaration de transfert sur le registre de la société* (art. 36 C. com. et art. 50, loi du 27 juillet 1867), déclaration qui est revêtue de la signature du cédant et du cessionnaire ou de leur mandataire; la mention de transfert apposée au dos du titre, mention qui n'est en général pas signée par les parties, mais par le directeur de la Société, a seulement pour but de constater que la déclaration sur le registre prescrite par l'art. 36 C. com. a bien été faite et qu'elle est régulière.

Ce mode de transfert de l'art. 36 C. com. se comprend très bien. D'abord la déclaration sur le registre de la Société fait connaître à celle-ci le transfert; elle peut être considérée comme l'équivalent des formalités des art. 1690 et 1691 C. civ., si on admet que le transfert des actions constitue une cession de créances et qu'il donne lieu, par suite, à l'accomplissement des formalités requises pour la validité d'une cession. D'autre part, cette déclaration, qui relate la convention intervenue entre le cédant et le cessionnaire, porte la signature de ceux-ci, condition requise pour la validité des actes sous seings

----

(1) *Précis*, p. 171. En ce sens, voir les considérants de l'arrêt de Rennes susvisé du 23 juin 1879. (B. de M. II, 595.)

privés (art. 1318 C. civ.). Enfin, la circonstance que cette déclaration est inscrite sur le registre d'une société donne à la convention une sorte d'authenticité qui dispense de la formalité du double exemplaire prescrite par l'art. 1325 C. civ.; en fait, elle donne aussi à l'acte une date certaine; c'est pour cela que les auteurs de l'art. 36 C. com. n'ont pas soumis le transfert des actions des sociétés à la formalité de l'enregistrement prescrite par l'art. 1328 C. civ. — Or, nous ne trouvons rien de semblable quand il s'agit du *transfert sur le titre*, qui n'est qu'une imitation grossière du transfert de l'art. 36 C. com. La compagnie d'assurance ne connaîtra pas le transfert des 3*, 5*, 6*, 7*, 9*, 11* polices du tableau ci-dessus (n* 3), car ces polices ne prescrivent aucune formalité pouvant révéler à la compagnie l'existence du transfert. Le transfert des 2*, 4*, 8* polices sera bien révélé à la compagnie par l'avis ou la notification prescrite ou par la transcription du transfert sur le double de la compagnie. Mais ces polices ne précisent pas dans quel délai doivent être remplies ces formalités. Qu'adviendra-t-il par exemple des saisies-arrêts pratiquées sur la police depuis le transfert et avant l'avis, ou la notification, ou la transcription prescrites? D'autre part, rien n'indique que le transfert doive être signé par le cessionnaire. Comment expliquer cette dérogation à l'art. 1318? On ne voit pas davantage par quoi on supplée à la formalité des deux doubles prescrites par l'art. 1325. Enfin comment le transfert aura-t-il date certaine à l'égard des tiers? Autant de questions auxquelles il est impossible de répondre.

Il est donc bien certain que le *transfert sur le titre* d'une police d'assurance ne peut constituer le mode de transmission institué par l'art. 36 C. com. et l'art. 50 de la loi du 27 juillet 1867 que les parties seraient censées avoir emprunté au droit commercial (1).

____

(1) V. les considérants de l'arrêt de Rennes susvisé du 23 juin 1879 (B. de M. II, 593). Les parties pourraient-t-elles d'ailleurs emprunter à l'art. 36 C.

141. — Dans le système de ceux qui admettent qu'il est permis de suppléer par des équivalents aux formalités de l'art. 1690 C. civ., on peut soutenir que le transfert sur le titre

com. le mode de transfert institué pour les actions, et l'appliquer à la transmission des polices d'assurance? Cette question nous paraît douteuse. D'abord peut-on déroger par la convention aux règles de l'art. 1690 C. civ., relatif à la cession des créances? On l'admet, nous le verrons au chapitre suivant, quand il s'agit d'étendre le régime de l'ordre et de l'endossement à des titres que la loi n'a pas expressément déclaré susceptibles d'être établis à ordre. Mais cette solution, qui s'explique par la faveur dont jouissent les titres à ordre, ne se justifierait pas aussi facilement si on l'appliquait à la transmission des polices dont nous nous occupons ici. D'autre part, si on admet conformément à une opinion très suivie que les actions des sociétés ne représentent pas un droit de créance, les actions des sociétés d'un côté, et, de l'autre, les polices d'assurance, qui, elles, représentent bien un droit de créance, constituent deux valeurs d'une nature absolument différente, qui n'admettent pas le même mode de transfert. En effet, suivant l'opinion à laquelle nous faisons allusion, les actions des sociétés représentent un droit *sui generis* qui, sans être un droit de propriété ou de copropriété, n'est pas non plus un droit de créance, car les associés sont garants des dettes sociales, et ils ne pourraient pas, comme les porteurs d'obligations, par exemple, qui sont eux de vrais créanciers, faire mettre la société, leur débitrice, en faillite. Le droit de l'actionnaire est un droit éventuel à une part dans les bénéfices, tant que la société vit, à une part du fonds social, quand elle est dissoute; il a donc une existence propre, indépendamment de toute prestation à effectuer par un tiers; il n'éveille pas l'idée d'un *débiteur*. Donc ce droit se transmet non seulement entre les parties, mais *même à l'égard des tiers*, par le seul effet du consentement, sans qu'il soit besoin d'accomplir les formalités de l'art. 1690 C. civ. lequel n'est applicable qu'aux transports de créances proprement dites, c'est-à-dire aux transports de créances ayant pour objet une prestation à effectuer par un tiers, ainsi qu'il résulte du texte des art. 1690 et 1691 et du terme *débiteur* qui s'y trouve répété jusqu'à trois fois. En un mot, la transmission des actions d'une société ne constitue pas une *cession de créances* mais une *vente* qui est parfaite non seulement entre les parties, mais à l'égard des tiers, par le seul consentement. Si l'usage a fait adopter généralement, dans les sociétés par actions les titres nominatifs, à ordre, ou au porteur, transmissibles dans les formes indiquées dans les art. 35, 36 et 136 C. com., c'est seulement pour régulariser le mode de preuve, en le faisant consister dans une formalité uniforme, d'une constatation facile et simple, non exigée par le droit commun et que les statuts sociaux déclarent obligatoire. Mais ce mode de transmission, qui résulte de la forme du titre, n'a rien d'essentiel ; il n'a d'importance, nous le répétons, qu'au point de vue de la preuve. (*Rev. crit.*, t. XXXIV, p. 154 et suiv., article de M. Beudant; Guillouard, *Traité de la vente*, t. II, n° 791 et *Traité des sociétés*, n° 253 ; Huc, *Traité de la cession des créances*, t. I, n° 133. — *Contrà*, Lyon-Caen et Renault, *Traité*

vaut comme cession du droit civil lorsque, conformément aux prescriptions de la police, le transfert a été porté à la connaissance de la compagnie soit par un avis (2ᵉ police), soit par une notification (4ᵉ police), soit par une inscription du transfert sur le double de la compagnie (8ᵉ police), ces formalités pouvant être considérées comme l'équivalent de celles prescrites par l'art. 1690. Mais ce point est controversé (1).

142. — Le transfert sur le titre n'étant ni l'endossement commercial, ni le transfert organisé par l'art. 36 C. com., qu'est-il donc? Il ne peut être qu'une *cession du droit civil*. En conséquence : 1° il n'est opposable aux tiers (au nombre desquels il faut compter la compagnie (2) si celle-ci n'a pas déclaré que le transfert sur le titre suffit à son égard) qu'à partir du jour où les formalités de l'art. 1690 C. civ. ont été remplies ; 2° il ne produit aucun des effets spéciaux de l'endossement des

---

du droit commercial, t. II, nˢ 591 et 603). Tout différent est le droit du bénéficiaire d'une police d'assurance. Ce droit n'est pas autre chose qu'un droit de créance (*contrà* Trib. civ. Lyon, 16 mars 1863 qui considère à tort l'assuré comme un associé parcequ'il reçoit ce qu'on appelle improprement une *participation dans les bénéfices*: Couteau, t. II, n° 426) qui ne se transmet, à l'égard des tiers, que par l'accomplissement des formalités de l'art. 1690, sauf dans le cas où la police est à ordre et où, par conséquent, elle est transmissible par endossement. Concluons : les actions des sociétés, pour lesquelles l'art. 36 C. com. a organisé un mode spécial de transfert, n'exigent pas, pour leur transmission, les formalités requises pour la transmission des polices d'assurance; donc, il n'y a aucune analogie à établir entre les modes de transmission de ces deux sortes de valeurs, et, par suite, on ne peut pas emprunter à l'art. 36 C. com. le mode de transfert spécial qu'il organise pour la négociation des actions pour l'appliquer à la cession des polices d'assurance. Voilà du moins ce que l'on doit décider si on accepte le système d'après lequel les actions des sociétés ne représentent pas un droit de créance et si, d'autre part, on admet que les formalités de l'art. 1690 ne peuvent être remplacées par des équivalents telle que la déclaration sur le registre de la société prescrite par l'art. 36 C. com. Mais si le transfert des polices, selon le mode réglé par l'art. 36. C. com., n'est pas du domaine de la convention, rien ne s'opposerait à ce qu'il fût établi par le législateur, ainsi qu'il l'a été en Belgique par la loi de 1874.

(1) V. *suprà*, n° 112, note 1, *in fine*.

(2) V. cependant, *infrà*, n° 143, *ad notam*.

titres à ordre que nous avons étudiés au chapitre précédent.

143. — Les rédacteurs des 2°, 3°, 4°, 5°, 7°, 10° et 11° polices ne se sont évidemment pas rendu compte que le *tranfert sur le titre*, qui n'est ni l'endossement de l'art. 136 C. com., ni le transfert de l'art. 36 C. com., ne pouvait se suffire à lui-même et qu'il n'avait aucune valeur à l'égard des tiers. En effet, la preuve qu'ils ont cru que le cessionnaire serait saisi, même à l'égard des tiers, par le seul effet du transfert, c'est qu'il n'ont fait aucune réserve relativement à l'exercice du droit des tiers. Au contraire, les rédacteurs des 6°, 8° et 9° polices ont compris que ce cessionnaire ne serait saisi à l'égard des tiers que quand il aurait accompli les formalités de l'art. 1690 C. civ. C'est pourquoi ils ont prudemment stipulé que le transfert ne serait opposable aux tiers que si ces formalités ont été remplies, déclarant toutefois que le transfert sur le titre suffit à l'égard de la compagnie qui est cependant un tiers (1). Cette réserve fait disparaître presque tous les avantages du transfert sur le titre et rend ce transfert à peu près inefficace.

144. — Voyons, en effet, quelle sera la situation du cessionnaire après ce transfert. Ce cessionnaire est assuré que la compagnie ne paiera pas au cédant, que, s'il n'y a pas d'autre prétendant droit que lui et le cédant, le conflit se résoudra à

(1) De Montluc ne considère pas la compagnie comme un véritable tiers dans le sens de l'art. 1690 C. civ. « Quant à la compagnie, dit-il (p. 258), elle « est bien aussi un tiers en ce sens qu'elle ne figure pas au contrat intervenu « entre le cédant et le cessionnaire ; néanmoins, je n'hésite pas à reconnaître « qu'à son égard, un simple avis suffira pour accomplir la consommation de la « cession ; car je pense, avec Valette, qu'à l'égard du cédé, une acceptation par « acte sous-seing privé est suffisante : s'il est tiers vis-à-vis de la cession, il « était partie contractante dans le contrat originaire. » Suivant ce système, on aurait pu s'abstenir de stipuler dans les 2°, 4° et 8° polices que le transfert suffit à l'égard de la compagnie, puisque le transfert de ces polices est porté à la connaissance de la compagnie par un avis, une notification ou une inscription du transfert sur le double qui est dans ses archives.

son profit. Assurément, ce résultat est appréciable ; mais il ne
suffit pas : car ce qui importe le plus au cessionnaire c'est que
son droit soit définitif, incommutable et opposable à tous. Or,
le cessionnaire n'a point cette assurance, car la compagnie a
stipulé qu'elle ne le garantissait pas contre l'exercice du droit
des tiers, ce qui signifie que si un débat s'élève entre lui
cessionnaire et toute personne autre que le cédant, la promesse
de la compagnie de l'accepter pour son créancier, de le reconnaître comme ayant-droit, disparaîtra *ipso facto*. Par exemple,
si le cédant, après avoir transféré sa police à un premier
cessionnaire par voie de transfert sur le titre, la cède à
un second cessionnaire qui fait signifier sa cession conformément à l'art. 1690 C. civ. (1), la compagnie repoussera
le premier cessionnaire lorsqu'il viendra lui réclamer le paiement et ce cessionnaire sera évincé. De même, si les créanciers du cédant forment une saisie-arrêt entre les mains de la
compagnie sur le montant de la police, la compagnie ne
paiera pas le montant de cette police au cessionnaire au mépris de cette saisie-arrêt. Ainsi, lorsqu'un tiers se présente
faisant valoir les droits qu'il a acquis en se conformant aux
lois, les art. 1690 et 2075 C. civ. reprennent leur empire ; la
compagnie, qui redevient un tiers, dans le sens de ces articles,
peut les invoquer pour méconnaître le transfert, car elle ne
s'était engagé à l'accepter qu'autant que le débat serait limité
entre le cédant et le cessionnaire par voie de transfert (2).

---

(1) Nous laissons de côté l'hypothèse d'un nantissement qui ne paraît pas
vraisemblable, car on ne peut imaginer que le premier cessionnaire se des-
saisira de la police transférée à son profit. Cependant, théoriquement, l'hypothèse est possible.

(2) Cette réserve formulée par la compagnie en cas de non accomplissement
par le cessionnaire des formalités de l'art. 1690 C. civ., nous paraît très prudente de la part des compagnies dont les polices sont transmissibles par voie
de transfert sur le titre. En effet, le cessionnaire des polices où cette réserve
n'est pas exprimée (2°, 3°, 4°, 5°, 7°, 10° et 11° polices) pourrait, à notre avis,
contraindre la compagnie à le payer nonobstant toute signification de cession ou de saisie-arrêt. Vous avez pris, dirait-il à la compagnie, un engagement direct envers le porteur du transfert, car vous vous êtes implicitement

145. — L'explication que nous venons de donner de la transmission d'une police d'assurance sur la vie par voie de *transfert sur le titre* semble s'imposer impérieusement. En effet, elle est l'application tout à la fois des principes généraux du droit et de la clause même de la police. Cependant les tribunaux la repoussent presque toujours parce qu'à leurs yeux la clause que nous étudions présente une antithèse irréductible. Cette réserve des art. 1690 et 2074 C. civ., disent-ils, suppose une cession ou une constitution de gage opérée selon le mode tracé par le droit civil ; elle est donc inconciliable avec la faculté d'endossement ou de transfert (1) stipulée dans la police, puisque c'est le propre de l'endossement d'opérer le transport de la créance sans qu'il soit besoin de remplir les formalités des art. 1690 et 2075 C. civ. Entre ces deux dispositions incompatibles et contradictoires, il faut choisir. Or, c'est la première, c'est-à-dire la faculté d'endossement, que les tribunaux choisissent, rejetant la réserve de l'application des art. 1690 et 2075 comme une stipulation vide de sens, insérée à tort et par erreur (2). Cette solution repose sur la confusion que nous avons signalée plus haut, entre le transfert sur le titre et l'endossement commercial (n° 139). Une des raisons de distinguer ces deux modes de transmission est précisément tirée de cette réserve de l'application des art. 1690 et 2074 C. civ. Pour nous, le transfert sur le titre n'est pas un endossement et il n'en produit aucun des effets, notamment il n'opère

---

obligée, sans restriction ni réserve, à payer entre ses mains le montant de l'assurance (V. *suprà*, n° 111, note 2.)

(1) Nous savons que la jurisprudence assimile le transfert sur le titre à l'endossement. (V. *suprà*, n° 139.)

(2) En ce sens, Paris, 12 fév. 1857, (B. de M. II, 158) infirmant un jugement du Trib. com. de la Seine du 17 déc. 1856 ; Paris, 2 avril 1879 (B. de M. II, 587), infirmant un jugement du Trib. civ. de la Seine du 31 août 1877 ; Trib. civ. Lyon, 26 mars 1868 (B. de M. III, 131). *Sic*, Couteau, t. II, n° 461 *in fine*, Herbault, n° 212. — Mais on peut consulter en sens contraire, outre les jugements précités du Trib. com. Seine du 17 déc. 1856 et du Trib. civ. Seine du 31 août 1877, un jugement du Trib. civ. de Grenoble du 13 août 1868 (B. de M. III, 137) qui nous paraît bien rendu.

17

la transmission du droit à l'égard des tiers que quand les formalités des art. 1690 et 2074 et suiv. ont été remplies. Nous
mettons ainsi d'accord les stipulations de la police que la jurisprudence considère comme inconciliables, et nous donnons un
sens et faisons produire un effet à la réserve de l'application
des art. 1690 et 2075 C. civ., ainsi que le veulent les art. 1156
et suiv. C. civ. Ce système nous paraît le seul logique et juridique. Cependant il est facile de s'expliquer pourquoi la jurisprudence ne le suit pas. Nous ne croyons pas qu'en réalité la
jurisprudence confonde le transfert sur le titre avec l'endossement ; plutôt elle suppose que les tiers, trompés par l'ambiguïté de la clause équivoque que nous examinons, ont dû considérer l'expression *transfert sur le titre* comme synonyme
d'endossement ; et alors, ne voulant pas annuler, pour défaut
de signification, un transfert sur le titre, que le cessionnaire a
pu de bonne foi prendre pour un endossement commercial,
elle feint bénévolement de considérer comme un endossement
le transfert sur le titre qui n'est en réalité qu'une cession du
droit civil ; son but est de ne pas faire supporter au cessionnaire
les conséquences d'une erreur fort excusable dont la responsabilité première incombe à la compagnie qui a inséré dans
ses polices une clause défectueuse.

145 *bis*. — Le transfert opéré par une déclaration sur un registre de la compagnie conformément à l'art. 36 C. com., ou
opéré par une mention inscrite sur les deux doubles, est un
mode qui se comprend en législation (1). Mais nous croyons
(*suprà*, n° 140, note 3) qu'il n'est pas du domaine de laconven-
tion. Il serait donc nécessaire que le législateur intervînt pour
l'autoriser et pour en régler les effets. C'est ce qu'a fait le législateur belge. En effet, l'art. 42 de la loi du 11 juin 1874, loi
qui a été incorporée au Code de commerce belge, dispose que

____

(1) C'est le mode de transfert que préférerait Couteau. Toutefois cet auteur
paraît confondre le transfert sur le registre de la compagnie avec le transfert sur le titre même (t. II, n° 478).

« la transmission des droits résultant de l'assurance s'opère
« par le transfert de la police signé par le cédant, le cession-
« naire et l'assureur ». Il s'agit évidemment là d'un transfert
signé sur chaque double de la police, ainsi que le démontre
le concours de l'assureur (1). Il faut remarquer que ce transfert présente une grande analogie avec l'avenant qui ne doit
pas nécessairement être établi par un acte distinct de la police, pouvant être rédigé sur la police même (2). Si ce transfert doit être assimilé à tous égard à l'avenant, on décidera
notamment que les droits du cessionnaire remontent au jour
de la souscription de la police (*suprà*, n° 12).

145 *ter*. — Nous avons signalé plus haut (n° 111, note 2)
la situation dangereuse que peut créer pour la Compagnie le
transfert sur le titre. — Rappelons aussi que nous avons traité
(n° 109) de la perte des polices transmissibles par voie de
transfert sur le titre.

LA STIPULATION D'ENDOSSEMENT INSÉRÉE DANS UNE POLICE D'ASSU-
RANCE SUR LA VIE EST-ELLE VALABLE ET OBLIGATOIRE?

146. — Jusqu'ici, nous avons raisonné dans l'hypothèse que
la stipulation d'endossement insérée dans une police d'assurance sur la vie est valable et obligatoire non seulement entre les parties, mais à l'égard des tiers.

Nous allons vérifier cette hypothèse.

La question qui se pose n'est autre que celle de savoir si,

---

(1) Quand il s'agit de transfert d'actions, l'art. 37 de la loi belge sur les sociétés dispose que le transfert est seulemnt *mentionné* sur le titre : « La
« cession, dit cet article, s'opère par une déclaration de transfert sur le ré-
« gistre de la société, datée et signée par le cédant et le cessionnaire ou leurs
« fondés de pouvoir. Des certificats *constatant ces inscriptions* seront remis aux
« actionnaires. »

(2) Grün et Joliat p. 257, Emerigon. chap. II, sect. IV, § 5.

d'une manière générale, la transmissibilité d'une créance par voie d'endossement commercial est dans le domaine des libres conventions.

Autrefois, on décidait communément que l'endossement, mode de transfert en dehors du droit commun, n'est applicable qu'aux créances pour lesquelles la loi déclare son emploi recevable (1). Mais il s'est opéré, il y a une vingtaine d'années, un revirement d'opinion.

Précisons la question.

On est généralement d'accord pour décider que les formalités à remplir pour la transmission d'une créance dépendent uniquement de la forme du titre, non de la nature civile ou commerciale de la créance. Si le titre contient la clause à ordre, la faculté de le transmettre par endossement avec les conséquences qui en dérivent sera l'effet nécessaire de cette clause, indépendamment de la nature de l'obligation. Si, au contraire, le titre n'est pas à ordre, mais payable à personne dénommée, la créance, même commerciale, ne pourra se transmettre que selon le mode tracé par l'art. 1690 C. civ. (2).

La question est donc en définitive celle-ci : les parties sont-elles libres de donner au titre telle forme que bon leur semble pour influer ainsi sur le mode de transmission ? en autres termes, est-il permis aux parties de déroger, en insérant dans le titre la clause à ordre, à la règle de l'art. 1690 C. civ., qui est une règle de publicité et peut-être une disposition d'ordre public, étant protectrice des intérêts des tiers?

---

(1) Dalloz, *Répertoire*, v° *Effets de commerce*, n° 372, publié en 1850.

(2) Bravard, t. III p. 139 et 140; Bedarride, *Lettre de change* n° 236; Laurent t. XXIV n° 497; Pardessus, t. II p. 351; Aubry et Rau, t. IV t. 359 bis et la note 22; Guillouard, *Traité de la rente*, t. II, n° 790; Lyon-Caen et Renault, *Traité*, t. III, n° 97. — Cependant Paul Pont (*Traité des Sociétés*, t. II, n° 911) semble admettre que la faculté d'endossement est de droit commun en matière commerciale et existe même si le titre n'est pas ordre pourvu que la créance soit commerciale.

Quatre systèmes se sont fait jour sur cette question.

147. — *1er système.* On refuse dans tous les cas aux parties le droit de créer des titres de créance à ordre en dehors de ceux que le législateur à prescrit ou permis d'établir dans cette forme (1).

148. — *2e système.* Dans un second système, on accorde aux parties le droit de créer à leur gré des titres à ordre quand la créance est commerciale; mais on leur refuse quand la créance est civile (2).

149. — *3e système.* La clause à ordre est possible dans tous les titres de créance (peu importe que la créance soit civile ou commerciale), mais à une condition, *c'est que l'échéance soit fixe et certaine.* Si la créance est conditionnelle ou payable à une date indéterminée, vainement les parties ont inséré dans le titre la clause à ordre; cette clause sera réputée non écrite et le titre ne sera pas transmissible par endossement vis-à-vis des tiers; il faudra employer les formalités de l'art. 1690 pour que la cession soit opposable aux tiers. Ce système est basé sur les considérations suivantes :

Aux termes des art. 110, 129, 188 C. com., une lettre de change ou un billet *à ordre*, payable à un jour indéterminé, ou sous une condition (3), est réduit à ne valoir que comme simple promesse, et — c'est du moins ce qu'on soutient dans ce système — cesse d'être transmissible par endossement. Or,

---

(1) Vavasseur, *Traité des Sociétés*, t. I, n° 474; Nantes, 18 mai 1887, *Recueil de Nantes*, 1887, 1. 298.

(2) Laurent t. XXIV n° 493; Huc, *Traité de la cession de créances*, t. I, n° 322 — Lyon, 22 mars 1830, S. 31. 2. 238; Grenoble, 7 février 1833, S. 1833, 2. 310; Limoges, 27 nov. 1815, S. 1816. 2. 282; Riom, 27 juillet 1873, sous Cass., 4 déc. 1878, S. 1879, 1. 103; Caen, 14 juin 1876, Dalloz, 1878, 2. 134.

(3) Nouguier, t. I, n° 147 (édit. 1885) et les autorités citées; Bravard-Veyrières, t. III, p. 67, en note. — Nancy, 9 mars 1872, Sirey, 1872, 2. 7 et la note.

pourquoi une créance ferme et certaine et une échéance fixe et précise sont-elles de l'essence de la lettre de change et du billet à ordre? C'est parce que ces titres ne pourraient remplir leur fonction d'effets circulatoires pour laquelle ils ont été créés (1), jouer le rôle de monnaie, s'ils étaient payables à une date indéterminée ou sous une condition (2). Pour la même raison, dit-on, on ne peut soumettre au régime de l'ordre et de l'endossement que des titres susceptibles de circuler rapidement, c'est-à-dire que des titres remplissant les conditions des art. 110 et 188 C. com.

Ce système qui a été soutenu notamment par M. Dubois, professeur à la Faculté de droit de Nancy (3), a été repoussé par la Cour de cassation (4) et combattu par Lyon-Caen et Renault qui admettent, avec la majorité des auteurs, qu'un billet à ordre dégénéré en simple promesse, à défaut d'indication d'une échéance précise, demeure néanmoins susceptible d'être transmis par un endossement produisant tous les effets spéciaux attachés à ce mode de cession (5). Mais le Tribunal de commerce de la Seine a admis, dans son jugement du 30 septembre 1890 (6), que l'endossement d'un titre à ordre, *qui ne contient aucune échéance déterminée*, ne saurait avoir

---

(1) *Suprà*, n⁰⁵ 29 et 31.

(2) Nous avons dit (n° 133) que seules peuvent constituer des valeurs de circulation celles qui représentent une créance ferme et à échéance précise.

(3) V. note de M. Dubois dans Sirey, 1873, 1. 169, sous Cass., 11 août 1873, Sic, Ch. civ., 15 nov. 1871, D. 1873, 1. 110; Caen, 16 juin 1876, D. 1878, 2. 133.

(4) V. notamment arrêt du 7 mai 1879, S. 1879, 1. 421. Lyon-Caen fait observer que c'est le triomphe de la doctrine consacrée par cet arrêt qui permet de créer des polices d'assurance transmissibles par endossement (*Revue critique*, 1881, p. 202.)

(5) *Traité*, t. IV, n⁰⁵ 471 et 531. Sic, Devilleneuve dans ses observations sur l'arrêt de Cassation du 11 avril 1849 (Sirey, 1849, 1. 305) ; Nouguier, t. II, n° 1671; Alauzet, t. III, n° 1438. — Faisant allusion au système de M. Dubois, Lyon-Caen et Renault déclarent (*Traité*, t. IV, n° 156) que ce système, suivant lequel les polices d'assurances ne pourraient pas être à ordre à raison du caractère éventuel de la créance, repose sur une erreur manifeste.

(6) *Gaz. des Trib.* du 23 oct. 1890.

pour effet d'en conférer la propriété au tiers porteur. Ce jugement a été critiqué par Lyon-Caen et Renault (1). Mais le Tribunal de commerce de la Seine ne paraît pas s'être ému de ces critiques, car dans son jugement du 3 octobre 1893 (2), il a persisté dans la doctrine de son jugement précité du 30 septembre 1890.

150. — 4e *système*. Le système qui, aujourd'hui, rallie les suffrages de presque tous les auteurs, et qui a obtenu l'assentiment de la Cour suprême, est celui d'après lequel les parties sont libres *dans tous les cas* de donner, au titre de la créance, telle forme que bon leur semble, et de déterminer ainsi conventionnellement *dans tous les cas* les formalités à remplir pour que le cessionnaire soit saisi à l'égard des tiers. On ne se préoccupe ni de savoir si la créance est civile ou commerciale, ni si elle est pure et simple ou conditionnelle, ni si elle a une échéance précise ou indéterminée, ni si elle a une échéance unique ou des échéances successives. Pour légitimer cette solution et écarter l'objection tirée de l'art. 1690 C. civ., quelques auteurs ont fait intervenir l'art. 1121 C. civ.; les titres à ordre renferment, selon ces auteurs, une stipulation pour autrui, par l'effet de laquelle le tiers bénéficiaire est saisi de la créance contre le promettant, sans avoir besoin de remplir les formalités de l'art. 1690 C. civ. (*suprà*, n° 9) (3). D'autres auteurs ont soutenu que la règle de l'art. 1690 C. civ. n'intéressait pas l'ordre public et que, par suite, elle pouvait être écartée par la convention des parties (4). D'autres enfin, et avec eux la jurisprudence, ont recouru à un autre moyen; ils ont procédé par analogie, par voie d'extension. Pour permettre à des usages, que le législateur n'avait réglementés qu'au Code de

---

(1) *Traité*, t. IV, n° 513 en note. V. aussi même ouvrage, n°° 156, 531 en note.

(2) *Gaz. du Pal.*, numéro du 26 octobre 1893.

(3) Lambert, *De la stipulation pour autrui (Thèse, 1893)*, § 197. — Cf. jug. du Trib. civ. de Montpellier du 11 février 1881, B. de M. III, 263.

(4) Pascaud, *Des obligations civiles à ordre, Revue critique*, 1878, p. 705 et s.

commerce ou dans des lois spéciales (sur les warrants et sur les chèques), de s'étendre en matière civile, ils ont fait fléchir le texte de l'art. 1690; ils en ont transformé l'esprit et la nature; d'une règle prohibitive, ils en ont fait une règle interprétative de la volonté des parties (1).

151. — Revenons maintenant aux assurances sur la vie.

Seule la doctrine du 4° système permet d'insérer dans les polices d'assurance sur la vie la clause à ordre et d'en faire ainsi des titres transmissibles par endossement; car, d'une part, les assurances sur la vie sont ou conditionnelles ou à échéance indéterminée; d'autre part, elles ne constituent pas des actes de commerce, du moins du côté de l'assuré (2).

---

(1) Lambert, *loc. cit.* — V. dans le sens du 4° système exposé au texte : Troplong, *Traité de la vente*, n°° 906 et 908; Duvergier, n°° 212 et 261; Pardessus, *Cours de droit commercial*, n° 313; Bédarride, *Traité de la lettre de change*, n° 286; Guillouard, *Traité de la vente*, n° 792; Massé, *Le droit commercial dans ses rapports avec le droit civil*, t. IV, n° 2301; Bravard, t. III, page 141; Nouguier, *Traité de la lettre de change*, t. I, n° 515, édit. 1875; Pascaud, *loc. cit.*; Beudant, *note* dans Dalloz, 1873, 1, 241, sous Cass. 8 mai 1878; Desjardins, *Traité du droit maritime*, n° 1148. C'est le système de la Cour de cassation : V. notamment Ch. civ. 7 mai 1879 au rapport de M. Desjardins, *J. du Pal.*, 1879, p. 1087, Dall. 1879, 1, 307; Req., 15 mars 1892, *Gaz. du Pal.*, 1892, 1, 520. C'est aussi le système du Trib. civ. de la Seine : V. notamment jug. du 25 janvier 1890, *Annales de droit commercial*, 1890, p. 137 et la note, *Le Droit* du 21 février 1890 et la *Loi* du 12 février 1890 où ce jugement porte la date du 15 janvier. Cf. Dalloz, *Supplément au Répertoire*, v° *Effets de commerce*, n° 149.

(2) Sur le caractère non commercial de l'assurance sur la vie, V. notes de Labbé dans Sirey 1880, 1. 441, sous Cass., 19 janvier 1880, et dans Sirey, 1886, 2. 201 sous Rennes, 16 juillet 1884. V. aussi études de M. Adan *Rev. du dr. com. et industr.* 1890 et 1891. Il est reconnu par la jurisprudence et par la grande majorité des auteurs que *du côté de l'assureur*, l'assurance sur la vie est un acte commercial ou au contraire un acte purement civil suivant qu'elle est consentie par une compagnie à primes fixes ou par une société mutuelle (Herbault, n° 301 et s.; *Pand. Franç.*, v° *Ass. sur la vie*, n°° 730 et s.: *Rép. gén. du dr. fr.* de Fuzier-Hermann, n°° 776 et s.). Lorsque l'assurance a le caractère commercial du côté de l'assureur, a-t-elle nécessairement par cela même le caractère commercial *du côté de l'assuré ?* Oui, a-t-on dit quelquefois (v. notamment, Paris, 12 fév. 1857, B. de M. II, 188); mais c'est une erreur, car un même contrat peut très bien être commercial vis-à-vis de l'une des

Doit-on, selon ce système, autoriser la création des polices à ordre?

152. — Pour notre part, nous croyons que rien ne justifie l'insertion de la clause à ordre dans les polices d'assurance sur la vie, lesquelles ne constituent, nous l'avons dit, ni un contrat commercial, ni une valeur de circulation. En effet,

parties et purement civil vis-à-vis de l'autre; c'est ce qui arrive quand l'intention de spéculer existe chez l'une des parties sans se rencontrer chez l'autre (Nouguier, *Acte de commerce*, 1; Orillard, n° 245; Molinier, *Dr. commercial*, t. I, 29; Alauzet, t. VI, n° 2965; Bravard et Demangeat, t. I, p. 51 et t. VI. p. 322; Lyon-Caen et Renault, t. II, n° 101, etc...). On se trompe aussi lorsqu'on croit, comme l'a fait le Trib. civ. de la Seine dans son jugement du 23 oct. 1862 (B. de M. III, 93), que la forme à ordre donnée à la police et la faculté d'endossement qui en est la conséquence font de cette police un contrat commercial (Lyon-Caen et Renault, *Traité*, I, n°° 102, 150, 151 *bis*, 168; Trib. civ. Seine, 17 juin 1873, B. de M. III, 171). Une autre erreur, que nous avons réfutée plus haut (n° 110, note 3). consiste à dire que l'assurance est commerciale du côté de l'assuré. parce que ce dernier reçoit ce qu'on appelle improprement une participation dans les bénéfices de la compagnie. Suivant l'opinion générale le contrat d'assurance sur la vie est toujours et dans tous les cas un contrat purement civil à l'égard de l'assuré (*Pand. Franç.*, v° *Ass. sur la vie*, n° 753; Couteau, t. II. n° 256 *bis*; Herbault, n° 301; Ruben de Couder, *Dict. de dr. comm.*, v° *Ass. sur la vie*, n° 9; Lyon-Caen et Renault, *Traité*, t. I, n° 164, Trib. civ. Seine, 19 juin 1873, (B. de M. III, 172); Besançon, 27 mars 1876 (*id.*, II, 520); Trib. com. Seine 16 juillet 1886, *J. des Ass.*, 1887, p. 473). Pourquoi? Est-ce parce que l'assurance sur la vie exclut l'idée de *spéculation*? Non; d'une part, on admet (Couteau, n°° 199 et 200, Montluc, p. 144) que le capital assuré peut représenter non seulement l'importance du dommage causé par la mort de l'assuré, mais encore le profit simplement espéré, le gain. dont cette mort a privé le bénéficiaire; d'autre part, l'assurance maritime qui, elle, ne peut avoir pour but la spéculation (art. 317 C. com.) est cependant classée par le législateur parmi les actes de commerce (art. 633 C. com.). La vérité est que l'assurance sur la vie, liée plus souvent au droit des successions, ne ressemble en rien à une entreprise de négoce. D'ailleurs. il ne faut pas équivoquer sur le mot *spéculation* qui a plusieurs sens dans notre langue et cette pluralité de significations peut engendrer des confusions (*Rev. crit.*, 1892, p. 439, *Actes de comm.*, par M. Bonfils).

Nous devons noter toutefois une opinion intermédiaire d'après laquelle l'assurance sur la vie constituerait de la part de l'assuré une opération commerciale soit lorsqu'elle est souscrite à raison de la profession de commerçant exercée par l'assuré, soit lorsqu'elle est l'accessoire d'un contrat commercial (Fuzier-Hermann, *Rep. gén. du dr. fr.*, t. VI, v° *Ass. sur la vie*, n° 780 Cf. Montluc, p. 234: Couteau. t. I, n° 211; Lyon-Caen et Renault, *Traité*, t. II n° 171).

l'insertion de cette clause et la transmissibilité, par voie d'endossement, du titre où elle est insérée, sont en définitive contraires à des principes fondamentaux et à des règles qui paraissent ne pouvoir être écartées par les parties parce qu'elles protègent les droits des tiers et que, comme telles, elles sont d'ordre public (art. 6 C. civ.).

Nous faisons allusion aux règles posées dans les articles qui suivent :

1° L'art. 1690 C. civ., qui est peut-être bien, quoiqu'on ait soutenu le contraire (1), une disposition d'ordre public (2), à laquelle la convention des parties ne peut déroger.

2° L'art. 1328 C. civ. qui, par cela même que l'art. 1690 est écarté, se trouve du même coup mis aussi de côté. En effet, les formalités de l'art. 1690 auraient donné à la cession une date certaine par l'un des moyens de l'art. 1328, savoir l'enregistrement (de l'exploit de signification de la cession) (3). Ces formalités n'étant pas remplies, comment la cession de la police par endossement, acquerra-t-elle date certaine à l'égard des tiers? Si l'endossement de cette police constituait un acte

---

(1) V. notamment Pascaud, *Rev. crit.*, 1878, p. 709 et 710.

(2) Laurent, t. XXIV, n° 504; Huc, *Traité de la cession*.

(3) Laurent, *id.*, n° 484, *principium*. On discute, notamment en matière de gage, la question de savoir si l'enregistrement est une formalité substantielle dont l'omission entraîne la nullité radicale du gage, ou si cette formalité n'est exigée que *ad probationem*, et si, dès lors, elle peut être suppléée par les autres faits qui peuvent donner date certaine à un acte sous seings privés (Trib. civ. Seine, 4 janvier 1894, *Gaz. du Pal.* du 13 avril 1894; Bédarride. *Des faillites*, t. II, n° 904 : Pont, *Petits contrats*, n° 1091 ; Lyon-Caen et Renault, *Traité*, t. III, n° 97. — *Contrà* : Pardessus, Aubry et Rau, t. IV, § 432 note, 7; Laurent, t. XXVIII, n° 451; Massé, t. IV, n° 2859). Peu importe la solution a donner à cette question, il nous suffit de remarquer que l'enregistrement de l'exploit de la signification faite en conformité de l'art. 1690 ou de l'art. 2073 C. civ. est souvent le seul moyen pour les parties de donner à l'acte une date certaine. On ne doit pas voir, selon nous, dans cette formalité, une mesure purement fiscale (*Contrà*, Lefebvre, *Manuel de l'aspirant au surnumérariat de l'enregistrement*, p. 17 et 50).

de commerce, sa date pourrait être prouvée par un des moyens de l'art. 109 C. com. ; mais nous ne sommes pas ici en matière commercial, du moins l'endossement d'une police d'assurance sur la vie ne constitue que très exceptionnellement un acte de commerce. D'autre part, il est bien certain que l'endossement d'une police d'assurance ne fait pas, comme l'endossement d'une lettre de change, foi de sa date par lui-même (1). On ne voit donc pas comment le cessionnaire par endossement pourra opposer aux tiers la date de l'endossement. Remarquons que, si on refuse à ces tiers le droit de contester la date de l'endossement, on les expose à être victimes de dissimulations frauduleuses, du moins dans le système très suivi (2) qui admet, contrairement à l'art. 149 C. com., les saisies-arrêts sur les polices à ordre. En effet, rien ne sera plus facile au titulaire d'une police à ordre que de soustraire cette police aux effets d'une saisie-arrêt, et de la distraire ainsi de son actif, soit pour frauder tous ses créanciers, soit pour l'attribuer à l'un d'eux au détriment des autres : il lui suffira pour cela de colluder avec un compère auquel il passera cette police au moyen d'un endossement qui portera une date fausse, antérieure à celle de la saisie-arrêt ou de la faillite (3).

---

(1) En édictant dans les art. 137 et 139 C. com. que l'endossement de la lettre de change doit être daté et que l'antidate emporte la peine de faux, le législateur a tacitement exprimé que l'endossement de la lettre de change ferait par lui-même foi de sa date. Or cette disposition exceptionnelle, qui n'existe qu'en faveur de cinq actes (v. art. 110, 137, 187, 188 et 332 C. com.), ne saurait être étendue à l'endossement des polices d'assurance sur la vie. (Massé, nᵒˢ 2529, 2436 et 2437). Notons que le législateur applique la peine des travaux forcés (art. 147 C. pen.) à celui qui antidate un effet de commerce proprement dit (et aussi à celui qui oppose sur un effet de commerce qui ne lui appartient pas, sa signature et le *pour acquit*, afin d'en toucher le montant). Cette disposition n'est pas applicable aux polices d'assurance sur la vie.

(2) V. *suprà*, nᵒ 77.

(3) M. Pascaud (*Rev. crit.*, 1878, p. 710 et 711) parlant de l'extension de l'ordre aux titres que le législateur n'a pas prescrit ou n'a pas expressément permis d'établir à ordre, dit que la cession de ces titres par le procédé sommaire de l'endossement pourra donner lieu à des fraudes, mais qu'en définitive ces fraudes seront rares et qu'en tout cas les créanciers fraudés devront se contenter de l'arme que leur offre l'art. 1167 C. civ. M. Pascaud raisonne

3° L'art. 2092 C. civ. et l'art. 557 C. proc., son corollaire, aux termes desquels les créanciers peuvent saisir toutes les sommes et effets de leur débiteur. Or, les dispositions de ces articles sont écartées quand la créance résulte d'un titre à ordre, du moins si on admet avec nous (n° 77) que l'art. 149 C. com. s'applique nécessairement à *tous* les titres à ordre, notamment aux polices d'assurance sur la vie, puisque ces saisies sont, suivant nous, ou nulles de plein droit ou au moins inefficaces (1).

4° L'art. 1131 C. civ., qui dispose que l'obligation sans cause, ou sur une fausse cause, ou sur une cause illicite ne peut produire aucun effet, étant nulle, radicalement nulle, d'une nullité opposable à toute époque et à toute personne. Or si c'est un titre à ordre ou l'endossement d'un titre à ordre qui est entaché de ce vice, ce titre sera nul pour ceux qui auront connu le vice, mais valable pour ceux qui l'auront ignoré.

évidemment dans l'hypothèse qu'on doit appliquer à ces titres la disposition de l'art. 149 C. com.; il suppose que les saisies-arrêts sont nulles ou au moins inefficaces; c'est pour cela qu'il ne prévoit pas la fraude qui consiste à anti-dater l'endossement pour faire tomber l'effet d'une saisie-arrêt. Mais cette fraude est au contraire à redouter si on déclare valables les saisies-arrêts.

(1) Nous avons expliqué (n° 37, note 3) qu'il existe sur ce point deux systèmes. Suivant certains auteurs la saisie-arrêt est nulle et sans valeur. Suivant d'autres elle est légalement possible, mais en fait impraticable, et d'ailleurs rien ne serait plus aisé au débiteur saisi que d'en paralyser les effets. « Le débiteur tiers saisi, dit-on dans ce dernier système, n'a pas le droit en « raison de la forme du titre, d'échapper à l'obligation que la loi impose aux « débiteurs de tenir compte des oppositions formées par les créanciers de leur « créancier. Objectera-t-il qu'il s'est réservé le droit de payer à un porteur « quelconque et qu'il n'a pas à tenir compte des oppositions qui mettraient « entrave à ce droit? Nous répondons qu'il ne pouvait pas plus se réserver « ce droit qu'un débiteur quelconque ne pourrait stipuler que les oppositions « des créanciers sont non avenus. Les créanciers agissant en vertu d'un droit « propre, la convention expresse ou tacite passée avec leur débiteur n'a aucun « effet à leur égard » (Wahl. *Théorie et pratique des titres au porteur*, n° 1165). Quel que soit celui de ces deux systèmes qu'on adopte, le résultat est le même : impossibilité pour les créanciers d'exercer leur droit sur le titre à ordre; peu importe que cette impossibilité soit légale ou qu'elle soit seulement une conséquence de fait.

Nous avons vu, en effet (n° 34 et suiv.), que le débiteur d'un titre à ordre ne peut se prévaloir contre le porteur des exceptions opposables au souscripteur, qu'il ne peut notamment alléguer que son engagement a été vicié par une cause illicite dissimulée, ou qu'il n'a pas de cause réelle (1).

153. — La dérogation que la clause à ordre fait subir à des principes aussi fondamentaux, ne peut se justifier que si un intérêt considérable s'attache à l'insertion de cette clause. Cet intérêt existe-t-il quand il s'agit d'assurance sur la vie? Nous avons longuement démontré en expliquant la nature de l'endossement (n° 27 et suiv.) et ses effets (n° 35 et suiv.), que la clause à ordre convient aux effets de circulation, car toutes ses particularités convergent vers le même but : faciliter la rapide circulation du titre (2). Or, nous savons que les polices d'assurance sur la vie ne sont pas et ne peuvent pas être des effets de circulation (n° 131). Nous savons aussi qu'aucun intérêt commercial ou autre n'est attaché à la prompte négociation de ces sortes de titre ; nous avons vu (n° 46 et suiv.) qu'au contraire la plupart des effets de l'endossement sont très loin de l'intention des parties, que quelques-uns même sont en opposition absolue avec elle.

On dit : on fera produire à l'endossement de la police seulement les effets qui sont dans l'intention des parties, et on rejettera les effets auxquels répugne la nature de l'assurance sur la vie. Nous avons démontré que ce système est illogique, qu'il repose sur des distinctions incertaines et arbitraires, et que, de plus, il est dangereux pour les tiers (n° 49). D'autre part, si on met en balance d'un côté les avantages problématiques ou sans importance de la faculté d'endossement dans les polices d'as-

---

(1) Lyon-Caen et Renault *Traité*, t. IV, n° 130 *bis*. — Cass., 25 mai 1891, *Gaz. des trib.* du 26 mai 1891.

(2) V. notamment Bédarride, *Lettre de change*, n° 233, 235, 106, 103 ; Alauzet. *Commentaire du C. com.*, t. IV, n° 1119 et 1121, Massé, *Le droit commercial dans ses rapports avec le droit civil*, t. IV, n° 2088.

surance sur la vie, et d'autre part, les inconvénients de ce
mode de transfert appliqué à ces sortes de titre, on s'aperçoit
que la faculté d'endossement est, à tout prendre, contraire à
l'intérêt bien entendu des parties. En effet, en matière d'assurance sur la vie, on ne peut guère invoquer en faveur de
l'endossement que : 1° l'extrême simplicité du procédé; 2° l'a-
vantage de pouvoir tenir l'opération secrète. Ne portons pas
à son actif l'économie des frais, car l'avenant, mode de cession aujourd'hui reconnue par la jurisprudence, n'est pas plus
coûteux que l'endossement; ne faisons pas non plus valoir la
rapidité de la négociation, car cette négociation ne peut prudemment être réalisé qu'après que le cessionnaire se sera
enquis de la situation de la police et de l'agrément de l'assuré
(n° 133). Quant à l'insaisissabilité de la police endossable,
nous avons vu qu'elle est contestée, et que d'ailleurs, dans la
plupart des cas, elle résulte du jeu même des principes, indépendamment de la forme du titre (n°° 79 et suiv.). — Ces faibles
avantages ne compensent pas les graves inconvénients que
présentent les polices endossables et qui sont, en bref, les suivants : 1° la détermination des effets de l'endossement soit à
l'égard du débiteur (n°° 52 et 116), soit à l'égard des autres
tiers, notamment des créanciers (n° 77 et suiv.), est matière à
controverse et à procès; 2° non moins discutable est la question relative aux obligations du porteur (n° 97); 3° le porteur
dépossédé ne peut, en principe, réclamer le paiement avant
l'accomplissement de la prescription trentenaire (n° 103);
4° dans les cas, si fréquents en matière d'assurance sur la vie,
de transfert à titre gratuit, l'endossement, qui a été créé pour
les transferts à titre onéreux, peut être inopérant ou du moins
ne valoir que comme simple procuration (n° 119); 5° l'endossement favorise les spéculations louches (n° 87); 6° il est très
douteux que l'endossement puisse être valablement employé
pour constituer un gage lorsque la dette à la sûreté de laquelle
la police est donnée en nantissement a une cause civile, non
commerciale (voir *infrà*, n° 163 et s.); 7° enfin, il arrive souvent,
dans la pratique, que l'assuré, après avoir endossé sa police au

profit d'un bénéficiaire, conserve par devers lui cette police
que ses héritiers trouveront dans son secrétaire (1). Dans ces
conditions, l'endossement est exposé à ne produire aucun
effet, car on décide que le bénéficiaire d'un endossement n'est
saisi de la créance que s'il a été mis en possession du titre
(*suprà*, n° 133, note 1) (2), ou que s'il a été au moins avisé de
l'endossement quand il était apte à contracter, de façon que
le concours simultané de volontés, nécessaire à la formation
du contrat, ait pu se produire (3).

En résumé, on ne peut invoquer aucun intérêt sérieux pour
justifier la dérogation qu'apporte à des règles fondamentales
l'extension de l'ordre aux polices d'assurance sur la vie. Nous
voyons au contraire que ces titres résistent à la forme à ordre.
Aussi, croyons-nous, en nous plaçant au point de vue des
principes, que la clause à ordre insérée dans une police d'assurance sur la vie n'est pas valable, que le transfert par voie
d'endossement de cette police n'est pas opposable aux tiers (4).

151. — Nous devons dire toutefois que c'est l'opinion
contraire qui prévaut tant en doctrine (5) qu'en jurispru-

---

(1) De Courcy, *Précis*, p. 178 et 180.

(2) En cas d'endossement pignoratif, la question fait doute. V. Lyon-Caen
et Renault, *Traité*, t. III, n° 250.

(3) Dalloz. *Rép. suppl.* V° *Effets de commerce*, n° 169. — En pratique la clause
à ordre n'est pas souvent entendue dans son sens juridique par les parties
qui comprennent par là la faculté de changer à leur volonté la désignation
du bénéficiaire.

(4) Les considérations qu'on a fait surtout valoir en faveur de l'extension
de la clause à ordre ne sont pas applicables aux polices d'assurance sur la vie.
La clause à ordre a été en effet insérée dans les actes constitutifs d'hypothèque pour que la grosse puisse se transmettre par endossement (Pascaud,
Rev. crit. 1878, p. 717 et s.). On a cherché par ce moyen à mobiliser le sol, à
rétablir, sous une forme déguisée, la cédule hypothécaire instituée par le droit
intermédiaire (loi du 9 therm. an III, art. 35) et abandonnée par les rédacteurs
du C. civ., parce que, selon la remarque du tribun Garnier, elle avait ébranlé
toutes les fortunes et changé la circulation en révolution.

(5) Lyon-Caen et Renault, *Traité*, t. III, n°° 57 et 58 et t. IV, n° 158; Grün et
Joliat, n° 381 : Rome (Thèse 1870), n° 300; Merger, n° 348; Herbault, n° 212;

dence (1). Il faut noter cependant que la Cour de Besançon,
dans son arrêt du 27 mars 1876 (B. de M. 2. 520) et le Trib.
civ. de la Seine dans son jugement du 16 juillet 1886 (*J. des
Ass.*, 1887, p. 473, *Pand. Franç. pér.*, 1887, 2. 136 et les notes),
ont décidé que l'endossement d'une police à ordre n'était valable qu'entre les parties. De ces décisions on peut rapprocher
les motifs d'un jugement du Tribunal civil de Grenoble du
13 août 1868 (B. de M., III, 138) relatif, il est vrai, non pas à
une police transmissible par endossement, mais à une police
transmissible par voie de transfert sur le titre même. (V. *suprà*,
n°˙ 138 et suiv.)

LA DONATION D'UNE POLICE D'ASSURANCE SUR LA VIE ÉTABLIE A
ORDRE PEUT-ELLE ÊTRE RÉALISÉE PAR L'ENDOSSEMENT DE CETTE
POLICE?

155. Celui qui veut conférer gratuitement à un tiers l'avantage d'une assurance sur sa propre vie a le choix entre deux
moyens. Il peut, *de plano*, contracter une police au profit de
ce tiers : dans ce cas, il n'y a point donation de l'assurance,
tout au plus y a-t-il don des primes (2). Il peut, à l'inverse,

Nouguier, *De la lettre de change*, n° 615, édit., 1875; Vibert, p. 136 et 131 :
Dumaine, n°ˢ 59 et 102; Tissier, Couteau, n° 170 fait une distinction. — *Contrà*,
Montluc, p. 230 à 259 et notamment p. 255 et 257.

(1) V. notamment, Paris, 13 décembre 1876 (B. de M, II, 582, D.P. 1878. 2.
18). Cf. : Paris, 12 février 1857 (B. de M, 2. 188 : S. 1857. 2. 186, D.P. 1857. 2.
131) suivi, dit de Montluc, d'un arrêt conforme de la Chambre des Requêtes
(de Montluc, p. 258), Paris, 2 août 1878 (B. de M. 2. 588, D P. 1879, 2. 130),
Lyon, 16 mars 1838 (B. de M. 3. 131). Mais ces dernières décisions sont relatives à des polices transmissibles, non par endossement proprement dit, mais
par voie de transfert sur le titre. On ne peut donc les invoquer à l'appui de
la doctrine que nous combattons que si on assimile ces deux modes de transfert (V. *suprà*, n° 139 *in fine*).

(2) Paris, 28 avril 1891. D.P. 92, 2. 153 et la note. V. Lefort, *Traité*. t. I,
p. 215, note 4. On ne saurait non plus assimiler l'assurance au profit d'un
tiers à la donation à cause de mort. Cependant cette assimilation a été soutenue récemment encore en Allemagne par le D⸍ Heck. *privat-docent* à l'Uni-

contracter une police à son nom, et la donner ultérieurement à celui qu'il veut gratifier. Pour réaliser cette donation entre vifs, peut-il se contenter d'un endossement de la police?

156. Avant d'étudier cette question qui fera l'objet de ce chapitre, nous devons présenter une observation de nature à en préciser l'intérêt et la portée.

Quand il s'agit d'endossement *à titre onéreux*, il n'est pas douteux qu'*entre les parties*, c'est-à-dire, *dans les rapports du cédant et de l'accipiens*, cet endossement ne soit translatif de droits, même si on refuse aux parties la faculté d'appliquer aux polices d'assurances sur la vie le régime de l'ordre et de l'endossement. En effet, dans notre droit moderne, la transmission des droits s'opère *entre les parties* par le seul consentement (sauf la question de preuve) peu importe (si l'objet de la transmission est une créance) que le titre qui constate la créance soit payable à personne dénommée ou à ordre. Cela est vrai non seulement en cas de cession proprement dite de la créance (1), mais aussi en cas de nantissement (2). L'effet translatif qui se produit *entre les parties* en cas d'endossement ne doit donc pas être attribué à l'endossement, mais au seul consentement.

Au contraire, quand il s'agit d'endossement *à titre gratuit*, la question de savoir si cet endossement est translatif de droits se pose aussi bien entre les parties qu'à l'égard des tiers. En d'autres termes, si on décide que l'endossement d'une police

____

versité de Berlin, dans une dissertation insérée dans l'*Archiv. für bürger. Recht*, (t. IV, p. 17 et s.) et traduite dans la *Revue générale du droit*, 1891, p. 289 et 393. V. le résumé et la réfutation de cette thèse dans le *Traité* de M. Lefort (*loc. cit.*).

(1) Bédarride.

(2) Trib. civ. Lyon, 10 janvier 1882 (B. de M. III, 231). Trib. civ. Belfort, 15 décembre 1891 rapporté dans Dalloz, 1895, 2. 39 et s. en tête d'un arrêt de la Cour de Besançon du 26 octobre 1892. V. aussi Dalloz, *Jurispr. gén.*, v° *Nantissement*, n°ˢ 77 et 80.

à ordre fait *animo donandi* n'est pas valable, cet endossement, inefficace à l'égard des tiers, ne suffira pas davantage pour dépouiller le donateur; ce dernier pourra reprendre son titre lequel sera demeuré sa propriété non seulement à l'égard des tiers, mais pour lui-même.

Cette différence s'explique aisément.

En effet, les formalités relatives à la cession ou au nantissement des créances ont été prescrites uniquement dans l'intérêt des tiers qui, par conséquent, sont seuls fondés à se plaindre de leur inexécution. Au contraire, quand il s'agit de donation, la loi a, en outre, des formalités édictées dans l'intérêt des tiers (art. 1690, C. civ.), établi tout un système de dispositions pour empêcher que la donation soit faite au préjudice des héritiers réservataires ou en surprenant la bonne foi du donateur. On conçoit donc que, si ces dispositions sont transgressées, si, par exemple, on a tenté de réaliser la donation par un simple endossement, la donation puisse être déclarée nulle et non avenue même à l'égard du donateur, le seul consentement ne suffisant plus ici pour opérer la transmission du droit, même entre les parties.

Cette observation faite, nous revenons à notre question.

157. D'après le droit commun, la donation d'une créance exige, outre l'acte volontaire de transmission entre les parties : d'une part (ceci dans l'intérêt du donateur) que l'acte de cession (*lato sensu*) revête la forme authentique (art 931 C. civ.), à moins qu'on admette, avec la jurisprudence, la validité des donations déguisées, — d'autre part (ceci dans l'intérêt des tiers) que la donation soit signifiée au débiteur ou acceptée de lui dans la forme authentique (art. 1690 C. civ.)

Peut-on déroger à ces principes quand il s'agit de la créance résultant d'une police d'assurance sur la vie établie à ordre? Plus précisément, peut-on réaliser la donation de cette créance

en endossant la police au profit de la personne qu'on veut gratifier?

Cette question n'est pas spéciale aux polices d'assurance
sur la vie établies à ordre, elle est commune à toutes les
créances constatées dans un titre à ordre (1). Nous allons donc
rechercher si, d'une manière générale, la donation entre-vifs
d'une créance constatée dans un titre à ordre peut être réalisée par l'endossement du titre. Simultanément nous étudierons une autre question très voisine de celle-ci, et qui même
dans bien des cas s'identifie avec elle, savoir : pour réaliser
la donation entre-vifs d'une créance constatée dans un titre à
ordre, peut-on se contenter du *don manuel* du titre? Il va de
soi que nous insisterons particulièrement sur les solutions
qu'ont reçues ces deux questions en matière d'assurance sur
la vie.

Nous distinguerons quatre hypothèses :

158. 1° Celui qui veut faire donation de la police qui a été
souscrite à son profit, ou qui lui a été transférée, remet au
tiers qu'il veut gratifier cette police revêtue d'un endossement
qui porte le nom de ce tiers, *mais qui n'indique pas la valeur
fournie, ou qui est causé pour don.*

Cette hypothèse a été examinée plus haut (n° 119); nous
renvoyons aux explications que nous avons données.

159. 2° Celui qui veut faire donation de la police qui a été
souscrite à son profit, ou qui lui a été transférée, remet au
tiers qu'il veut gratifier cette police revêtue d'un endossement
qui porte le nom de ce tiers, *et qui indique faussement qu'une
valeur a été fournie.*

____

(1) Nous verrons cependant que la nature de l'assurance sur la vie fournit
des arguments particuliers en faveur de la validité des donations par voie
d'endossement des polices d'assurance sur la vie.

Cette hypothèse a été également examinée plus haut (n° 123) nous nous bornons donc encore à un renvoi.

160. 3° Celui qui veut faire donation de la police qui a été souscrite à son profit *ou qui lui a été remise revêtue d'un endossement en blanc* (1), fait tradition au tiers qu'il veut gratifier de cette police *endossée en blanc*.

Que penser de cette tradition faite *animo donandi* après l'endossement en blanc?

Nous ne connaissons qu'une décision rendue relativement à cette question, en matière d'assurance sur la vie (2). Il est aussi question d'endossement en blanc d'une police d'assurance sur la vie et de donation de cette police dans un jugement du Tribunal civil de Lyon du 8 février 1881 (3); mais, en réalité, dans l'espèce de ce jugement il s'agissait non d'un véritable endossement en blanc, mais d'un endossement dans lequel seulement la valeur fournie n'était pas énoncée. La question résolue par ce jugement est d'ailleurs toute différente de celle que nous examinons ici; elle est relative aux dons faits par l'entremise de tiers (4).

A défaut de décisions concernant les polices d'assurance sur la vie, voyons les solutions données pour les autres espèces de titres à ordre. Ces solutions sont évidemment applicables aux polices d'assurance sur la vie établies à ordre.

---

(1) V. ce que nous avons dit (n° 123) de l'endossement en blanc des polices d'assurance sur la vie.

(2) Bruxelles, 2 août 1886 (B. de M., II, 320). D'après cet arrêt la remise d'une police endossée en blanc n'opère pas le transfert de la créance.

(3) *Gaz. du Pal.*, du 27 juin 1884, *Journ. des Ass.*, 1884, p. 314.

(4) Cons. sur cette question : Bressoles, *Théorie et pratique des dons manuels*, n°s 131 à 207; Colin, *Étude sur les dons manuels*, p. 23, 41 et s., *Pand. franç.*, v° Donations, n° 1354 : Dalloz, *Suppl. au Rép.*, v° *Disp. entre vifs*, n° 442.

La question se pose dans deux cas distincts : 1° Le *trádens* se trouve être en même temps le premier endosseur ; 2° la tradition de l'effet endossé en blanc émane non du premier endosseur, mais d'un porteur ultérieur.

Dans la rigueur des principes on devrait, dans les deux cas considérés, décider que l'endossataire en blanc n'est qu'un simple procureur fondé ou tout au moins qu'il est un donataire déguisé. Mais dans aucun de ces deux cas on ne devrait voir un don manuel (1), car la livraison par l'endosseur en blanc n'est que l'exécution de la convention antérieure sur le transfert de l'effet. Cette livraison a dû être précédée de l'endossement où elle trouve sa cause et sans lequel jamais elle n'aurait eu d'efficacité. S'il y avait don manuel, la donation de la chose remise se produirait sans qu'aucun acte écrit ait dû la précéder. D'ailleurs ce n'est pas la seule détention qui désigne *l'accipiens* pour le bénéficiaire; il devra, pour être entièrement titulaire, ajouter au fait de la réception du titre les mentions diverses destinées à compléter l'endos qui, tel qu'il est, ne vaut que comme procuration (2).

Néanmoins le système qui prévaut en jurisprudence est que les titres à ordre revêtus de l'endossement en blanc peuvent, comme des titres au porteur, être l'objet d'un don manuel soit de la part de celui qui a fait cet endossement, soit de la part du bénéficiaire (3). D'après cette jurisprudence une police à ordre pourrait donc être donnée manuellement.

Toutefois nous ferons remarquer que ce mode de réaliser la donation d'une assurance sur la vie n'est pas très sûr. En ef-

---

(1) On sait que l'intérêt de distinguer le don manuel de la donation déguisée se présente notamment lorsqu'il s'agit de décider s'il y a lieu de faire l'application de l'art. 1099 C. civ.

(2) Bressoles, n°° 92 et 96 ; Wahl, *Théorie et pratique des titres au porteur,* n° 1081.

(3) V. les décisions citées dans les *Pandectes françaises,* v° *Donations et testaments,* n°° 4312 et suiv. — *Adde,* Lyon-Caen et Renault, *Traité,* t. IV, n° 151 *bis.* Cf. Colin, *Étude sur les dons manuels,* p. 77 et suiv. Cependant, il

fet la faillite de l'endosseur ou son décès (s'il s'agit d'une assurance à terme fixe) survenu avant que le donataire ait rempli le blanc-seing empêche la réalisation de la donation et laisse ce pseudo-donataire dans la situation d'un simple mandataire dont les pouvoirs ont pris fin *(suprà* n° 125 et la note). D'autre part, tant que le blanc-seing n'a pas été rempli, la police peut être reprise par l'endosseur révoquant son mandat *(suprà* n° 125, *ad notam)*, sauf toutefois le droit pour le porteur d'établir dans tous les cas, par toutes sortes de preuves extrinsèques à l'endossement lui-même, vis-à-vis de son endosseur direct, que celui-ci a entendu non pas lui conférer un simple mandat, mais lui transférer la propriété de l'effet (1).

161. — 4° Celui qui veut faire donation du bénéfice d'une police à ordre se borne à remettre à la personne qu'il veut gratifier la police *qu'il n'a revêtue d'aucun endossement, et qu'il n'a même pas endossée en blanc.*

Cette simple tradition de la police à ordre est aussi inopérante que le serait la tradition de cette police si, au lieu d'être

---

semble qu'un revirement d'opinion ait commencé à se produire sur ce point en jurisprudence. La Cour de Paris a, en effet, décidé dans son arrêt du 23 nov. 1886 (D. P. 87. 2, 118) que l'endossement en blanc ne fait pas de l'effet à ordre un titre au porteur. Cette solution se retrouve dans un arrêt de Besançon du 14 mars 1889 qui a été approuvé par la doctrine (V. notamment les observations en note sous cet arrêt dans les *Annales de droit commercial*, 1889, p. 169 et *Gaz. du Pal.*, 1889, 1). Il est vrai que ce dernier arrêt a été cassé (Cass., 29 déc. 1890, D.P. 91. 1. 321); mais cette cassation a été l'objet de critiques, sévères (V. note dans Dalloz sous cet arrêt); d'ailleurs la Cour de cassation, dans cet arrêt du 29 déc. 1890, n'admet la réalisation d'une donation, au moyen d'un endos en blanc, que dans le cas où le porteur peut prouver, *par un acte*, qu'il a été autorisé par l'endosseur à compléter l'endos. C'est assez dire que le transport de propriété résulte alors, non de la tradition manuelle du titre, mais de l'endossement ainsi complété; cela écarte absolument la théorie du don manuel.

(1) Cass., 8 avril 1856 (Sirey, 1856, 1. 801); 17 déc. 1856 (Dalloz, 1857, 1. 41); 5 janvier 1864, motifs (Sirey, 1864, 1. 83); 7 août 1867 (Sirey, 1867, 1. 331); 16 déc. 1879 (Sirey, 1881, 1. 421); 17 août 1881, motifs (Sirey, 1882, 1. 71, Dalloz 1882, 1. 340).

à ordre, elle était payable à personne dénommée. Aucune transmission de créance ne peut, en effet, résulter de cette simple tradition, puisque l'art. 2279 C. civ. est inapplicable aux titres à ordre comme aux titres payables à personnes dénommées (1).

Cependant, contrairement à cette doctrine, parfaitement établie en matière d'effets de commerce proprement dits, la jurisprudence a une tendance à faire produire à la simple tradition d'une police d'assurance sur la vie les effets d'un don manuel, tant l'intention libérale est manifeste et respectable en matière d'assurance sur la vie (2).

162. — « En résumé, conclut M. Dupuich (note précitée), la « donation d'une police d'assurance sur la vie transmissible à « ordre ne peut être réalisée par un endossement puisque la « régularité de l'endossement répugne au caractère gratuit « d'un tel acte; elle ne peut résulter d'un don manuel parce « qu'un semblable titre n'est pas une valeur au porteur. »

Mais les parties ont un moyen très sûr de réaliser sans frais la donation; elles n'ont qu'à faire établir par la compagnie un avenant au profit de la personne qu'il s'agit de gratifier. Nous verrons plus loin (n° 172 et s.) en parlant de l'avenant que ce mode de transfert est préférable à tous autres, soit qu'il s'agisse de transfert à titre onéreux, soit qu'il s'agisse de transfert à titre gratuit.

---

(1) V. *Pandectes françaises*, v° *Donations et testaments*, n° 4316 à 4331 et les autorités cités; Dupuich, note dans Dalloz, 1893, 1. 179 col. 2, sous Cass., 6 mai 1891.

(2) V. les motifs de l'arrêt de Paris du 18 mai 1867, précité et les motifs de l'arrêt de Riom du 23 janvier 1889; Dalloz, 1893, 1. 179, col. 2. Couteau (t. II, n° 477, p. 363) décide, sans hésitation, que la propriété d'un contrat d'assurances peut se transmettre par la remise du titre de la main à la main. Cette opinion qui nous paraît formulée dans des termes trop généraux a été critiquée par M. Dupuich (*loc. cit.*).

UNE POLICE D'ASSURANCE SUR LA VIE A ORDRE PEUT-ELLE ÊTRE DONNÉE EN GAGE PAR SIMPLE ENDOSSEMENT?

163. — A première vue, l'endossement apparaît comme un auxiliaire très utile de ce qu'on a appelé *le crédit par l'assurance* (1). En effet, outre qu'il ne nécessite aucun frais, la rapi-

(1) En général les auteurs vantent les mérites de l'assurance sur la vie comme moyen de crédit : Reboul, *Développement du crédit par l'assurance*; Peyraud, *De l'application de l'ass. sur la vie à la garantie du capital et de l'intérêt*; Herbault. n° 405 et s.; Rabatel; Cyprès, *Thèse*, Paris 1891, p. 206 et s., Mornard, *Thèse*, 1883, p 16; Couteau, n°° 88 et 471; Lefort, *Traité*, p. 12. Mais de Courcy (*Précis*, p. 127 à 155), fait remarquer qu'on se fait illusion sur ces mérites. Il constate notamment que l'assurance est le plus mauvais gage qu'il soit possible de donner à un créancier par la raison que c'est un gage qui coûte très cher à conserver : « Voudriez-vous, dit-il, prêter 500 fr. sur la « remise d'un cheval de 1,000 fr., que vous auriez à nourrir longtemps sans « vous en servir? C'est un peu le cas du dépôt ou de l'endossement d'une police « d'assurance, etc... » (*op. cit.*, p. 134). Mais, il y a mieux : il n'est rien moins que sûr qu'un gage puisse être constitué sur une police d'assurance sur la vie. La négative semble ressortir du raisonnement suivant que nous trouvons dans une note de M. Dupuich (D.P. 1894, p. 57 et s., sous Besançon, 26 oct. 1892) :

Une police d'assurance sur la vie n'étant pas susceptible de vente forcée (Trib. civ. Seine, 1er déc. 1876, *Journ. des Ass.*, 1877, p. 18), un des éléments ordinaires du gage, savoir le droit pour le créancier de réaliser le gage (C. civ. 2078) pour se faire colloquer par préférence sur le prix (C. civ. 2073) fait ici défaut. Cependant quand la police est à ordre, comme le bénéficiaire ne peut réclamer à la compagnie le paiement du capital assuré qu'à la condition d'être porteur de la police (*suprà*, n° 100), il est certain que la rétention matérielle du titre, indépendamment de tout droit conféré sur la créance elle-même, procure au détenteur un avantage de fait précieux. Or, n'est-ce pas assez pour légitimer un gage constitué sur ce titre? Troplong, *Du Nantissement*, n° 52, n'hésite pas à l'admettre . « Est-il bien vrai de dire, d'une manière « absolue, que la fin du gage est la conversion de la chose en prix, à défaut « de paiement, et que, dès lors. on ne peut engager que ce qu'on peut ven- « dre? Bien que la chose donnée en gage ne soit pas susceptible de vente, ne « reste-il pas au gage quelque chose d'efficace, savoir : le droit de rétention? « Ce résultat, conclut Troplong. est suffisant pour que le gage ne reste pas « sans valeur légale? » Mais M. Dupuich objecte que si le créancier nanti de la police à ordre doit, en définitive, jouir de quelque avantage ce n'est nullement en vertu du privilège du gagiste qui assure à celui qui en jouit le remboursement de sa créance au moyen de la vente forcée du gage; en effet. le

dité avec laquelle il s'effectue constitue un avantage qu'on doit apprécier en matière de nantissement plus encore qu'en tout autre matière; d'autre part, l'assuré qui donne sa police en ga-

---

créancier nanti n'a nullement cette sûreté puisque la vente forcée de la police lui est défendue. A vrai dire, c'est chose possible et même vraisemblable que le créancier nanti arrive à être remboursé, car le bénéficiaire de l'assurance ou ses créanciers pourront être tentés, pour rentrer en possession d'un titre si nécessaire, de désintéresser le créancier qui le détient; mais il n'y a rien là qui ressemble à un droit, surtout à un droit de préférence accordé à un créancier sur les autres : c'est le résultat de l'application des principes qui protègent la possession de bonne foi.

Que faut-il penser de cette manière de voir?

Remarquons d'abord qu'on peut contester l'idée qui lui sert de base, savoir qu'une police d'assurance sur la vie n'est pas susceptible de vente forcée. En effet il a été jugé que si la dette n'est pas payée à échéance, la police peut être vendue aux enchères publiques (Trib. civ. Lyon, 10 janvier 1882, B. de M., III, 231). On peut aussi contester cette idée quand la police est à ordre (Deslandres, n° 136, p. 240 et s.). En effet, il a été jugé que, quand la police est à ordre, le consentement de l'assuré pour la validité des transferts futurs résulte suffisamment de l'endos à l'ordre d'un précédent cessionnaire, signé par le titulaire bénéficiaire de la police (suprà, n° 115 in fine). En second lieu, en admettant qu'une police ne soit pas susceptible de vente forcée, est-il bien vrai que le gage constitué sur cette police soit sans valeur? Nous ne le croyons pas. De ce que la police n'est pas susceptible d'être vendue sans le consentement de l'assuré, il résulte seulement que l'assuré peut, jusqu'à sa mort, paralyser par son refus, le droit du créancier gagiste, y faire échec; mais cette circonstance ne vicie pas le contrat de gage : la mort de l'assuré survenant, le créancier pourra faire valoir son privilège et prétendre être payé par préférence, même si la police n'étant pas à ordre, il ne peut pas invoquer les principes qui régissent la possession de bonne foi.

Pour échapper à la nécessité d'obtenir le consentement de l'assuré à la vente forcée du gage, et pour s'assurer par un moyen détourné le bénéfice de l'application de l'art. 2078 C. civ., le créancier pourrait-il stipuler qu'il touchera de la compagnie la valeur de rachat de la police en cas de non remboursement à l'échéance pour se payer avec cette valeur? Non, car une telle faculté impliquerait que le créancier est devenu propriétaire du gage, et l'art. 2078. C. civ., ne permet pas ce résultat. On objectera, peut-être, que la compagnie qui fait un prêt à son assuré sur sa police se réserve le droit de racheter d'office la police, en cas de non paiement à l'échéance, et de se couvrir, avec la valeur de rachat, du montant du prêt. Mais il est facile de répondre qu'il n'y a aucune analogie soit entre la situation d'un créancier gagiste et celle de la compagnie qui consent à un assuré un prêt sur sa police, soit entre la réserve de la compagnie de racheter d'office la police, et le pacte commissoire prohibé par l'art. 2078 C. civ. Quand une compagnie consent à un assuré ce

rantie, par voie d'endossement, n'est pas obligé d'initier des tiers au secret de son opération, comme il le serait s'il constituait le gage selon le mode du droit civil.

Malheureusement les controverses auxquelles donne lieu l'interprétation de la loi du 23 mai 1863 (incorporée au C. de com. dans l'art. 91), font, nous allons le voir, de l'endossement un mode d'impignoration très peu sûr, au moins dans certains cas difficiles quelquefois à distinguer.

---

qu'on appelle à tort un prêt sur sa police, elle ne fait autre chose que lui avancer, en totalité ou en partie, la valeur de rachat de cette police; mais, en même temps, elle stipule que l'assurance cessera et que ce rachat s'opérera définitivement et de plein droit si l'assuré ne rembourse pas, dans le délai fixé, le prix du rachat ou l'acompte versé à valoir. Cette stipulation est très licite, car les conventions peuvent prendre fin (soit immédiatement soit conditionnellement) du consentement mutuel des parties. Quand la condition prévue (le défaut de remboursement) s'accomplit, quand par suite le contrat d'assurance est révoqué et que le rachat est opéré d'office par la compagnie, conformément aux conventions des parties, que se passe-t-il? La compagnie *rachète-t-elle* réellement l'assurance? Nullemement : il n'y a ni *achat* ni *vente*; la compagnie devient seulement débitrice vis-à-vis de l'assuré du solde créditeur de son compte (Couteau, n° 455), solde qu'on appelle très improprement la *valeur de rachat* de la police. Or, cette valeur de rachat la compagnie l'a déjà versée, en tout ou en partie, à l'assuré par anticipation; la situation se trouve donc toute liquidée, sauf à la compagnie à tenir compte à l'assuré d'un reliquat, si la somme dont elle lui a fait l'avance était inférieure au solde de son compte. Dans tout ceci, il n'y a rien qui ressemble au pacte commissoire prohibé par l'art. 2078, C. civ.; la compagnie ne s'approprie par le gage et n'en dispose pas; l'assurance cesse et on liquide, voilà tout; il ne faut pas être dupe de l'expression défectueuse *rachat* usitée dans la pratique.

Nous venons de voir que la convention par laquelle le créancier se réserverait le droit de toucher de la compagnie le prix de rachat de la police donnée en gage constituerait le pacte commissoire prohibé par l'art. 2078 C. civ., et que par suite, elle serait nulle. Nous devons rappeler toutefois que, selon la jurisprudence de la Cour de cassation le pacte commissoire est valable quand il est fait dans un acte *postérieur* à la constitution de gage.

Remarquons, en terminant sur ce point, que le créancier qui, au lieu de se faire donner la police en gage, se fait céder cette police à titre de dation en paiement, peut disposer en maître de cette police, et par conséquent se faire verser par la compagnie la valeur de rachat; l'art. 2078 C. civ., ne s'applique pas dans ce cas puisqu'on se trouve en présence d'une cession et non d'un gage.

164. — Avant d'examiner si , et dans quels cas, une police d'assurance peut être donnée en gage par un simple endossement, notons que cette question n'existe qu'autant qu'on reconnaît aux parties la faculté de donner à la police la forme à ordre. Si, en effet, on décide que les polices d'assurance sur la vie n'admettent pas la clause à ordre et que, par suite, elles ne sont pas endossables, il est bien évident qu'elles ne peuvent pas être impignorées selon le mode organisé par le 2ᵉ alinéa de l'art. 91 C. com. ainsi conçu : « Le gage, à l'égard des va- « leurs négociables (1), peut aussi être établi par un *endosse-* « *ment* régulier, indiquant que les valeurs ont été remises en « garantie. » Cela n'est pas discutable (2). C'est en se plaçant à ce point de vue que la Cour de Besançon et le Tribunal civil de la Seine (3) ont annulé le nantissement constitué sur une police d'assurance sur la vie par simple endossement.

165. — Nous supposons donc que, conformément à l'opinion couramment admise (*suprà* nᵒ 150), les polices d'assurance sur la vie admettent la clause *à ordre*, et que, par suite, elles peuvent être impignorées au moyen d'un simple endossement

---

(1) L'expression valeurs *négociables* dont se sert ici le législateur n'est pas exacte ; en effet, de l'aveu de tout le monde, le législateur a voulu désigner ici les valeurs *endossables* seulement. Or, par valeurs négociables on entend en général non seulement les valeurs endossables, mais toutes les valeurs transmissibles par un des trois modes spéciaux au droit commercial (tradition, art. 35, C. com., transfert, art. 36, endossement, art. 117). Ainsi l'art. 91, 2ᵉ al., ne s'applique qu'aux titres à ordre, seuls susceptibles d'être transmis par un simple endossement, et non aux autres valeurs négociables.

(2) Cette solution doit être suivie même si la dette à garantir est une dette commerciale (Rennes, 23 juin 1879, motifs, D. P. 1879, 2. 155 et B. de M. 2. 594; Rouen, 6 mars 1888, *Annales de dr. comm.* 1887-88, p. 200; Trib. com. Seine, 20 mars 1888, *Gaz. du Pal.*, 13 avril 1888 et la note, *Journ. des Ass.* 1888, p. 212; ce jugement a été infirmé par arrêt de Paris du 19 mai 1890, *Gaz. des trib.* du 10 juin 1890, mais cet arrêt laisse subsister les motifs du jugement relatifs à la question qui nous intéresse).

(3) C. Besançon, 27 mars 1876; jugement du Trib. civ. Seine du 16 juillet 1886 (*Journ. des Ass.*, 1887, p. 473).

comme peut l'être tout titre à ordre, par application de l'art. 91, 2° alinéa C. Com. (1).

« ... Comme *tout* titre à ordre », disons-nous; la question posée n'est en effet autre que celle de savoir dans quels cas et à quelles conditions une créance résultant d'un titre à ordre peut être donnée en gage au moyen d'un simple endossement, question qui, comme on le voit, n'est pas spéciale aux polices d'assurance sur la vie établies à ordre, puisqu'elle se pose à l'occasion du nantissement de *tout* titre à ordre quel que soit ce titre.

C'est cette question générale que nous devons examiner.

Elle a donné naissance à deux systèmes :

166. — 1er *Système*. La créance constatée dans un titre à ordre ne peut être impignorée par endossement, conformément au 2° alinéa de l'art. 91 C. Com., que quand le gage est civil ; s'il est commercial il faut signifier le nantissement au débiteur de la créance engagée (art. 2075 C. civ.). Or, comment déterminera-t-on le critérium de la distinction entre le gage civil et le gage commercial ? C'est la nature de la dette garantie, et elle exclusivement, qu'il faudra considérer. Cette dette est-elle commerciale? le gage est commercial; cette dette est-elle civile? le gage sera régi par le Code civil. Ainsi le caractère civil ou commercial du gage ne dépend ni de la profession du

---

(1) Couteau, t. II, n° 471; Herbault, n° 219; Paulmier, p. 82; Dalloz, *Suppl. au Rep.*, v° *Ass. sur la vie*, n° 412; Lyon-Caen et Renault, *Traité*, t. III, n° 271 : Demaison, *De l'endossement des titres à ordre* (*Thèse*, Paris, 1890), p. 139 — Dijon, 3 avril 1871, B. de M. 2. 482, Sirey, 1876, 2. 319, D.P., 1878. 2. 18; Lille, 14 août 1890, *Journ. des Ass.*, 1893, p. 476. — *Contrà*, *Journ. des Ass..* 1888, p. 253, observations, sous Amiens, 26 avril 1888, dans lesquelles nous lisons : « La po- « lice d'assurance ne rentre dans aucune des catégories de valeurs énoncées en « l'art. 91 C. com. ainsi que l'a décidé le Trib. de com. de la Seine dans son juge- « ment du 20 mars 1848. » Mais ce dernier jugement (*Journ. des Ass.* 1888, p. 212) ne dit rien de semblable.

créancier, ni de celle du débiteur (sous réserve des effets de la présomption de commercialité établie par l'art. 638, 2° al. C. com.), ni de la nature de l'objet donné en gage. La liberté accordée au gage s'explique donc uniquement par la faveur due à la nature commerciale de la dette garantie.

Ce système, qui est le plus suivi(1), a été appliqué par la jurisprudence aux assurances sur la vie(2).

167. — 2° *Système.* Les valeurs endossables peuvent toujours être impignorées de la même façon, c'est-à-dire par simple endossement, peu importe que la dette garantie soit civile ou commerciale; en d'autres termes, l'art. 2075 C. civ. ne s'applique jamais aux titres à ordre(3).

168. — Si ce second système avait prévalu, l'impignoration, par voie d'endossement, des titres à ordre, et notamment des polices d'assurance sur la vie, ne donnerait lieu à aucune difficulté. Mais, nous l'avons dit, c'est le premier système qui réunit les suffrages de la plupart des auteurs; la

---

(1) Buchère, *Traité des valeurs mobilières,* n° 405; Paul Pont, *Traité des Petits contrats,* n° 1117; Dalloz, *Suppl. au Rép.,* v° *Nantissement,* n°° 66 et s; Lyon Caen et Renault, *Traité,* n°° 258 à 261; Desmaison, *op. cit.* p. 139, — Lyon 6 juillet, 1889, D.-P. 1890. 2. 113 et la note, *Annales de dr. comm.,* 1890, 2° partie, p. 203.

(2) Dijon, 3 avril 1874, (B. de M. II, 483, Sirey, 1876. 2. 319, D. P. 1878. 2. 18); Trib. civ. de Lille, 14 août 1890, (*Journ. des.Ass.*; 1890, p. 476). Ces deux décisions ont reconnu la validité du nantissement d'une police d'assurance à ordre affectée par simple endossement à la garantie d'une *dette commerciale.* Trib. civ. Seine du 7 mars 1895, (*Rec. pér. des Ass.,* 1895, p. 258, *Journ. des Ass.,* 1895, p. 102, *Gaz. des Trib.* du 1er avril 1895, *Gaz. du Pal.,* 1895, 1er sem., p. 310 et s.). Ce jugement a décidé que le gage constitué par voie d'endossement sur une police à ordre pour sûreté d'une *dette civile* est nul à l'égard des tiers.

(3) Aubry et Rau, t. IV, p. 705 et 709. V. *Ann. du dr. comm.* 1889, p. 169, *ad notam.*

Mentionnons seulement pour mémoire un 3° *système* qui ne présente pas d'intérêt pour nous, n'étant pas applicable aux polices d'assurance sur la vie. Dans ce système, qui a été proposé par M. Bodin dans son *Étude sur le*

jurisprudence l'a adopté. Or, ce premier système oblige les
parties à faire une distinction souvent très délicate; on sait
en effet que dans bien des cas il est malaisé de décider si une
dette est civile ou commerciale ; dans tous ces cas la validité
du gage constitué par simple endossement pourra donc être
contesté par les tiers (1). Dans ces conditions, lorsqu'on a des
doutes sur le caractère de la dette garantie, le mieux est encore d'accomplir les formalités de l'art. 2075 C. civ., si du
moins, on admet, conformément à l'opinion générale, que
pour le nantissement d'un titre à ordre, les parties ont le
choix entre l'endossement et les formalités du droit civil,
qu'en d'autres termes l'endossement n'est qu'une faculté à laquelle les parties sont libres de renoncer pour constituer, si
bon leur semble, le gage selon le mode du droit civil (2).

169. — L'impignoration par voie d'endossement des polices
d'assurance sur la vie établies à ordre est donc un mode ha-
sardeux, plein d'incertitude. Aussi est-il préférable de constituer le gage par avenant. Il est vrai que la Cour de Rennes
a nié qu'une police d'assurance sur la vie puisse être donnée
en gage par avenant (3). Mais cette solution, qui s'explique
peut-être d'ailleurs par des circonstances d'espèce, ne serait
plus soutenable aujourd'hui (4). Remarquons d'ailleurs que le

---

gage civil et commercial (*Thèse*, Rennes, 1891, p. 193) le gage peut être constitué par simple endossement *même pour garantir une dette purement civile,*
quand c'est une lettre de change qui fait l'objet de la garantie.

(1) On sait en effet que *dans les rapports des parties* (créancier gagiste et
débiteur) le gage est purement consensuel et n'est soumis à aucune formalité,
Dalloz, *Jur. gén.,* v° nantissement, n° 77 et 80. V. *suprà,* n° 156, note 2.

(2) Lyon-Caen et Renault, *Traité,* t. III, n° 277. Jugé cependant que les titres
à ordre ne peuvent jamais être constitués en gage que par voie d'endossement (*id.*). En matière d'assurance sur la vie on décide que la faculté d'endossement stipulée dans la police n'empêche pas les parties de constituer le
gage selon les prescriptions du droit civil. (Trib. civ. Lyon, 10 janvier 1882,
B. de M. III, 281).

(3) Rennes 23 juin 1879, motifs (B. de M. II, 591; D. P. 1872, 2, 155).

(4) La Cour de cassation dans son arrêt du 16 janvier 1893 (*Rec. pér.*, 1893.

créancier désigné dans un avenant pour toucher le montant
de l'indemnité n'est pas à proprement parler un gagiste. En
effet, suivant la théorie qui prévaut aujourd'hui sur la nature
et les effets de l'avenant, ce créancier n'a pas un droit de gage
sur l'indemnité, il a plus : il a un droit direct et personnel sur
cette indemnité, il est un vrai bénéficiaire (1).

170. — Une police d'assurance sur la vie à ordre ou non à
ordre peut-elle être donnée en gage par une simple tradition
du titre? Entre les parties le gage ainsi constitué est certainement valable (2). Mais *quid* à l'égard des tiers? Quand
le gage est commercial, on a soutenu d'une manière générale, que les titres à ordre peuvent être constitués en gage
par la seule remise du titre, sauf au créancier à prouver par
tous les moyens de l'art. 109 C. com. le véritable caractère
de sa possession (3). Mais l'opinion contraire nous paraît
beaucoup plus conforme aux principes fondamentaux de notre
droit (4).

171. — Le consentement de l'assuré (celui sur la tête duquel
repose l'assurance) est aussi nécessaire à la validité de la
constitution du gage qu'à la validité d'une cession qui ferait
définitivement sortir du patrimoine du souscripteur la créance
contre la compagnie (5).

p. 29, Sirey, 1833, 1. 122 et la note) a décidé que l'avenant n'est pas assujett
aux formalités des art. 1690 et 2075. *Adde*, Amiens, 26 avril 1885 (*Rec. pér.*,
1885, p. 183).

(1) Deslandres, n° 109, p. 223. V. *suprà*, ce que nous disons de l'avenant
n° 173.

(2) V. *suprà*, n° 156, note 3.

(3) Bédarride, *Du gage et des commissionnaires*, p. 521 et 523, Bravard-Veyrières et Demangeat *Traité, de dr, comm.*, 2° édition, t. II, p. 313, *ad notam*;
Dijon, 3 avril 1871. D.P. 1876, 2. 18, P. 1876, p. 1237, S. 1876, 2. 319.

(4) Dans le sens de cette opinion : Aix, 16 mai 1871, Sirey, 1872. 2. 65, Dijon, 13 janvier 1883. *Gaz. des Trib.* du 23 janvier 1883; Besançon, 23 oct. 1892
D.P. 1891, 2, 57 et la note de M. Dupuich. Cf. *supra*, n° 161, ce que nous disons
de la tradition comme moyen de réaliser un don manuel.

(5) Trib. civ. Seine, 16 déc. 1880. (*Journ. des Ass.*, 1881, p. 67.)

171 *bis*. — L'endossement d'une police à titre de gage doit être libellé : *valeur en garantie.* Cette mention est suffisante (1). M. Vermot conseille de la compléter ainsi : *..... de la somme de... et jusqu'à concurrence de ce que je resterai devoir au jour de mon décès.*

171 *ter*. — Qu'arrivera-t-il si aucune mention relative à la valeur fournie ne figure dans l'endos d'une police remise en garantie? Il a été jugé dans ce cas que, contrairement à la présomption de l'art. 138 C. com., le porteur pourra prouver que la police lui a été endossée à titre de gage et faire valoir ses droits de gagiste (2).

---

(1) Rouen, 28 avril 1874, rapporté dans Bonneville de Marsangy.

(2) Paris, 20 février 1894, *Gaz. du Pal.*, 1894, 1ᵉ sem., p. 394 ; *Journ. des Ass.*, 1894, p. 242.

DE L'AVENANT D'ATTRIBUTION

172. — Lorsque l'assuré veut attribuer à une personne autre que celle dénommée dans la police le bénéfice de l'assurance, l'avenant s'offre à lui comme un moyen facile d'opérer cette substitution.

Nous avons déjà signalé les avantages de ce mode de désignation(1). Ajoutons que l'avenant peut servir à réaliser les opérations les plus diverses : dation en paiement, cession à titre onéreux, donation (*suprà*, n° 162), nantissement (n° 169).

Dans ce chapitre nous déterminerons la nature juridique de l'avenant, ses conditions de validité et ses effets.

173. — En fait, d'une manière générale, l'avenant est l'acte(2) qui constate une modification survenue dans les conditions de l'assurance et qui en détermine les effets(3).

Cette définition générale s'applique à l'avenant dont nous nous occupons ici, c'est-à-dire à l'avenant qui a spécialement pour objet la désignation d'un bénéficiaire, soit que l'assuré substitue un nouveau bénéficiaire à celui nommément désigné dans la police primitive, lorsque ce dernier n'a encore fait au-

---

(1) *Suprà*, n°° 69, note 2, n°° 71, 72 et la note n°° 84, 85, 86, 86 bis, 162, 169.

(2) Grün et Joliat admettent (p. 237) que l'avenant peut être fait sur la police même ; mais en pratique les avenants sont faits par actes séparés.

(3) Cette définition est générale; elle convient quel que soit le genre d'assurance, qu'il s'agisse d'assurances terrestres ou d'assurances maritimes. Sur le sens et l'origine du mot *avenant* on peut consulter notamment : Emerigon *Traité des Ass.*, chap. II, sect. IV, § 5, t. I., p. 16, édition 1783 ; Grün et Joliat, n° 201, p. 237 : Littré, *Supplément au dictionnaire de la langue française*, v°, *avenant*; *la grande Encyclopédie*, *eod. verbo* article de M. Lyon-Caen ; Desjardin, *Traité du droit commercial et maritime*, t. VI, n° 1327; de Lalande et Couturier *Traité de l'ass. c. l'incendie* n° 193; *Pandectes Françaises* V° *Assurances*.

19

cun acte d'acceptation (1), soit que l'assuré, qui a souscrit une police au profit des héritiers ou autres personnes indéterminées, modifie cette attribution pour diriger le bénéfice de l'assurance vers une personne déterminée.

171. — Comment faut-il envisager, au point de vue juridique, cette désignation d'un bénéficiaire faite par avenant?

Cette question a donné naissance à trois systèmes :

1er *Système*. — « L'avenant ne constitue ni une novation « dans les termes de l'art. 1271 § 3 C. civ., car la compagnie « ne contracte aucun engagement nouveau; ni un transport « de créance dans les termes de l'art. 1689, car on ne trouve « dans cet avenant ni cédant ni cessionnaire formant entre « eux le contrat prévu par cet article, et on n'y trouve pas « davantage un prix de cession. L'avenant ne fait qu'opérer, « ce qui est dans le droit des parties, une *modification du « contrat primitif* » (2), permise par l'art. 1134 C. civ., aux termes duquel les conventions peuvent être révoquées du consentement mutuel des parties. Si l'assuré a stipulé par le contrat originaire au profit d'un tiers nommément désigné, il peut, tant que ce tiers ne s'est pas, par une acceptation, approprié les effets de la stipulation, modifier, d'accord avec la compagnie, la police primitive par un avenant substituant un autre nom à celui qui avait été primitivement inscrit (3). Si l'assuré a stipulé, par le contrat originaire, au profit de ses héritiers ou ayants droit, il s'est réservé implicitement, mais nécessairement, la faculté de désigner ultérieurement la personne à laquelle il entendait attribuer le bénéfice de l'assu-

---

(1) Si le bénéficiaire avait accepté, son intervention à l'avenant qui désigne un autre bénéficiaire serait indispensable pour la validité de cette nouvelle désignation.

(2) Motifs de l'arrêt d'Amiens du 31 janvier 1889. *Sic.* Cass., 16 janvier 1888 et 7 août 1888, cités ci-dessous, Douai, 11 février 1887 (Sirey, 1888, 2, 49).

(3) Cass., 16 janvier 1888 : *Rec. pér. des Ass.*, 1888, p. 29; Sirey, 1888.1.122 et la note.

rance (1). Une fois que le bénéficiaire désigné dans cet avenant a accepté, tout doit se passer comme s'il avait été désigné dans la police même; il doit donc être considéré comme saisi *ab initio* du droit au capital assuré (2) sans qu'il soit besoin de faire intervenir l'art. 1179 C. civ.

On voit les conséquences de ce système :

1° Le bénéficiaire n'est pas soumis au droit de mutation par décès (3).

2° Le bénéficiaire, désigné dans l'avenant, étant censé avoir été désigné dans la police même, toutes les exceptions et causes de nullité dont la police primitive était susceptible seront opposables au bénéficiaire désigné dans l'avenant, car il n'y a pas eu novation, engagement nouveau pris par la compagnie vis-à-vis de ce bénéficiaire; c'est le contrat primitif qui continue à son profit avec tous les vices qui l'entachent. (V. au surplus, *suprà* n° 62 *ad notam*).

3° Pour la même raison, le bénéficiaire désigné dans l'avenant est saisi à l'égard des tiers sans qu'il y ait besoin pour lui de faire les significations prescrites par les art. 1690, 2075 C. civ. C'est l'art. 1121 qui est applicable à cette désignation par avenant, puisqu'on rattache cette désignation à la police même, laquelle est régie par l'art. 1121. Or on sait que l'acquisition au profit d'un tiers, par application de l'art. 1121, ne donne pas lieu aux significations prescrites par les art. 1690, 2075 C. civ. (4).

4° Pour la même raison encore, les saisies-arrêts pratiquées

----

(1) Cass., 7 août 1888. (*Rec. pér. des Ass.*, 1888, p. 338; Sirey, 1889. 1. 97 et la note. D. P. 1889. 1. 118.)

(2) Arrêts susvisés auxquels on peut ajouter : Trib. civ. Seine, 4 juillet 1882, *Journ. des Ass.*, 1882, p. 520; Paris, 18 juillet 1884 (*Journ. des Ass.*, 1885, p. 167).

(3) Il n'y a lieu qu'au droit fixe de 7 fr. 50 (Dumaine, 2° édition, 176 bis).

(4) V. *suprà*, n° 9 *in fine*, et Paris, 18 juillet, 1884, motifs. (*Journ. des Ass.*, 1885, 166.)

par les créanciers de l'assuré sur le montant de l'assurance tombent de plein droit et ne peuvent être opposées au bénéficiaire désigné par avenant, dont le droit remonte au jour de la souscription de la police sans avoir jamais séjourné, même un instant de raison, dans le patrimoine de l'assuré (1).

5° Enfin l'avenant souscrit pendant la période suspecte de l'art. 446 C. com. est valable et ne peut pas être critiqué par les créanciers de l'assuré failli.

175. — 2° *Système.* — L'attribution faite par voie d'avenant constitue une novation par changement de créancier (2).

Dans ce système on décidera :

Que l'attribution par voie d'avenant doit valoir même à l'égard des tiers sans qu'il y ait lieu à l'accomplissement des formalités prescrites par les art. 1690 et 2075 C. civ. lesquels ne sont pas applicables, nous le savons (3), en cas de novation par changement de créancier;

Que cette nouvelle attribution, par voie d'avenant, ne peut

---

(1) V. *suprà*, n° 85. Le changement dans l'attribution du bénéfice de l'assurance ne pourrait-il pas valablement être opéré, arrière la compagnie, par l'assuré seul dans un acte unilatéral, par exemple dans une désignation à la suite de la police? Si on se prononçait pour l'affirmative qui paraît soutenable (Laurent, t. XV, n° 567, Demolombe, *Traité des contrats*, t. Ier, n° 2i9; Cass., 27 déc. 1853, D. P. 185i, 1, 350), on devrait décider que cette désignation faite par l'assuré seul a tous les effets de celle faite dans un avenant intervenu entre l'assuré et la compagnie. (V. cependant en sens contraire, Trib. civ. Seine, 10 juillet 1891, cité *supra*, n° 129.)

(2) Paris, 18 juillet 1884 (*Rec. per. des Ass.*, 1886), p. 115; Périgueux, 31 déc. 1887, (*Journ. des Ass.*, 1388, p. 139); Trib. civ. Seine, 5 mars 1894 (*Journ. des Ass.*, 1894, p. 173). Sic, Deslandes (*Thèse* 1891, p. 113, 182, 197, 230). Lefort, *De la nature juridique du contrat substituant une personne à une autre pour la perception du bénéfice d'une assurance sur la vie* (*Rec. pér. des Ass.*, 1886, p. 328); mais ce dernier auteur paraît avoir abandonné ce système, pour adopter le 1er système que nous avons exposé plus haut.)

(3) *Suprà*, n° 9.

plus avoir lieu quand la compagnie a reçu des significations de saisie-arrêt (arg. de l'art. 1242 C. civ.) (1) ;

Que le droit du bénéficiaire désigné dans l'avenant date de l'avenant qui renferme la *nouvelle* obligation contractée par la compagnie au profit du bénéficiaire en remplacement de l'ancienne qui est éteinte.

Que si l'ancienne obligation résultant de la police renfermait quelque vice qui la rendait annulable (par exemple une cause de déchéance pour réticence, dissimulation, fausse déclaration de l'assuré) ou quelque exception du chef de l'assuré, la nouvelle obligation qui résulte de l'avenant pourra, au contraire, être exempte de ce vice et être inattaquable ; la compagnie pourra ne plus être recevable à faire valoir contre le bénéficiaire désigné dans l'avenant les exceptions, les causes de nullité qu'elle eût pu opposer à l'assuré. Du moins ici tout dépend de l'intention des parties. Il est certain qu'en contractant une nouvelle obligation qui est substituée à l'obligation primitive, laquelle était annulable, le débiteur peut, théoriquement, être réputé avoir voulu confirmer celle-ci, si les conditions requises pour la confirmation existaient au moment de la novation (2). Mais, en notre matière, il sera bien difficile de prêter à la compagnie qui délivre un avenant l'intention de confirmer l'obligation primitive supposée annulable, car elle ne connaîtra pas, au moment où elle délivrera l'avenant, le vice qui affecte l'obligation primitive. Néanmoins, dans ce système, les compagnies devraient prudemment déclarer que l'obligation qui résulte de la police n'est pas novée.

---

(1) Roger, *Traité de la saisie-arrêt*, n° 436. — Dans le 1er système on doit, il nous semble, décider au contraire que l'existence entre les mains de la compagnie de saisies-arrêts pratiquées au préjudice de l'assuré sur le montant de l'assurance n'est pas un obstacle à la délivrance d'un avenant de changement de bénéficiaire (v. ce que nous avons dit sur ce point, *supra*, n° 86, note 1).

(2) Laurent, t. XVIII, n° 248, Laromblère, sous l'art. 1271, n° 11, Demolombe, *Traité des obligations*, t. V, n°° 245 et s.

176. — Nous repoussons ce système parce qu'en notre matière, l'intention de nover, c'est-à-dire *d'éteindre* l'ancienne obligation pour lui en substituer une *nouvelle*, fait complètement défaut. Dans l'esprit des parties, l'ancienne obligation continue avec sa date, sa prime, ses conditions, ses vices, si elle en a. Or, puisqu'il n'y a pas d'engagement nouveau, il n'y a pas novation (1). Il suffit d'ailleurs de lire un avenant pour se rendre compte que le rôle de la compagnie y est en quelque sorte passif (2) ; la compagnie n'intervient pas pour contracter une obligation nouvelle, mais seulement pour prendre et donner acte du changement survenu dans la volonté de l'assuré, relativement à l'attribution du bénéfice de l'assurance.

177. — 3ᵉ *Système.* — L'avenant qui substitue au bénéficiaire désigné dans la police un autre bénéficiaire renferme une cession de créance (3).

Dans ce système on décidera :

---

(1) Larombière, sous l'art. 1273, n° 15; Laurent, t. XVIII, n° 295.

(2) Dans l'avenant, la compagnie donne bien son consentement, son autorisation au changement d'attribution, puisqu'on admet dans la pratique que la compagnie peut refuser de délivrer un avenant (de Courcy, *Précis*, p. 201; A. Dubois, *Du bénéfice de l'assurance sur la vie*, p. 53); mais cela ne veut pas dire qu'elle contracte une obligation nouvelle. Remarquons que les compagnies peuvent d'autant mieux refuser de délivrer un avenant, si la modification à réaliser par cet avenant leur paraît contraire à leurs intérêts, que l'assuré ne peut fonder sa demande ni sur les conditions générales de la police, lesquelles ne font presque jamais mention de l'avenant (v. *suprà*, n° 3), ni sur la loi, qui ne s'occupe pas non plus de l'avenant, si ce n'est la loi fiscale.

. (3) Rennes, 23 juin 1879, B. de M. II, p. 595; Douai, 3 juin 1883, *Rec. pér. des Ass.*, 1886, p. 321; cassé par arrêt du 16 janvier 1833 sus visé qui a renvoyé l'affaire devant la Cour d'Amiens qui a statué par arrêt précité du 26 avril 1883. — On pourrait croire au premier abord que ce système a été consacré par un jug. du Trib. civ. de la Seine du 26 janvier 1891. (*Rec. pér. des Ass.*, 1891, p. 197; *Le Droit*, du 16 fév. 1891); mais en réalité ce jugement est conforme à la doctrine de la Cour de Cassation, qui n'a jamais appliqué l'art. 1121, C. civ., quand il s'agit du rapport et de la réduction. (V. notamment Cass., 8 fév. 1888, *Rec. pér. des Ass.*, 1888, p. 99, Sirey; 1888, 1, 121. D.P. 1888, 1, 199, et *suprà*, n° 7, avant dernier alinéa.) — Ce système semble être celui de Couteau, n° 490. V. cependant n° 152

Que le bénéficiaire désigné dans l'avenant n'est saisi à l'égard des tiers que quand il a rempli les formalités des art. 1690, 2075 C. civ. (1);

Que l'avenant passé pendant la période suspecte de l'art. 446 C. com., est nul à l'égard de la masse;

Que les saisies-arrêts antérieures pratiquées au préjudice de l'assuré devront être respectées par le bénéficiaire désigné dans l'avenant;

Que, si le bénéficiaire désigné dans l'avenant est un donataire, il faudra remplir non-seulement les formalités de l'art. 1690 C. civ., mais aussi celles de l'art. 932 C. civ., lesquelles ne sont pas applicables dans les deux premiers systèmes qui placent l'avenant sous l'empire de l'art. 1121 C. civ. (2). Il serait logique aussi de décider que la donation sera révoquée au cas de survenance d'enfant.

178. — Le premier des trois systèmes que nous venons d'exposer prévaut aujourd'hui en jurisprudence; c'est celui de la Cour de cassation. Cependant il soulève, selon nous, de graves objections que nous allons signaler rapidement.

a) Dans ce système, la substitution du bénéficiaire désigné dans l'avenant à la personne désignée dans la police, n'est,

---

(1) Toutefois dans le système qui admet qu'on peut suppléer par des équivalents aux formalités de l'art. 1690 (V. *suprà*, n° 112, note 1), on pourrait admettre que le concours de la compagnie à l'avenant tient lieu de ces formalités et suffit pour rendre la cession parfaite à l'égard des tiers.

(2) On sait que la donation réalisée au moyen d'une stipulation pour autrui n'est soumise à aucune forme. (V. *suprà*, n° 8). Notamment la Cour de Lyon a déclaré dans son arrêt du 2 juin 1863, cité par Couteau, t. II, p. 386; que « le « contrat d'assurance sur la vie est un contrat innommé tout spécial, inconnu « au commencement du siècle, dès lors non soumis aux règles des donations « entre-vifs. » Cependant cette doctrine a été repoussée par la Cour de Cassation. (Req. 29 janv., 1879, B. de M. 1, 225, D. P. 1879, 1, 76.) Cf. Couteau, t. II, n° 191.

avons-nous dit, qu'une modification des conditions de l'assurance. Cette interprétation est très acceptable quand, dans l'avenant, l'assuré substitue au bénéficiaire à titre gratuit désigné
dans la police un autre bénéficiaire à titre gratuit. Mais quand
l'opération constatée dans l'avenant est à titre onéreux, pourquoi ne pas appliquer les règles qui régissent cette opération,
notamment les règles de la cession de créance, ou celles du
nantissement? Remarquons à quel résultat étrange aboutit le
système dont il s'agit quand, par exemple, l'avenant a pour
objet une constitution de gage : le droit du créancier gagiste
remonte à la souscription de la police, c'est-à-dire à une époque
où ce créancier n'était pas en possession du titre donné en
nantissement! Il semble bien que l'art. 2076 C. civ., ne per-
mette pas un pareil résultat.

b) Quand, la police étant faite au profit de personnes indéterminées (héritiers, ayants droit, etc.), l'assuré substitue, dans
l'avenant, à ces personnes une personne déterminée, il semble
que ce changement implique nécessairement novation. En
effet, tandis que l'attribution faite dans la police était régie
par l'art. 1122 C. civ. (*suprà*, n 6 et 11), l'attribution faite
dans l'avenant est sous l'empire de l'art. 1121 : il y a là, selon
nous, plus qu'une simple modification du contrat primitif; il
y a, en réalité, formation d'un nouveau contrat sur les ruines
de l'ancien, c'est-à-dire novation.

179. — Nous avons dit (n° 16 *in fine*) que, selon nous, l'avenant ne pouvait être employé comme mode de désignation du
bénéficiaire que par le souscripteur de la police. Le bénéficiaire
désigné par un avenant, le cessionnaire selon le mode du droit
civil, celui auquel la police a été endossé ne peuvent pas employer l'avenant pour désigner à leur tour un nouveau bénéficiaire, parce que l'avenant est une modification du contrat
originaire et que seules peuvent modifier ce contrat les personnes qui y ont été parties.

180. — L'avenant n'acquiert-il date certaine que dans les cas prévus par l'art. 1328 C. civ.? La Cour de Paris, dans son arrêt précité du 18 juillet 1881, admet que l'avenant fait par lui-même foi de sa date à l'égard des tiers parce que « les « dates imprimées par la compagnie à ses contrats sont évi- « demment sincères et exemples de fraude (1). »

C'est ainsi que le bénéficiaire, désigné dans un avenant non enregistré, pourra, dans un conflit né entre lui et un cession-naire postérieur qui aurait fait signifier sa cession, l'emporter sur ce dernier (2).

181. — D'ailleurs, pour éviter toutes difficultés, on doit transcrire l'avenant sur la police, de telle sorte que l'assuré ne puisse continuer à se faire un moyen de crédit avec l'assurance dont il a aliéné le bénéfice; il importe qu'un signe ostensible révèle qu'il ne lui est plus loisible d'en trafiquer (3). La com-pagnie, de son côté, engagerait, selon nous, sa responsabilité si elle ne mentionnait pas cet avenant sur les deux doubles de la police.

---

(1) Il est vrai que dans cet arrêt la Cour paraît avoir été déterminée par les circonstances de l'espèce et notamment par la qualité des parties con-tractantes qui lui a permis de donner à l'avenant le caractère d'une opéra-tion commerciale.

(2) Même arrêt du 18 juillet 1881.

(3) Même arrêt.

TABLE ANALYTIQUE DES MATIÈRES

NOTA. — *Les chiffres renvoient aux numéros de l'ouvrage*

PREMIÈRE PARTIE

DISTINCTION DES CAS OÙ LE DROIT DU BÉNÉFICIAIRE DE L'ASSURANCE PREND DIRECTEMENT NAISSANCE DANS SA PERSONNE MÊME ET DES CAS OÙ AU CONTRAIRE L'ACQUISITION DU DROIT PAR LE BÉNÉFICIAIRE EST CORRELATIVE A UNE ALIÉNATION PAR LE PRENEUR D'ASSURANCE.

DEUXIÈME PARTIE
DE L'ENDOSSEMENT DES POLICES D'ASSURANCE SUR LA VIE

Effets de l'endossement

II

Une police d'assurance sur la vie n'est pas une valeur de circulation.

CESSION DE LA POLICE PAR VOIE DE TRANSFERT SUR LE TITRE

LA DONATION D'UNE POLICE D'ASSURANCE SUR LA VIE ÉTABLIE A ORDRE PEUT-ELLE
ÊTRE RÉALISÉE PAR L'ENDOSSEMENT DE CETTE POLICE ?

UNE POLICE D'ASSURANCE SUR LA VIE A ORDRE PEUT-ELLE ÊTRE DONNÉE EN GAGE
PAR SIMPLE ENDOSSEMENT ?

TROISIÈME PARTIE

DE L'AVENANT D'ATTRIBUTION

Fin de la table des matières.

Angers, imp. A. Burdin et Cie, rue Garnier, 4.